रणचंडी

रणचंडी

जगराम जी

GenNext Publication

भारत में सन् 2023 में प्रकाशित

जेन्नेकस्ट पब्लिकेशन
5, अंसारी रोड, दरियागंज,
नई दिल्ली-110002
ई-मेल: gennextpublication@hotmail.com

Distribution Network
gyanbooks.com
India, USA, Canada, UK, Australia, France

रणचंडी

ISBN: 978-93-5663-070-3

मुद्रित: ज्ञान प्रेस, दिल्ली

आभार

क्रांति की शक्ति सिर्फ पुरुषों को ही आकृष्ट नहीं करती है, बल्कि महिलाओं को भी वैसे ही आकृष्ट करती आ रही है, इसीलिए हर युग के इतिहास में महिलाओं की शौर्य गाथाओं का प्रमुखता से वर्णन मिलता है। भारत में सदैव नारी को आदर और श्रद्धा की देवी माना गया है। अवसर आया तो इसी नारी ने चंडी का भी रूप धरा और अपनी अदम्य शक्ति का लोहा मनवाया। यूं तो स्त्रियों की दुनिया घर के भीतर मानी जाती है और शासन-सूत्र का सहज स्वामी भी पुरूष ही है। शासन और समर से स्त्रियों का सरोकार नहीं है जैसी तमाम पुरुषवादी धारणाओं और स्थापनाओं को ध्वस्त करती उन तमाम भारतीय वीरांगनाओं का जिक्र किए बिना 1857 से 1947 तक की स्वाधीनता की दास्तान अधूरी है, जिन्होंने अंग्रेजों को लोहे के चने चबवा दिए। इन वीरांगनाओं में से अधिकतर की सबसे बड़ी विशेषता यह थी कि वे किसी रजवाड़े में पैदा नहीं हुई, बल्कि आम आदमी के घर जन्म लेकर अपनी योग्यता क्षमता की बदौलत उच्चतर मुकाम तक पहुंचीं। 1857 से पूर्व भी भारतीय वीरांगनाओं ने स्वतंत्रता आंदोलन में अपना जौहर दिखाया। सन् 1824 में कर्नाटक में कित्तूर की रानी चेनम्मा ने अंग्रेजों को मार भगाने के लिए फिरंगियों भारत छोड़ो का बिगुल बजाया था। उसने रणचंडी का रूप धरकर अपने अदम्य साहस और फौलादी संकल्प की बदौलत अंग्रेजों के छक्के छुड़ा दिये थे। कहते हैं कि मृत्यु से पूर्व रानी चेनम्मा काशी में वास करना चाहती थीं पर उनकी यह चाह पूरी न हो सकी। क्या संयोग था कि रानी चेनम्मा की मौत के 6 साल बाद काशी में ही लक्ष्मीबाई का जन्म हुआ। हां! इतिहास के

पन्नों में अंग्रेजों से लोहा लेने वाली प्रथम वीरांगना रानी चेनम्मा ही रानी लक्ष्मीबाई मानी जाती है। बैरकपुर में मंगल पांडे को चर्बी वाले कारतूसों के बारे में सर्वप्रथम मातादीन ने ही बताया था और मातादीन को इसकी जानकारी उसकी पत्नी लज्जो ने दी थी शायद यह बात कम ही लोगों को पता होगी। लज्जो अंग्रेज अफसरों के यहां काम करती थी, जहां उसे यह सुराग मिला कि अंग्रेज गाय की चर्बी वाले कारतूस इस्तेमाल करने जा रहे हैं। भारत के स्वाधीनता संग्राम का इतिहास ऐसी अनेक नारियों की वीर गाथाओं से भरा पड़ा है, जिनके साहस, त्याग और बलिदान ने भारत को आजादी दिलाने में महत्वपूर्ण भूमिका निभाई है। आरंभ से लेकर अंत तक उन्होंने न केवल शांतिपूर्ण आंदोलनों में सक्रिय भूमिका निभाई, बल्कि क्रांतिकारी आंदोलनों में भी बढ-चढ़कर हिस्सा लिया। नारी शक्ति ने इस महान विद्रोह में हिस्सा मुगल से लेकर अंग्रेजी शासन की जड़ें हिला दीं। संसार में परमात्मा ने स्त्री-शक्ति का मुकाबला करने वाली कोई दूसरी शक्ति उत्पन्न नहीं की। वास्तव में भारतीय इतिहास में गौरवपूर्ण अध्याय के निर्माण कार्य में जितना सहयोग स्त्री शक्ति ने दिया है उतना अभी तक किसी ने नहीं दिया। आदिकाल में भी जब-जब देवासुर-संग्राम छिड़ा राक्षसी शक्ति को नष्ट करने के लिए दैवी शक्ति का आश्रय लिया गया। भारत के स्वाधीनता संग्राम में आक्रमणकारियों के विरुद्ध सदैव स्त्री शक्ति अग्रणी रही। अंग्रेजी शासन के विरुद्ध भारतीय स्वतंत्रता संग्राम अनेक दौरों से गुजरा। 1857 के विद्रोह में विश्व के सबसे महान् व शक्तिशाली साम्राज्य को चुनौती दी गई। 1857 के इस विद्रोह में झांसी की रानी लक्ष्मीबाई, बेगम हजरत महल जैसी वीरांगनाओं का योगदान विशेष उल्लेखनीय रहा। गाँधी युग में राष्ट्रीय आन्दोलन जन आंदोलन में परिवर्तित हो गया। इस युग में सभी धर्मों व सम्प्रदायों के अनुयायियों तथा जनता के प्रत्येक वर्ग ने बढ़-चढ़ कर भाग लिया। इस कार्य में महिलाएँ भी पीछे नहीं रही। आरंभ से लेकर अंत तक उन्होंने न केवल शंतिपूर्ण आन्दोलनों में सक्रिय भाग लिया अपितु वे क्रांतिकारी गतिविधियों में भी सक्रिय रहीं। गाँधी जी भी राष्ट्रीय आन्दोलन में महिलाओं की भागीदारी के पूर्ण पक्षधर थे। राष्ट्रीय आंदोलन में भाग लेकर महिलाओं ने न केवल ब्रिटिश शासन के

विरुद्ध तीखी प्रतिक्रिया व्यक्त की बल्कि गिरफ्तार भी हुई। कुल मिलाकर महिलाओं के अंदर इस समय जो राष्ट्रचेतना पैदा हुई थी उसने यह सिद्ध कर दिया कि वे एक ऐसी राष्ट्रीय शक्ति है जो राष्ट्र की स्वाधीनता और अधिकारों के लिए सभी बंधनों से उन्मुक्त होकर लड़ सकती है। इस समय जिन स्त्रियो ने इतिहास में अपना नाम दर्ज कराया था उनमें एक पंक्ति उनकी भी थी जो गाँधी जी के अहिंसावादी नीति का अनुसरण कर रही थीं और दूसरी पंक्ति उनकी थी जिन्होंने क्रांति का मार्ग चुना था। राष्ट्रीय आन्दोलन के इतिहास में अपने आप को महिलाओं ने विविध आयामों के साथ प्रस्तुत किया है।

भारतीय स्वतंत्रता-आन्दोलन का इतिहास स्वतंत्रता के लिए भारतीयों के संघर्ष की अदभुत गाथा है। इस संघर्ष में भारतीय महिलाओं का योगदान इसमें इसलिए भी महत्वपूर्ण हो जाता है कि उनका सामाजिक उत्थान हुए बहुत लंबा समय व्यतीत नहीं हुआ था। घर का मोर्चा हो या राजनीति का रणक्षेत्र, महिलाओं ने जिस साहस, सहिष्णुता और वीरता से स्वतंत्रता आंदोलन में अपनी भूमिका निभाई, वह इतिहास की धरोहर है। सन् 1857 का विद्रोह भारतीय स्वतंत्रता संग्राम का पहला ऐसा विस्फोट था, जिसकी नायक एक महिला थी, जिसने अद्भुत वीरता, पराक्रम और दिलेरी का परिचय दिया। उसके लिये स्वयं अंग्रेज शासक भी प्रशंसा किये बगैर नहीं रह सके। सर हयूरोज को झाँसी की रानी लक्ष्मीबाई के अद्भुत पराक्रम से चकित होकर कहना पड़ा कि "सैनिक विद्रोह के नेताओं में महारानी लक्ष्मीबाई सर्वाधिक बहादुर और सर्वश्रेष्ठ थीं।" रामगढ़ की रानी ने जहाँ रणक्षेत्र में लड़ते-लड़ते प्राण दे दिये वहीं बेगम हजरत महल अंग्रेजों के समक्ष आत्म समर्पण कर अपमानित होने के बजाए नेपाल की ओर चल पड़ी, जहाँ वनवास में उनकी मृत्यु हुई और जीनत महल को बर्मा में निर्वासित कैदी के रूप में जीवन व्यतीत करना पड़ा।

महिलाओं ने देश के स्वतंत्रता समर की प्रत्येक रणनीति में महत्वपूर्ण भूमिका निभाई है। स्त्रियों के द्वारा अपने लिए मताधिकार की माँग को लेकर लड़ना हो या देश को स्वतंत्र कराने में अपना सर्वस्व न्यौछावर करने की बात हो, स्त्रियों ने सभी क्षेत्रों में पूरी तत्परता के साथ काम किया। वैदिक काल

के बाद भले ही नारी इस समय पुरुषों से अनेक क्षेत्रों में पीछे थी लेकिन इन्होंने पुरुषों के साथ कंधे से कंधा मिलाकर अपने देश के स्वतंत्रता संघर्ष में भाग लिया। असंख्य महिलाओं के स्वतंत्रता आंदोलन में भाग लेने के कारण ही आजादी का यह महान आंदोलन सक्रिय बन पड़ा। स्त्रियों ने देश के प्रति प्रेम भावना का परिचय देते हुए व उसे स्वतंत्र कराने के लिए सभी तरीको से अपना योगदान दिया। शांति प्रिय आंदोलनों से लेकर क्रांतिकारी आन्दोलनों में स्त्रियों ने महत्वपूर्ण भूमिका निभाई। महिलाओं ने राष्ट्रीय आन्दोलन के इतिहास में अपने आप को विविध आयामों के साथ प्रस्तुत किया। इसी ऐतिहासिक संघर्ष गाथा को जन जन तक ले जाने के लिए और नारी अबला नहीं सबला है इस सत्य को [रणचंडी] रुपी पुष्प में पिरोने का कार्य अपने अनेकों घनिष्ठ विद्वान मित्रों सहायता से सिद्ध करने का प्रयास किया है। जो निश्चित ही भावी संतानों को नारी के विविध रूपों अपितु अद्भुत झांकी का दिव्य साक्षात्कार करने का सौभाग्य प्राप्त हो सकेगा जिससे व्यक्तिगत जीवन में मुझे भी अपार हर्ष का अनुभव होगा जो अवश्य ही मेरे जीवन को भी सार्थक और धन्य करेगा इसी आशा और विश्वास के साथ-ही श्री चरणों में साष्टांग नमन, वंदन।

/// **धन्यवाद** ///

भवदीय

–जगराम सिंह

प्रशस्ति

आज भारत एक ऐसी भावी पीढ़ी के निर्माण के लिए कार्यरत है जो शारीरिक, मानसिक, बौद्धिक, भावनात्मक व आध्यात्मिक रूप से सशक्त हो। बदलते परिवेश में मानव के सर्वांगीण व्यक्तित्व व चरित्र पर आधुनिक सोच और समझ का जो दुष्प्रभाव पड़ रहा है वह भविष्य की भयावह तस्वीर प्रस्तुत करता है। बच्चे अपनी परिष्कृत सभ्यता व संस्कृति से छिटकते जा रहे हैं। समय के साथ चलने, बदलने और कुछ नया सीखने में कोई बुराई नहीं लेकिन इस प्रक्रिया में हमें अपने जीवन मूल्यों को संजोए रखना ही होगा। सत्य, सदाचार, अहिंसा, ईमानदारी जैसे नैतिक जीवन मूल्य, जो नींव के पत्थर हैं जिन पर पूरा भवन खड़ा होता है, को बचा कर रखना हर मानव का कर्तव्य है, जिसे पीढ़ी दर पीढ़ी पहुँचाने के लिए हर एक को यथासम्भव प्रयासरत रहना ही पड़ेगा।

भारत वीर सपूतों की धरती है और यहाँ आजादी की लड़ाई में वीर पुरुषों के सामान ही कई वीरांगनाओं ने भी अपना सर्वोच्च बलिदान दिया था। इसकी मिट्टी से होनहार, बहादुर सुत भी पैदा हुए और सुता भी। भारत कई सदियों तक परकीयों से संघर्षरत रहा। इन संघर्ष की बेड़ियों को काटने के लिए भारतीय वीरांगनाओं ने भी अपनी जान की बाजी लगा दी थी। भारतीय स्वतंत्रता संग्राम रूपी यज्ञ में अनेक वीरांगनाओं ने अपनी आहुति दी तदोपरान्त अंग्रेजों के शोषण व अंग्रेजियत कुत्सित नीतियों से भारतीय समाज को मुक्त कराने के लिए कठिनतम परिस्थितियों में भी अंतिम सांस तक लड़ती रहीं तथा नए भारत के पुनर्निर्माण में उन्होंने अपना शतप्रतिशत योगदान दिया। भाई

जगराम जी ने उन्हीं गुमनाम वीरांगनाओं के बलिदान और देश-निर्माण में योगदान को स्मरण करते हुए रणचंडी की रचना कर यथार्थ को इस तरह से एक सूत्र में बाँधा है जिससे वर्तमान में भी हम राजनीतिक एवं प्रशासनिक स्तर पर महिलाओं की व्यापक भागीदारी, महिला समानता एवं नारी सशक्तिकरण जैसे मुद्दों पर सीख ले सकते हैं। साहित्य का आधार जीवन है, साहित्य किसी संस्कृति का ज्ञान कराने में महत्वपूर्ण भूमिका निभाता है और यही हमारे जीवन को स्वाभाविक और स्वाधीन बना सकता है। साहित्य केवल मनोरंजन के लिए न होकर अपितु राष्ट्र पुनर्निर्माण के लिए है। साहित्य से ही हम अपनी विरासत के बारे में जानकारी प्राप्त करके कुछ नया करने की उर्जा प्राप्त कर सकते है। भाई जगराम जी की यह प्रस्तुति रणचंडी रूपी गौरव माला इन्हीं दृष्टिकोणों से समाजोन्मुखी सिद्ध होगी, ऐसा मेरा विश्वास है।

भाई जगराम जी की यह प्रस्तुति पाठक वर्ग में नई उर्जा, उमंग, भावुकता, अपेक्षापूर्ति की सम्भावना, अतीत के लगाव और भविष्य के प्रति नई सोच जगाने, देश-प्रेम एवं सामाजिक मूल्यों के साथ साथ ज्ञान पिपासा को बढ़ाने में सक्षम होगी, ऐसी मेरी हार्दिक भावना है।

समाज सेवा एवं साहित्य साधना की इस श्रृंखला में प्रकृत कार्य के लिए लेखक को मेरी शतशः मंगलकामनाएँ जीवन की बहुविध चुनौतियों से उठे भाई जगराम जी को उनकी अति महत्वपूर्ण उपलब्धि के लिए विशेष शुभकामनाएँ।

प्रोफेसर डॉ सुनीता कटोच

शहीद कैप्टन विक्रम बतरा राजकीय महाविद्यालय

पालमपुर, जिला-काँगड़ा, हिमाचल प्रदेश

अनुक्रम

रणचंडी

सैकड़ों वर्षों तक हिन्दू राजाओं को एक ओर जहाँ विदेशी आक्रांताओं से लड़ना पड़ा, वहीं उन्हें अपने पड़ोसी राजाओं से मिल रही चुनौती का सामना भी करना पड़ा। मध्यकाल और अंग्रेज काल में कई राजाओं और रानियों को बलिदान देना पड़ा था। ऐसे कई मौके आए, जब राज्य की बागडोर रानियों को संभालनी पड़ी और वे हँसते-हँसते देश पर अपनी जान न्यौछावर कर गईं।

गांधार, कंबोज, कुरु, पाँचाल, कौशल, काशी, मगध आदि राज्य के विदेशी आक्रांताओं के हाथों में चले जाने के बाद महाराष्ट्र, गुजरात और राजस्थान के जनपदों के राजाओं और रानियों ने विदेशी आक्रांताओं से कड़ा मुकाबला कर अपने राज्य की रक्षा की। आओ जानते हैं हम भारत की उन प्रमुख महान नारियों के बारे में जिन्होंने विदेशियों और दुश्मनों से अपने राज्य को बचाने के लिए अपना सब कुछ दांव पर लगा दिया और उन खास महारानियों के बारे में भी जिनकी वीरता और संघर्ष को भारतीय इतिहास में गर्व के साथ गाया जाता है और गाया जाता रहेगा।

सिंध के राजा दाहिर की पत्नियों और पुत्रियों का बलिदानः सिंध के दीवान गुन्दुमल की बेटी ने सर कटवाना स्वीकर किया, पर मीर कासिम की पत्नी बनना नहीं। इसी तरह वहाँ के राजा दाहिर और उनकी पत्नियों और पुत्रियों ने भी अपनी मातृभूमि और अस्मिता की रक्षा के लिए अपनी जान दे दी।

महाराज की वीरगति और अरबी सेना के अलोर की ओर बढ़ने के समाचार से रानी लाडी अचेत हो गईं। सिंधी वीरांगनाओं ने अरबी सेनाओं का स्वागत अलोर में तीरों और भालों की वर्षा के साथ किया। कई वीरांगनाओं ने अपने प्राण मातृभूमि की रक्षार्थ दे दिए। जब अरबी सेना के सामने सिंधी वीरांगनाएँ टिक नहीं पाई तो उन्होंने अपने सतीत्व की रक्षा के लिए जौहर किया।

बच गईं दोनों राजकुमारियाँ सूरजदेवी और परमाल ने युद्ध क्षेत्र में घायल सैनिकों की सेवा की। तभी उन्हें दुश्मनों ने पकड़कर कैद कर लिया। सेनानायक मोहम्मद बिन कासिम ने अपनी जीत की खुशी में दोनों राजकन्याओं को भेंट के रूप में खलीफा के पास भेज दिया। खलीफा दोनों राजकुमारियों की खूबसूरती पर मोहित हो गया और दोनों कन्याओं को अपने जनानखाने में शामिल करने का हुक्म दिया, लेकिन राजकुमारियों ने अपनी चतुराई से कासिम को सजा दिलाई। लेकिन जब राजकुमारियों के इस धोखे का पता चला तो खलीफा ने दोनों को कत्ल करने का आदेश दिया तभी दोनों राजकुमारियों ने खंजर निकाला और अपने पेट में घोंप लिया और इस तरह राजपरिवार की सभी महिलाओं ने अपने देश के लिए बलिदान दे दिया।

महारानी पद्मिनी: रानी पद्मिनी राजा गंधर्व सेन और रानी चंपावती की पुत्री थीं। रानी पद्मिनी का विवाह चित्तौड़ के राजा रत्नसिंह के साथ हुआ था। रानी पद्मिनी की सुंदरता और वीरता के चर्चे दूर-दूर तक थे।

रानी पद्मिनी की सुंदरता पर दिल्ली का सुल्तान अलाउद्दीन खिलजी मोहित हो गया। रानी को हासिल करने के लिए अलाउद्दीन खिलजी ने चित्तौड़ पर हमला कर दिया।

चढ़ाई और घेरे के बाद अलाउद्दीन ने चित्तौड़ पर धावा बोल दिया और राजा रत्नसिंह को धोखे से मार गिराया। तब यह देखकर रानी पद्मिनी ने राजपूत वीरांगनाओं के साथ जौहर की अग्नि में 1303 ईस्वी में आत्मदाह कर लिया।

राजकुमारी रत्नावती: जैसलमेर नरेश महारावल रत्नसिंह ने जैसलमेर किले की रक्षा अपनी पुत्री रत्नावती को सौंप दी थी। इसी दौरान दिल्ली के बादशाह अलाउद्दीन की सेना ने किले को घेर लिया जिसका सेनापति मलिक

काफूर था। किले के चारों ओर मुगल सेना ने घेरा डाल लिया किंतु राजकुमारी रत्नावती इससे घबराई नहीं और सैनिक वेश में घोड़े पर बैठी किले के बुर्जों व अन्य स्थानों पर घूम-घूमकर सेना का संचालन करती रहीं। अतत: उसने सेनापति काफूर सहित 100 सैनिकों को बंधक बना लिया।

सेनापति के पकड़े जाने पर गुगल सेना ने किले को घेर लिया। किले के भीतर का अन्न समाप्त होने लगा। राजपूत सैनिक उपवास करने लगे। रत्नावती भूख से दुर्बल होकर पीली पड़ गईं किंतु ऐसे संकट में भी राजकुमारी रत्नावती द्वारा राजधर्म का पालन करते हुए अपने सैनिकों को रोज एक मुट्ठी और मुगल बंदियों को दो मुट्ठी अन्न रोज दिया जाता रहा।

अलाउद्दीन को जब पता लगा कि जैसलमेर किले में सेनापति कैद है और किले को जीतने की आशा नहीं है तो उसने महारावल रत्नसिंह के पास संधि-प्रस्ताव भेजा। राजकुमारी ने एक दिन देखा कि मुगल सेना अपने तम्बू-डेरे उखाड़ रही है और उसके पिता अपने सैनिकों के साथ चले आ रहे हैं। मलिक काफूर जब किले से छोड़ा गया तो उसने कहा-'यह राजकुमारी साधारण लड़की नहीं, यह तो वीरांगना के साथ देवी भी हैं। इन्होंने खुद भूखी रहकर हम लोगों का पालन किया है। ये पूजा करने योग्य आदरणीय हैं।'

वीर बाला चम्पा: महाराणा प्रताप वन-वन भटक रहे थे किंतु उन्होंने मुगलों के सामने झुकना मंजूर नहीं किया। महाराणा के साथ उनके बच्चों को दिन-रात पैदल चलना पड़ता था। बच्चों को उपवास भी करना पड़ता था। 3-3, 4-4 दिन जंगली बेर व घास की रोटियों पर निकल जाते।

महाराणा की पुत्री चम्पा 11 वर्ष की थी। चम्पा एक दिन अपने 4 वर्षीय भाई के साथ नदी किनारे खेल रही थी। कुमार को भूख लगी थी। वह रोटी माँगते हुए रोने लगा। उस 4 वर्ष के बच्चे में समझ कहाँ थी कि उसके माता-पिता के पास अपने युवराज के लिए रोटी का टुकड़ा भी नहीं है। चम्पा ने अपने भाई को कहानी सुनाकर व फूलों की माला पहनाकर बहला दिया। राजकुमार भूखा ही सो गया।

चम्पा जब अपने छोटे भाई को गोद में लेकर माता के पास सुलाने आई तो महाराणा को चिंता में डूबे हुए देखकर बोली, 'पिताजी! आप चिंतित क्यों

हैं?' 'बेटी! हमारे यहाँ एक अतिथि पधारे हैं। आज ऐसा भी दिन आ गया है कि चित्तौड़ के राणा के यहाँ से अतिथि भूखा चला जाएँ' महाराणा ने उत्तर दिया।

चम्पा बोली, 'पिताजी! आप चिंता न करें! हमारे यहाँ से अतिथि भूखा नहीं जाएगा। आपने मुझे कल जो दो रोटियां दी थीं, वे मैंने भाई के लिए बचाकर रखीं थीं, वह सो गया है। मुझे भूख नहीं है। आप उन रोटियों को अतिथि को दे दीजिए।' पत्थर के नीचे दबाकर रखी घास की रोटियां पत्थर हटाकर चम्पा ले आई। थोड़ी-सी चटनी के साथ वे रोटियां अतिथि को दे दी गईं। अतिथि रोटी खाकर चला गया।

महाराणा बेटी के त्याग को देखकर द्रवित हो उठे, उनसे अपने बच्चों का कष्ट देखा नहीं गया। उस दिन उन्होंने अकबर की अधीनता स्वीकार करने के लिए पत्र लिखा। 11 वर्षीय सुकुमार बालिका चम्पा 2-4 दिन में तो घास की रोटी पाती थी और उसे भी बचाकर रख लिया करती थी। अपने भाग की रोटी वह अपने भाई को थोड़ी-थोड़ी करके खिला देती थी। भूख के मारे वह स्वयं दुर्बल व कृशकाय हो गई थी। एक दिन वह भूख से मूर्छित हो गईं।

महाराणा ने उसे गोद में उठाते हुए रोकर कहा-'मेरी बेटी! अब में तुझे और कष्ट नहीं दूँगा। मैंने अकबर को पत्र लिख दिया है।' यह सुनकर चम्पा मूर्छा में भी चौक पड़ी, बोली, 'पिताजी! आप यह क्या कहते हैं? हमें मरने से बचाने के लिए आप अकबर के दास बनेंगे? पिताजी! हम सब क्या कभी मरेंगे नहीं? पिताजी! 'देश को नीचा मत दिखाइए! आपको मेरी शपथ है, आप अकबर की अधीनता कभी स्वीकार न करें।' इन वचनों के साथ ही मासूम चम्पा महाराणा की गोद में ही सदा के लिए चुप हो गईं।

कहा जाता है कि जब अकबर के दरबार में महाराणा का पत्र पहुँचा तो पत्र देखकर पृथ्वीराजजी ने पत्र की विश्वसनीयता पर सवाल उठाते हुए महाराणा को पत्र लिखा और उसे पढ़कर महाराणा ने अकबर की अधीनता स्वीकार करने का विचार त्याग दिया। लेकिन कुछ लोगों का मानना है कि बालिका चम्पा ने अपने बलिदान से ही महाराणा को दृढ़ता देकर भारतीय गौरव की रक्षा की।

हाडी रानी

हाडी रानी:– केसरिया बाना पहने युद्ध वेष में सजे पति को देखकर हाड़ी रानी चौंक पड़ी वह अचंभित थी। कहाँ चले स्वामी? इतनी जल्दी। अभी तो आप कह रहे थे कि चार छह महीनों के लिए युद्ध से फुरसत मिली है आराम से कटेगी यह क्या? आश्चर्य मिश्रित शब्दों में हाड़ी रानी पति से बोली। प्रिय पति के शौर्य और पराक्रम को परखने के लिए ही तो क्षत्राणियां इसी दिन की प्रतीक्षा करती है। वह शुभ घड़ी अभी ही आ गईं देश के शत्रुओं से दो दो हाथ होने का अवसर मिला है। मुझे यहाँ से अविलंब निकलना है। हँसते–हँसते विदा दो। पता नहीं फिर कभी भेंट हो या न हो हाड़ा सरदार ने मुस्करा कर पत्नी से कहाँ हाड़ा सरदार का मन आशंकित था। सचमुच ही यदि न लौटा तो। मेरी इस अर्धांगिनी का क्या होगा? एक ओर कर्तव्य और दूसरी ओर था पत्नी का मोह। इसी अन्तद्वंद्व में उसका मन फंसा था। उसने पत्नी को राणा राजसिंह के पत्र के संबंध में पूरी बात विस्तार से बता दी थी। विदाई माँगते समय पति का गला भर आया है यह हाड़ी रानी की तेज आँखों से छिपा न रह सका। यद्यपि हाड़ा सरदार ने उसे भरसक छिपाने की कोशिश की। हताश मन व्यक्ति को विजय से दूर ले जाता है। उस वीर बाला को यह समझते देर न लगी कि पति रणभूमि में तो जा रहा है पर मोहग्रस्त होकर। पति विजयश्री प्राप्त करें इसके लिए उसने कर्तव्य की वेदी पर अपने मोह की बलि दे दी। वह पति से बोली स्वामी जरा ठहरिए। में अभी आई। वह दौड़ी–दौड़ी अंदर गयीं। आरती का थाल सजाया। पति के मस्तक पर टीका लगाया, उसकी आरती उतारी। वह पति से बोली।

मैं धन्य हो गयीं, ऐसा वीर पति पाकर हमारा आपका तो जन्म जन्मांतर का साथ है। राजपूत रमणियाँ इसी दिन के लिए तो पुत्र को जन्म देती हैं आप जाएँ स्वामी मैं विजय माला लिए द्वार पर आपकी प्रतीक्षा करूँगी। उसने अपने नेत्रों में उमड़ते हुए आँसुओं को पी लिया था। पति को दुर्बल नहीं करना चाहती थी। चलते चलते पति उससे बोला प्रिय। में तुमको कोई सुख न दे सका, बस इसका ही दुख है मुझे भूल तो नहीं जाओगी? यदि मैं न रहा तो। उसके वाक्य पूरे भी न हो पाए थे कि हाड़ी रानी ने उसके मुख पर हथेली

रख दी। न न स्वामी। ऐसी अशुभ बातें न बोलों। में वीर राजपूतनी हूँ, फिर वीर की पत्नी भी हूँ। अपना अंतिम धर्म अच्छी तरह जानती हूँ आप निश्चित होकर प्रस्थान करें। देश के शत्रुओं के दाँत खट्टे करें। यही मेरी प्रार्थना है। हाड़ा सरदार ने घोड़े को ऐड़ लगायी। रानी उसे एकटक निहारती रहीं जब तक वह आँखो से ओझल न हो गया। उसके मन में दुर्बलता का जो तूफान छिपा था जिसे अभी तक उसने बरबस रोक रखा था वह आँखों से बह निकला। हाड़ा सरदार अपनी सेना के साथ हवा से बाते करता उड़ा जा रहा था। किन्तु उसके मन में रह-रह कर आ रहा था कि कही सचमुच मेरी पत्नी मुझे बिसार न दें? वह मन को समझाता पर उसक ध्यान उधर ही चला जाता। अंत में उससे रहा न गया। उसने आधे मार्ग से अपने विश्वस्त सैनिक को रानी के पास भेजा। उसको फिर से स्मरण कराया था कि मुझे भूलना मत मैं जरूर लौटूंगा। संदेश वाहक को आश्वस्त कर रानी ने लौटाया। दूसरे दिन एक और वाहक आया। फिर वही बात। तीसरे दिन फिर एक आया। इस बार वह पत्नी के नाम सरदार का पत्र लाया था। प्रिये मैं यहाँ शत्रुओं से लोहा ले रहा हूँ। अंगद के समान पैर जमाकर उनको रोक दिया है। मजाल है कि वे जरा भी आगे बढ़ जाएँ। यह तो तुम्हारे रक्षा कवच का प्रताप है। पर तुम्हारी बड़ी याद आ रही है। पत्र वाहक द्वारा कोई अपनी प्रिय निशानी अवश्य भेज देना। उसे ही देखकर में मन को हल्का कर लिया करुंगा। हाड़ी रानी पत्र को पढ़कर सोच में पड़ गयीं। युद्धरत पति का मन यदि मेरी याद में ही रमा रहा उनके नेत्रों के सामने यदि मेरा ही मुखड़ा घूमता रहा तो वह शत्रुओं से कैसे लड़ेंगे। विजय श्री का वरण कैसे करेंगे? उसके मन में एक विचार कौंधा। वह सैनिक से बोली वीर? मैं तुम्हें अपनी अंतिम निशान दे रही हूँ। इसे ले जाकर उन्हें दे देना। थाल में सजाकर सुंदर वस्त्र से ढककर अपने वीर सेनापति के पास पहुँचा देना। किन्तु इसे कोई और न देखे। वे ही खोल कर देखें। साथ में मेरा यह पत्र भी दे देना। हाड़ी रानी के पत्र में लिखा था प्रिय मैं तुम्हें अपनी अंतिम निशानी भेज रही हूँ। तुम्हारे मोह के सभी बंधनों को काट रही हूँ। अब बेफ्रिक होकर अपने कर्तव्य का पालन करें में तो चली स्वर्ग में तुम्हारी बाट जोहूँगी। पलक झपकते ही हाड़ी रानी ने अपने कमर से तलवार निकाल, एक

झटके में अपने सिर को उड़ा दिया। वह धरती पर लुढ़क पड़ा। सिपाही के नेत्रो से अश्रुधारा बह निकली। कर्तव्य कर्म कठोर होता है सैनिक ने स्वर्ण थाल में हाड़ी रानी के कटे सिर को सजाया। सुहाग के चूनर से उसको ढका। भारी मन से युद्ध भूमि की ओर दौड़ पड़ा। उसको देखकर हाड़ा सरदार स्तब्ध रह गया उसे समझ में न आया कि उसके नेत्रों से अश्रुधारा क्यों बह रही है? धीरे से वह बोला क्यों युद्धसिंह। रानी की निशानी ले आए? युद्ध ने कांपते हाथों से थाल उसकी ओर बढ़ा दिया। हाड़ा सरदार फटी आँखों से पत्नी का सिर देखता रह गया। उसके मुख से केवल इतना निकला उफ् हाय रानी। तुमने यह क्या कर डाला। संदेही पति को इतनी बड़ी सजा दे डाली खैर। में भी तुमसे मिलने आ रहा हूँ।

हाड़ा सरदार के मोह के सारे बंधन टूट चुके थे। वह शत्रु पर टूट पड़ा। इतना अप्रतिम शौर्य दिखाया था कि उसकी मिसाल मिलना बड़ा कठिन है। जीवन की आखिरी साँस तक वह लड़ता रहा। औरंगजेब की सहायक सेना को उसने आगे नहीं ही बढने दिया, जब तक मुगल बादशाह मैंदान छोड़कर भाग नहीं गया था। इस विजय को श्रेय किसको? राणा राजसिंह को या हाड़ा सरदार को। हाड़ी रानी को अथवा उसकी इस अनौखी निशानी को?

यह कहानी है मेंवाड़ की कहानी है राजस्थान की और एक रानी के ऐसे बलिदान की, जिसकी कल्पना भी नहीं की जा सकती है। जिनके बलिदान के किस्से इतिहास के पन्नों में स्वर्ण अक्षरों में अंकित हैं। उन्होंने अपनी मातृभूमि के खातिर अपना सिर कलम करने से पहले एक बार भी नहीं सोचा और खुशी-खुशी अपनी बलि चढ़ा दी।

हाडी रानी के बलिदान की कहानी सुनकर लोगों का मन विचलित हो जाता है। उन्होंने मेंवाड़ के लिए जो किया उसे आज भी याद किया जाता है और लोग उनकी पूजा करते हैं। उनके महल में आज भी लोग उनकी वीरगाथा को महसूस कर सकते हैं।

रानी दुर्गावती: वीरांगना महारानी दुर्गावती का जन्म 1524 में हुआ था। उनका राज्य गोंडवाना में था। महारानी दुर्गावती कालिंजर के राजा कीर्तिसिंह चंदेल की एकमात्र संतान थीं। राजा संग्राम शाह के पुत्र दलपत शाह से उनका

विवाह हुआ था। दुर्भाग्यवश विवाह के 4 वर्ष बाद ही राजा दलपतशाह का निधन हो गया। उस समय दुर्गावती का पुत्र नारायण 3 वर्ष का ही था अतः रानी ने स्वयं ही गढ़मंडला का शासन संभाल लिया। वर्तमान जबलपुर उनके राज्य का केंद्र था।

दुर्गावती के वीरतापूर्ण चरित्र को भारतीय इतिहास से इसलिए काटकर रखा गया, क्योंकि उन्होंने मुस्लिम शासकों के विरुद्ध कड़ा संघर्ष किया था और उनको अनेक बार पराजित किया था। अंग्रेज शासनकाल में लिखे गए इतिहास और बाद में वामपंथियों द्वारा लिखे गए इतिहास में तथाकथित अकबर को महान बताया गया।

अकबर के कडा मानिकपुर के सूबेदार ख्वाजा अब्दुल मजीद खां ने रानी दुर्गावती के विरुद्ध अकबर को उकसाया था। अकबर अन्य राजपूत घरानों की विधवाओं की तरह दुर्गावती को भी रनवासे की शोभा बनाना चाहता था। अकबर ने अपनी कामुक भोग-लिप्सा के लिए एक विधवा पर जुल्म किया। लेकिन धन्य है रानी दुर्गावती का पराक्रम कि उसने अकबर के जुल्म के आगे झुकने से इंकार कर स्वतंत्रता और अस्मिता के लिए युद्ध भूमि को चुना और अनेक बार शत्रुओं को पराजित करते हुए 1564 में बलिदान दे दिया। उनकी मृत्यु के पश्चात उनका देवर चन्द्रशाह शासक बना व उसने मुगलों की अधीनता स्वीकार कर ली।

रानी रूपमती के प्यार में अंधे हुए स्त्री-लोलुप सूबेदार बाजबहादुर ने भी रानी दुर्गावती पर बुरी नजर डाली थी लेकिन उसको मुँह की खानी पड़ी। दूसरी बार के युद्ध में दुर्गावती ने उसकी पूरी सेना का सफाया कर दिया और फिर वह कभी पलटकर नहीं आया। महारानी ने 16 वर्ष तक राज संभाला। इस दौरान उन्होंने अनेक मंदिर, मठ, कुएँ, बावड़ी तथा धर्मशालाएँ बनवाईं।

रानी कर्णावती (कर्मवती): राजस्थान के मेंवाड़ की रानी कर्णावती को कौन नहीं जानता। एक ओर जहाँ मुगल सम्राट हुमायूं अपने राज्य का विस्तार करने में लगा था तो दूसरी ओर गुजरात के सुल्तान बहादुर शाह ने 1533 ईस्वी में चित्तौड़ पर आक्रमण कर दिया था। रानी कर्णावती चित्तौड़ के राजा की विधवा थीं। रानी के दो पुत्र थे-राणा उदयसिंह और राणा विक्रमादित्य।

ऐसे में महारानी कर्णावती ने राजपूतों और मुस्लिमों के संघर्ष के बीच हुमायूं के सामने प्रस्ताव रखा कि हम परस्पर संधि करके अपने समान शत्रु बहादुरशाह का मिलकर सामना करें। मुगल सम्राट हुमायूं ने रानी का प्रस्ताव स्वीकार कर लिया। हालांकि हूमायूं किसी को भी नहीं बख्शता था लेकिन उसके दिल में रानी कर्णावती का प्यार अच्छे से उतर गया और उसने रानी का साथ दिया। हुमायूं को रानी ने अपना धर्मभाई बनाया था इसलिए हुमायूं ने भी राखी की लाज रखते हुए उनके राज्य की रक्षा की।

झांसी की रानी: झांसी की रानी लक्ष्मीबाई का जन्म वाराणसी में 19 नवंबर 1835 में हुआ था। बचपन में उनका नाम मणिकर्णिका था। सब उनको प्यार से 'मनु' कहकर पुकारा करते थे। सिर्फ 4 साल की उम्र में ही उनकी माता की मृत्यु हो गई थी इसलिए मनु के पालन-पोषण की जिम्मेंदारी उनके पिता पर आ गई थी।

1842 में मनु की शादी झांसी के राजा गंगाधर राव से हुईं शादी के बाद मनु को 'लक्ष्मीबाई' नाम दिया गया। 1851 में इनको एक पुत्ररत्न की प्राप्ति हुई लेकिन मात्र 4 महीने बाद ही उनके पुत्र की मृत्यु हो गईं उधर उनके पति का स्वास्थ्य बिगड़ गया तो सबने उत्तराधिकारी के रूप में एक पुत्र गोद लेने की सलाह दी। इसके बाद दामोदर राव को गोद लिया गया। 21 नवंबर 1853 को महाराजा गंगाधर राव की भी मृत्यु हो गईं इस समय लक्ष्मीबाई 18 साल की थीं और अब वे अकेली रह गईं, लेकिन रानी ने हिम्मत नहीं हारी व अपने फर्ज को समझा।

जब दामोदर को गोद लिया गया उस समय वहाँ अंग्रेजों का राज था। ब्रिटिश सरकार ने बालक दामोदर को झांसी का उत्तराधिकारी मानने से इंकार कर दिया और वे झांसी को ब्रितानी राज्य में मिलाने का षड्यंत्र रचने लगे। उस वक्त भारत में डलहौजी नामक वायसराय ब्रितानी सरकार का नुमाइंदा था। जब रानी को पता लगा तो उन्होंने एक वकील की मदद से लंदन की अदालत में मुकदमा दायर किया, लेकिन ब्रितानियों ने रानी की याचिका खारिज कर दी।

मार्च 1854 में ब्रिटिश सरकार ने रानी को महल छोड़ने का आदेश दिया, लेकिन रानी ने निश्चय किया कि वे झांसी नहीं छोड़ेंगी। उन्होंने प्रण लिया कि वे झांसी को आजाद कराकर के ही दम लेंगी।

लेकिन ब्रिटिश सरकार ने उनके हर प्रयास को विफल करने का प्रयास किया।

झांसी के पड़ोसी राज्य ओरछा व दतिया ने 1857 में झांसी पर हमला किया, लेकिन रानी ने उनके इरादों को नाकामयाब कर दिया। 1858 में ब्रिटिश सरकार ने झांसी पर हमला कर उसको घेर लिया व उस पर कब्जा कर लिया, लेकिन रानी ने साहस नहीं छोड़ा। उन्होंने पुरुषों की पोशाक धारण की, अपने पुत्र को पीठ पर बांधा। दोनों हाथों में तलवारें लीं व घोड़े पर सवार हो गईं व घोड़े की लगाम अपने मुँह में रखी व युद्ध करते हुए वे अंत में अपने दत्तक पुत्र व कुछ सहयोगियों के साथ वहाँ से भाग निकलीं और तात्या टोपे से जा मिलीं।

अंग्रेज और उनके चाटुकार भारतीय भी रानी की खोज में उनके पीछे लगे हुए थे। तात्या टोपे से मिलने के बाद रानी लक्ष्मीबाई ने ग्वालियर के लिए कूच किया। देश के गद्दारों के कारण रानी को रास्ते में फिर से शत्रुओं का सामना करना पड़ा। वीरता और साहस के साथ रानी ने युद्ध किया और युद्ध के दूसरे ही दिन (18 जून 1858) को 22 साल की महानायिका लक्ष्मीबाई लड़ते-लड़ते वीरगति को प्राप्त हो गईं।

रानी द्रौपदी: रानी द्रौपदीबाई धार क्षेत्र की क्रांति की सूत्रधार थी। 22 मई 1857 को धार के राजा का देहावसान हो गया। राजा की बड़ी रानी द्रौपदीबाई को ही राज्यभार संभालना पड़ा, क्योंकि आनंदराव बाला साहब नाबालिग थे।

अन्य राजवंशों के विपरीत अंग्रेजों ने धार के नाबालिग राजा आनंदराव को मान्यता प्रदान कर दी। वह इसलिए कि ब्रितानी चाहते थे कि क्रांति में धीर क्रांतिकारियों का साथ न दें, लेकिन रानी द्रौपदी के हृदय में तो क्रांति की ज्वाला धधक रही थी। रानी के कार्यभार संभालते ही समस्त धार क्षेत्र में क्रांति लपटें फैल गईं।

रानी द्रौपदीबाई ने रामचंद्र बापूजी को अपना दीवान नियुक्त किया। बापूजी ने सदा उनका समर्थन किया। इन दोनों ने 1857 की क्रांति में ब्रितानियों का विरोध किया। क्रांतिकारियों की हरसंभव सहायता रानी ने की। रानी के भाई भीमराव भोंसले भी देशभक्त थे।

ब्रिटिश सैनिकों ने 22 अक्टूबर 1857 को धार का किला घेर लिया। यह किला मैंदान से 30 फुट ऊंचाई पर लाल पत्थर से बना था। किले के चारों ओर 14 गोल तथा 2 चौकोर बुर्ज बने हुए क्रांतिकारियों ने उनका डटकर मुकाबला किया। ब्रितानियों को आशा थी कि वे शीघ्र आत्मसमर्पण कर देंगे, पर ऐसा न हुआ। 24 से 30 अक्टूबर तक संघर्ष चलता रहा। किले की दीवार में दरार पड़ने के कारण ब्रितानी सैनिक किले में घुस गए। रानी द्रौपदी सहित क्रांतिकारी सैनिक गुप्त रास्ते से निकल भागे। कर्नल डूरेंड तो पहले से ही रानी का विरोधी था। उसने किले को ध्वस्त कर दिया। धार राज्य को जब्त कर लिया गया। दीवान रामचंद्र बापू को बना दिया गया।

महारानी तपस्विनीः झांसी की रानी लक्ष्मीबाई की भतीजी और बेलूर के जमींदार नारायण राव की बेटी महारानी तपस्विनी की वीरता की प्रसिद्धि भी दूर-दूर तक थी। उन्हें 'माताजी' के नाम से बुलाया जाता था। वे एक बाल विधवा थीं। उनके बचपन का नाम सुनंदा था। बचपन से ही उनमें राष्ट्रप्रेम की भावना कूट-कूटकर भरी हुई थी। वे हमेंशा ईश्वर का पूजा-पाठ करतीं और शस्त्रों का अभ्यास करती थीं।

जब 1857 ईस्वी में क्रांति का बिगुल बजा, तब रानी तपस्विनी ने भी अपनी चाची के साथ इस क्रांति में सक्रिय रूप से भाग लिया। उनके प्रभाव के कारण अनेक लोगों ने इस क्रांति में अहम भूमिका निभाई। 1857 की क्रांति की विफलता के बाद उन्हें तिरुचिरापल्ली की जेल में रखा गया। बाद में वे नाना साहेब के साथ नेपाल चली गईं, जहाँ उन्होंने नाम बदलकर काम शुरू किया।

नेपाल पहुँचकर माताजी ने वहाँ बसे भारतीयों में देशभक्ति की भावना की अलख जगाई। नेपाल के प्रधान सेनापति चन्द्र शमशेर जंग की मदद से उन्होंने गोला-बारूद व विस्फोटक हथियार बनाने की एक फैक्टरी खोली

ताकि क्रांतिकारीयों की मदद की जा सके। लेकिन सहयोगी खांडेकर के एक मित्र ने धन के प्रलोभन में आकर अंग्रेजों को तपस्विनी के बारे में सब कुछ बता दिया। तब तपस्विनी नेपाल छोड़कर कलकत्ता चली गईं।

कलकत्ता में उन्होंने महाभक्ति पाठशाला खोलकर बच्चों को राष्ट्रीयता की शिक्षा दी। 1902 ईस्वी में बाल गंगाधर तिलक कलकत्ता आए तो उनकी माताजी से मुलाकात हुईं 1905 ई. में जब बंगाल विभाजन के विरुद्ध आंदोलन प्रारंभ हुआ था, तब रानी ने उसमें सक्रिय भूमिका निभाई थी। 1907 ईस्वी में माताजी की मृत्यु हो गईं।

इस प्रकार का गौरवपूर्ण इतिहास रहा है भारत की परम वंदनीया वीरांगनाओं का जिसने भारत ही नहीं सम्पूर्ण संसार के आर्तीताइयों को हिलाकर रख दिया, उनके बलिदान से जो भारत का शीश गर्व और स्वाभिमान से ऊंचा उठा है जिसने एक ऐसी मिशाल कायम की है जो सम्पूर्ण आर्तीताइयों के हृदयों को दहलाने वाली है अंत में उन वीरांगनाओं के श्री चरणों में कोटिशः नमन, वंदन, अभिनन्दन।

///जय श्री राम ///

राजकुमारी सूर्या और परमल

भारत माता को सही मायने में "सोने की चिड़िया" कहा जाता था। इस कारण के चलते भारत माता को लूटने और इसकी धरा पर कब्जा करने के उद्देश्य से पश्चिम के रेगिस्तानी इलाकों से आने वाले मजहबी हमलावरों का वार सबसे पहले सिन्ध की वीरभूमि को ही झेलना पड़ता था। इसी सिन्ध के राजा थे श्री दाहिर सेन जी जिन्होंने युद्धभूमि में लड़ते हुए न केवल अपनी प्राणाहुति दी बल्कि उनके शहीद होने के बाद उनकी पत्नी, बहन और दोनों पुत्रियों ने भी अपना बलिदान देकर भारत में एक नयी परम्परा का सूत्रपात किया।

सिन्ध के महाराजा के असमय देहांत के बाद उनके 12 वर्षीय पुत्र श्री दाहिर सेन जी को गद्दी पर बैठाया गया। राज्य की देखभाल उनके चाचा श्री चंद्रसेन जी करते थे, परंतु छह वर्ष बाद श्री चंद्रसेन जी का भी देहांत हो गया। अत: राज्य की जिम्मेंदारी 18 वर्षीय श्री दाहिर सेन जी पर आ गयी।

उन्होंने देवल को राजधानी बनाकर अपने शौर्य से राज्य की सीमाओं का कन्नौज, कंधार, कश्मीर और कच्छ तक विस्तार किया।

राजा श्री दाहिर सेन जी एक प्रजावत्सल राजा थे। गौरक्षक के रूप में उनकी ख्याति दूर-दूर तक फैली हुई थी। यह देखकर ईरान के शासक हज्जाम ने 712 ईसवी में अपने सेनापति मोहम्मद बिन कासिम को एक विशाल सेना देकर सिन्ध पर हमला करने के लिए भेजा। कासिम ने देवल के किले पर कई आक्रमण किए पर राजा श्री दाहिर सेन जी और उनके हिंदू वीरों ने हर बार उसे पीछे धकेल दिया।

सीधी लड़ाई में बार-बार हारने पर कासिम ने धोखा किया। 20 जून 712 ईसवी को उसने सैकड़ों सैनिकों को हिन्दू महिलाओं जैसा वेश पहना दिया। लड़ाई छिड़ने पर वे महिला वेशधारी सैनिक रोते हुए राजा श्री दाहिर सेन जी के सामने आकर मुस्लिम सैनिकों से उन्हें बचाने की प्रार्थना करने लगे। राजा ने उन्हें अपनी सैनिक टोली के बीच सुरक्षित स्थान पर भेज दिया और शेष महिलाओं की रक्षा के लिए तेजी से उस ओर आगे बढ़ गए जहाँ से रोने के स्वर आ रहे थे।

इस भागदौड़ में श्री दाहिर सेन जी अकेले पड़ गए। उनके हाथी पर अग्निबाण चलाए गए इससे विचलित होकर वह खाई में गिर गये। यह देखकर शत्रुओं ने राजा श्री दाहिर सेन जी को चारों ओर से घेर लिया। राजा ने बहुत देर तक संघर्ष किया पर अंतत: शत्रु सैनिकों के भालों से उनका शरीर क्षत-विक्षत होकर मातृभूमि की गोद में सदा के लिए सो गया। इधर महिला वेश में छिपे मुस्लिम सैनिकों ने भी असली रूप में आकर हिन्दू सेना पर बीच से हमला कर दिया। इस प्रकार हिन्दू वीर दोनों ओर से घिर गए और मोहम्मद बिन कासिम का पलड़ा भारी हो गया।

उपहार के रूप में भेज दी गईं खलीफा के पास

राजा श्री दाहिर सेन जी के बलिदान के बाद उनकी पत्नी श्रीमती लाड़ी और बहन पद्मा ने भी युद्ध में वीरगति पाई। कासिम ने राजा का कटा सिर, छत्र और उनकी दोनों पुत्रियों (कुमारी सूर्या और कुमारी परमल) को बगदाद के खलीफा के पास उपहार स्वरूप भेज दिया।

वास्तव में महिलाओं को एक माल के रूप में प्रयोग करने या उन्हें 'माल' या 'चंट-माल' कहने की परम्परा मुसलमानों की देन है। ये लोग महिलाओं को लूट के माल के रूप में ही अपने खलीफा के लिए भेजा करते थे। इसलिए कैसा माल है? यह बताने की आवश्यकता पड़ती थी। उससे पहले इस प्रकार का अपमानजनक शब्द महिलाओं के लिए भारत में कोई प्रयोग नहीं करता था। मोहम्मद बिन कासिम ने इसी परम्परा का निर्वाह करते हुए भारत की इन दोनों महान बेटियों को अपने धर्म गुरु खलीफा की सेवा में

भेजना श्रेयस्कर समझा। फलस्वरूप उसने इन दोनों बहनों को उपहार स्वरूप खलीफा के लिए निज देश भेज दिया।

रास्ते में दोनों बहनें कभी एक दूसरे को देखकर रोतीं तो कभी अपने परिवार के साथ हुई दुःखद घटनाओं को याद करके रोतीं, कभी माता-पिता की याद में आंसू बहातीं तो कभी देश की हुई दुर्दशा को देखकर या उसके बारे में सोच कर आंसू अनायास निकल आते। इसी प्रकार उनके मन में कभी यह भाव भी आता कि अब ये राक्षस हमारे साथ क्या करेंगे? अपने साथ होने वाले सम्भावित व्यवहार के बारे में सोच कर तो दोनों को सिहरन आ जाती। देशद्रोही पापियों के द्वारा जो व्यवहार उनके माता-पिता के साथ किया गया, उसे याद करके भी इन्हें बहुत अधिक कष्ट होता। कभी मन ही मन तो कभी संकेतों में इन देशद्रोहियों को कोसने लगतीं, जिनके कारण सिंध देश और उनका परिवार इस प्रकार के दुर्दिनों में फंस गया था।

वक्त बड़ा बलवान बताया
रचता रहता अद्‌भुत खेल।
महलों में रहने वाले भी
पड़ जाते शत्रु की जेल।।

पर अब बड़ी बहन ने धैर्य और साहस के साथ उपस्थित संकट और समस्या पर सोचना आरम्भ कर दिया था। उसने अपनी छोटी बहन को भी ढांढस बँधाया और उसे बताया कि जब कष्ट या संकट के बादल छाए हों तो उस समय धैर्य ही काम आता है। धैर्य और संयम से कोई न कोई ऐसी युक्ति भी निकल आती है जो संकट का समाधान बन जाती है। इसलिए धैर्य रखो और धैर्यपूर्वक उपस्थित संकट पर सोचने विचारने की शक्ति परमपिता परमेंश्वर से माँगो। निश्चय ही हमें कोई न कोई ऐसा रास्ता मिलेगा जो हमारे इस संकट का और संकट में फंसे सम्मान का समाधान देगा। बड़ी बहन अपनी छोटी बहन को कभी प्यार की थपकी लगाती तो कभी उसे ढांढस बंधाते हुए उसके आँसू पोंछती थी। वह उसे समझाती कि इस समय जब राजा और रानी दोनों ही स्वर्ग सिधार चुके हैं, तब लोगों की अंतिम आशा की किरण के रूप

में हम दोनों ही बचे हैं। हमें कुछ न कुछ ऐसा करना होगा जिससे देश का सम्मान और माता पिता की शान बच सके, साथ ही हमारे अपने सतीत्व की रक्षा हो सके।

संकट का बड़ी बहन ने खोजा समाधान

बड़ी बहन की बातों को सुनकर छोटी को भी अब बहुत कुछ समझ में आने लगा था। उसने बालकों की तरह रोना बन्द कर दिया और बहन के साथ मिलकर किसी ऐसी युक्ति पर विचार करना आरम्भ कर दिया जो देश के, उनके स्वयं के और माता-पिता के सम्मान का रक्षा कराने में सहायक हो। अन्त में उन दोनों ने मिलकर एक युक्ति खोज ली। जिससे उनके अपने स्वयं के माता-पिता के और देश के सम्मान की रक्षा होना संभव था। यह विचार सर्वप्रथम बड़ी बहन के मन मस्तिष्क में आया। तब उसने छोटी बहन की ओर बड़ी आशा भरी नजरों से देखते हुए उसे संकेतों में कुछ ऐसा समझाने का प्रयास किया जिससे छोटी बहन को लगा कि बड़ी बहन ने निश्चय ही कोई अच्छा समाधान खोज लिया है। छोटी बहन ने बड़ी उत्सुकता और आशा भरी दृष्टि से बड़ी बहन की ओर देखते हुए उस उपाय को यथाशीघ्र प्रकट करने का मानो निवेदन कर दिया।

संकट में जो धैर्य खो देते इंसान।
अपयश के भागी बनें ना मिलता सम्मान।।

तब बड़ी बहन ने बड़े आत्मविश्वास के साथ उसे बताया कि वह निश्चिंत रहे। अब मोहम्मद बिन कासिम या उसका धर्मगुरु खलीफा उनका कुछ भी नहीं बिगाड़ सकेगा। क्योंकि इन राक्षसों से अपने सम्मान की रक्षा के लिए उसने एक ऐसी युक्ति खोज निकाली है जो निश्चय ही हमारे सतीत्व की रक्षा करने में सहायक होगी। इतना ही नहीं, उसने कुछ ऐसा संकेत की छोटी बहन को दे दिया कि मेरे इस उपाय से न केवल हमारे सम्मान की रक्षा हो सकेगी, बल्कि देश के और माता-पिता के सम्मान की रक्षा भी हो पाएगी और हम मोहम्मद बिन कासिम की मृत्यु का कारण भी बन जाएँगी। बड़ी बहन के इस प्रकार के शब्दों को सुनकर छोटी बहन को अब बहुत कुछ समझ में आ गया था। इसलिए वह अब पहले की भांति अधिक विचलित नहीं थी।

जैसा भीतर का संसार वैसा ही बाहर

सिन्ध देश से चलीं ये दोनों बेटियाँ धीरे-धीरे अब एक नई मंजिल की ओर बढ़ती जा रही थीं। जिसके लिए उन्होंने कभी सोचा तक कभी नहीं था। बीच में नदी, नाले पहाड़ आते जा रहे थे। इन सब प्राकृतिक चीजों को उनकी नजरें देख तो रही थीं, पर आज उनके देखने का ढंग कुछ और था। ये सारे उनसे कुछ पूछते थे, जिनका उनके पास कोई उत्तर नहीं था। वास्तव में मनुष्य के भीतर का संसार जैसा होता है उसे बाहर का संसार वैसा ही दिखाई देने लगता है। यदि घर में मृत्यु हो जाए तो पेड़ पौधे भी कुछ और ही कहते दिखाई देते हैं। घर के पेड़ पौधों पर बैठने वाले पक्षी भी चाहे पहले जैसी ही आवाज निकालते हों, पर आज उनकी आवाज में कुछ अंतर आ जाता है। घर में रहने वाले पशु आदि भी कुछ दूसरी मुद्रा में दिखाई देने लगते हैं। ऐसे समय में मन में जितने प्रश्न प्रतिप्रश्न बनकर उभरते हैं, उन सारे प्रश्न प्रतिप्रश्नों को प्राकृतिक चीजें भी दोहराती हुई दिखाई देती हैं और ऐसा लगता है कि जैसे पशु पक्षियों की आवाज से भी वही प्रश्न प्रतिप्रश्न बार-बार निकल-निकल कर सामने आ रहे हैं। ऐसे मानसिक दबाव और परिवेश की अवस्था में ये दोनों बहनें प्रकृति के दृश्यों से कुछ बातें करते-करते निरन्तर आगे बढ़ती जा रही थीं।

हर दृश्य गुजरता जाता था
ज्यों गुजरे जीवन का बीता पल।
कुछ नए प्रश्न उभरकर आते थे
न जाने अब क्या होगा कल

अन्त में वह समय आ ही गया जब ये दोनों बहनें अपने 'लक्ष्य' पर पहुँच गईं। कई दिन और कई रात चलने के बाद भारत की ये दोनों महान बेटियाँ खलीफा को ले जाकर भेंट कर दी गईं। वास्तव किसी मुस्लिम धर्मगुरु या खलीफा को एक उपहार के रूप में प्रस्तुत की गईं ये दो बेटियाँ दो लड़कियाँ न होकर भारत की अस्मिता भारत का सम्मान और भारत की प्रतिष्ठा की प्रतीक थीं। उस समय वह किसी राजा की बेटी भी नहीं थीं,

अपितु हिंदुस्तान की बेटी थीं, हिन्द की बेटी थीं सिन्ध की नहीं। इस बात को समझकर खलीफा के दरबार और उसकी राजधानी में उत्सव सा मनाया जाने लगा। वास्तव में जिस हिंदुस्तान ने अब से पहले हजारों मुस्लिमों के शव धरती पर बिछा दिए थे, उस हिंदुस्तान से आज खलीफा को पहली बार एक सबसे बड़ा उपहार मिलने जा रहा था, इसलिए उत्सव मनाया जाना स्वाभाविक था। खलीफा को इस उपलब्धि के लिए बधाई देने वालों का तांता लग गया। दो बेटियों का राक्षसों के हाथ लगना उनके लिए बहुत बड़ी बात हो गई थी। बस, इसी से अनुमान लगाया जा सकता है कि राजा दाहिर सेन और उनके सैनिकों की धाक मुस्लिमों को उस समय किस सीमा तक भयभीत कर डालती थी?

खलीफा के दरबार में

खलीफा ने अपने मन के भावों को प्रकट करने के लिए यह घोषणा की कि हिन्दुस्तान से आए 'उपहार' को वह अपने दरबार में ही स्वीकार करेगा। उसका आशय स्पष्ट था कि ऐसा करने से उसके दरबारी और अन्य लोग उत्सव का आनन्द ले सकेंगे और हिंदुस्तान से आए उपहार को भी देख सकेंगे। खलीफा की घोषणा के अनुसार निर्धारित समय पर दरबार का आयोजन किया गया। सभी आमंत्रित लोग दरबार में निर्धारित समय पर पहुँच गए और अपने-अपने स्थानों को सबने ग्रहण कर लिया। अन्त में खलीफा एक बहुत ही शानदार जुलूस के साथ दरबार में प्रवेश करता है और अपने स्थान पर आकर बैठ जाता है।

खलीफा का दरबार ही नहीं स्वयं खलीफा भी हिंद की दोनों बेटियों की झलक पाने के लिए आतुर था। दोनों बेटियों को सही समय पर खलीफा के सामने प्रस्तुत किया जाता है। सौंदर्य की प्रतिमा दोनों बहनों को देखकर खलीफा बहुत प्रसन्न होता है। खलीफा का इस प्रकार प्रसन्न होना स्वाभाविक ही था। आज हिंदुस्तान से उसे पहली बार लूट का सबसे 'चंगा माल' जो मिल गया था। कामलिप्सा में आतुर खलीफा ने भारत की इन दोनों महान बेटियों को अपने पास अपनी बगल में आकर बैठने के लिए कहाँ राजा दाहिर सेन की बड़ी बेटी पहले से ही इस क्षण की प्रतीक्षा में थी। उसे पता था कि

कामातुर खलीफा उसे और उसकी बहन को अपने पास बुलाएगा। बड़ी राजकुमारी ने पहले से ही यह मन बना लिया था कि जब खलीफा उन्हें दरबार में अपने पास बैठने के लिए बुलाएगा तो उसे उस समय खलीफा से क्या कहना है?

तैयार राजकुमारी पहले से थी
खलीफा से क्या कहना है?
उससे पहले के हर सदमें को
बस मौन साध कर सहना है।

अपनी पूर्व निर्धारित योजना के अनुसार बड़ी बेटी ने बड़ी ही सहजता के साथ खलीफा से कहा कि–महोदय! हम आपके पास बैठ तो जाएँगी, परन्तु आपके पास बैठने के योग्य हम छोड़ी नहीं हैं। आपके मोहम्मद बिन कासिम बहुत ही नीच और कमीना व्यक्ति है। राजकुमारी ने कहा कि आपका सेनापति मोहम्मद बिन कासिम बहुत ही लम्पट और व्यभिचारी है, जो आपका अपना होने का नाटक तो करता है पर वास्तव में आपका है नहीं। उसने हमें आपके योग्य छोड़ा नहीं है, क्योंकि उसने हमारे कौमार्य को पहले ही भंग कर दिया है।

महाराज! हम तो स्वयं ही आपकी होकर रहना चाहती थीं, परन्तु आपके कासिम ने हमारे साथ जिस प्रकार का अन्याय और अत्याचार किया है वह न केवल हमारे साथ किया है अपितु आपके साथ भी माना जाना चाहिए। क्योंकि किसी भी पराजित हिन्दू राजा की बेटियों पर आपका ही अधिकार है और हम भी आपको अपना पति स्वीकार कर चुकी थीं। फिर कासिम को यह अधिकार किसने दिया कि वह आप की 'चीज' को पहले ही चख कर देख ले? हमारे हिंदुस्तान में तो ऐसा कार्य बहुत ही अधिक निंदनीय माना जाता है और ऐसे नीच कर्म करने वाले को मृत्युदंड दिया जाता है। पता नहीं आपके देश में ऐसे नीच कुकर्मी लोगों के साथ क्या व्यवहार किया जाता है?

अजीब रिवाज है आपका जूठन लगती ठीक।
नौकर को बड़ा मान लो किसने दी ये सीख॥

जब खलीफा ने उन वीरांगनाओं का आलिंगन करना चाहा तो उन्होंने रोते हुए कहा कि कासिम ने उन्हें अपवित्र कर आपके पास भेजा है।

भारत की इस महान बेटी का तीर अपने सही निशाने पर लग चुका था। अपने सम्मान और कौमार्य को बचाए रखने के लिए राजकुमारी ने जिस योजना पर मंथन किया था, अब वह चरितार्थ हो चुकी थी।

इससे खलीफा भड़क गया। उसने तुरन्त दूत भेजकर कासिम को सूखी खाल में सिलकर हाजिर करने का आदेश दिया। जब कासिम की लाश बगदाद पहुँची तो खलीफा ने उसे गुस्से से लात मारी। दोनों बहनें महल की छत पर खड़ी थीं। जोर से हँसते हुए उन्होंने कहा कि हमने अपने देश के अपमान का बदला ले लिया है। यह कहकर उन्होंने एक दूसरे के सीने में विष से बुझी कटार घोंप दी और नीचे खाई में कूद पड़ीं। खलीफा अपना सिर पीटता रह गया। बाद में इन दोनों बहनों की लाशों को घोड़े में बांध कर पूरे बगदाद में घसीटा गया।

राजकुमारी ने अपनी योजना को जिस प्रकार सोचा विचारा था, जब वह उसी रूप में लागू हो गई तो राजकुमारी को भी मन ही मन बहुत अधिक प्रसन्नता हो रही थी। यह भी सम्भव था कि राजकुमारी की यह योजना मनोवांछित फल न देकर विपरीत दिशा में चली गई होती, पर राजकुमारी ने जिस साहस, गम्भीरता, सहजता, सरलता और निर्भीकता के साथ अपनी बात को प्रस्तुत किया उसी का परिणाम था कि उसका तीर सही निशाने पर लगा। इससे पता चलता है कि दोनों राजकुमारियाँ न केवल निर्भीक और साहसी थीं अपितु वे दोनों ही मनोविज्ञान की भी बहुत अधिक समझ रखने वाली थीं। वे जानती थीं कि अपनी बात को प्रस्तुत करते समय किस प्रकार की भावाभिव्यक्ति देनी होती है?

महान हिन्दू धर्म की रक्षा के लिए पूरे परिवार को न्यौछावर कर देने वाले उस महान धर्म रक्षक हिन्दू राजा श्री दाहिर सेन को बारम्बार नमन।

नायकी देवी

हमारे देश के धन-ऐश्वर्य को हथियाने के लिए असंख्य विदेशी ताकतों ने भारत भूमि की ओर आँख उठाकर देखने की हिम्मत की। कई विदेशी शासक यहाँ पैर जमाने में कामयाब भी रहे. हमारी माटी पर जन्मे सैंकड़ों वीर सपूतों ने इन विदेशी ताकतों को बराबर की टक्कर दी। इतिहास में ऐसे असंख्य राजा-रजवाड़े हुए हैं जिन्होंने विदेशी ताकतों को नाकों चने चबवा दिए।

राजा-रजवाड़ों की वीरता की कहानियां तो हम बार-बार लगातार सुनते हैं। लेकिन सच तो ये है कि हमारे यहाँ की रानियां, राजकुमारियाँ वीरता और शौर्य दिखाने में भारत भूमि को बचाने में कभी पीछे नहीं हटीं। फिर चाहें वो दक्षिण की रानी वेलू नचियार हों, रानी अब्बक्का हो, या अंग्रेजों से लोहा लेने वाली मर्दानी, झांसी की रानी।

दु:ख की बात है कि भारत के वीरों के बारे में जितनी जानकारियाँ हमारे पास है, उतनी वीरांगनाओं के बारे में नहीं है। राजा-रजवाड़ों की कहानियों, वीरता के गुणगान तो हम गाते रहते हैं लेकिन कहीं न कहीं वीरांगनाओं की गाथाएँ गाने में हम कुछ कदम पीछे रह गए। बेहद जरूरी है कि हम अपनी वीरांगनाओं के बारे में पढ़े-सुने और जाने।

मुस्लिम शासक, मोहम्मद गौरी ने 1175 ईस्वी से 1206 ईस्वी के बीच भारत पर कई बार हमला किया। मोहम्मद गौरी ने 1175 ईस्वी में मुल्तान 1179 ईस्वी में पंजाब, 1180 ईस्वी में पेशावर, 1185 ईस्वी में सियालकोट

पर कब्जा कर लिया। पृथ्वीराज चौहान को तराइन के दूसरे युद्ध में हराकार मोहम्मद गौरी ने 1192 ईस्वी में दिल्ली सल्तनत की नींव रखी।

इस जीत से 14 साल पहले, 1178 ईस्वी में मोहम्मद गौरी अपने मनसूबों को कामयाब करने के लिए गुजरात के जरिए भारत में घुसने की कोशिश में था. एक रानी ने ढाल बनकर भारत भूमि की रक्षा की थी। वो रानी थी गुजरात की नायकी देवी। गौरतलब है कि रानी नायकी देवी कैसी दिखती थीं, आज हम वह भी नहीं जानते और न ही उनकी वीरता के बारे में ही ज्यादा जानकारी है।

रानी नायकी देवी, कदंब शासक महामंडलेश्वर परमादी की पुत्री थीं. अस्त्र-शस्त्र चलाने में, घुड़सवारी, तीरंदाजी, युद्ध कौशल जैसे कई गुणों में नायकी देवी निपुण थीं। उनका विवाह गुजरात के सोलंकी राजा (इन्हें चालुक्य भी कहा जाता है), राजा अजयपाल से हुआ। राजा अजय पाल अधिक समय तक राज नहीं कर पाए और राजा बनने के चार वर्ष बाद ही उनका देहांत हो गया. नायकी देवी और राजा अजय पाल के पुत्र, मुलराज द्वितीय गद्दी पर बैठाए गए और रानी नायकी देवी, राज माता के रूप में राज्य का काम-काज देखती रहीं।

मोहम्मद गौरी ने वह कर दिखाया था जो बड़े-बड़े योद्धा नहीं कर सके थे, उसने भारत के अंदर पैर जमाने शुरु कर दिया था। मुल्तान जीतने के बाद उसकी नजर राजपूताना और गुजरात पर पड़ी। मोहम्मद गौरी के निशाने पर था गुजरात का अन्हिलवाड़ पाटन। अन्हिलवाड़ पाटन चालुक्य वंश की राजधानी थी।

ये शहर 1000 ईस्वी में दुनिया का दसवाँ सबसे बड़ा शहर था और यहाँ 1 लाख से ज्यादा लोग रहते थे. जब गोरी ने अन्हिलवाड़ पाटन पर आक्रमण किया तब यहाँ की बागडोर, मुलराज द्वितीय के हाथों में थी। गौरी को लगा कि एक औरत और एक बच्चा उसका क्या बिगाड़ लेंगे। जल्द ही उसकी ये गलतफहमी दूर होने वाली थी।

मोहम्मद गौरी के आक्रमण करने की तैयारियों के बारे में सुनकर रानी नायकी देवी ने भी युद्ध की तैयारियाँ शुरु कर दी। उन्होंने गौरी की सेना का

मुहतोड़ जवाब देने के लिए सेना तैयार की। इसके अलावा उन्होंने पृथ्वीराज चौहान समेत आस-पास के राजाओं से मदद माँगी। गौरतलब है कि उन्हें नदुल के चाहमान वंश, जालौर के चाहमान वंश और अरबुदा के परमार के अलावा किसी की भी मदद नहीं मिली।

रानी नायकी को ये समझ आ गया था कि मोहम्मद गौरी को हराने के लिए उनकी तैयारियाँ काफी नहीं थीं। नायकी देवी ने युद्ध की ऐसी रणनीति बनाई जिससे उनकी सेना को फायदा हो। उन्होंने आज के माउंट आबू की तलहटी पर स्थित गदरघट्टा उबड़-खाबड़ इलाके को युद्ध क्षेत्र के रूप में चुना। ये कसाहरादा गाँव के पास का क्षेत्र था। आज के राजस्थान के सिरोही जिले में ये जगह स्थित है।

जब घोरी की सेना कसाहरादा पहुँची तब रानी नायकी देवी अपने बेटे को लेकर रणभूमि में उतरी। रानी नायकी देवी और मोहम्मद गोरी के बीच हुए इस युद्ध को कसाहरादा का युद्ध कहते हैं. चालुक्य की सेना ने विदेशी आक्रमणकारियों को रौंद दिया। मोहम्मद गौरी को कुछ अगरक्षकों के साथ युद्ध भूमि छोड़ कर भागना पड़ा। उसका घमंड चूर-चूर हो गया और उसने फिर कभी गुजरात की ओर देखने तक की हिम्मत नहीं की। इस युद्ध के अगले ही साल उसने पंजाब के जरिए भारत में घुसने की कोशिश की और सफल हुआ।

सोलंकी राजा की राजसभा के कवि, गुजराती कवि सोमेंश्वर ने अपने काम में नायकी देवी के बेटे मूलराज के बारे में लिखा कि राजा की सेना ने मोहम्मद गौरी की सेना को परास्त किया। 14वीं शताब्दी के जैन विद्वान, मेंरुतुंग ने 'प्रबंध चिंतामणि' में नायकी देवी, मूलराजा द्वितीय की माता का उल्लेख किया है। मेंरुतुंग ने लिखा कि रानी नायकी देवी ने माउंट आबू के पास गदरघट्टा में मलेच्छ राजा को हराया।

मोहम्मद गोरी की हार का जिक्र 13वीं शताब्दी के फारसी लेखक मिन्हाज-उस-सिराज के लेखों में भी इस युद्ध का उल्लेख मिलता है। बता दें, रानी नायकी ने वो कर दिखाया जो एक से एक वीर राजा न कर सके। दुख की बात है कि इसके बावजूद उनके बारे में बेहद कम जानकारी उपलब्ध है।

उस दौर के कई लेखकों ने इस युद्ध का जिक्र किया है लेकिन रानी नायकी को इतिहास में वो जगह नहीं मिली जो उनका हक था।

रानी रुद्रमा देवी

हमारे भारतवर्ष के इतिहास में बहुत से महिलाओं ने भी अपना बहुत महत्वपूर्ण योगदान दिया हुआ है। यदि हम अपने भारतवर्ष देश का इतिहास देखें तो हमें इसमें स्त्री शक्ति का वर्चस्व भी भली-भांति देखने को मिल जाता है। भारतीय इतिहास में हुए बड़े-बड़े एवं ऐतिहासिक युद्धों में भी हमारे देश की रानियों ने भी अपना सब कुछ न्यौछावर कर के अपने आने वाली पीढ़ियों के लिए एक स्वतंत्रता प्रदान की है।

महारानी रुद्रमादेवी का जन्म 1262 ईस्वी में हुआ था। इनके पिता गणपति देव काकतीय राजवंश के राजा थे। रुद्रमादेवी भारतीय इतिहास में काकतीय राजवंश की सबसे प्रमुख महिला शासकों में से एक थीं। रुद्रमादेवी ने 1262 से 1295 ईस्वी तक बहुत ही कुशलता से काकातीय राज्य वंश का शासन किया था। एक स्त्री होकर भी इन्होंने काकतीय राजवंश की रक्षा करने में कोई भी कसर नहीं छोड़ी थी। यही कारण है, कि आज भी इन्हें एक देवी के रूप में लोग सम्मान प्रदान करते हैं।

रानी रूद्रमा देवी (रुद्रमबा) का प्रारंभिक जीवन

रुद्रमादेवी के पिता गणपति देव को पुत्र नहीं था, उनको केवल दो पुत्रियाँ ही थी, जिनमें एक रुद्रमादेवी और दूसरी बेटी जनपमादेवी थी। इसके अतिरिक्त उन दिनों में दक्षिण भारत में केवल पुरुष शासकों का ही वर्चस्व हुआ करता था। ऐसी परिस्थिति में गणपति देव को राज्य संकट का भी डर था, क्योंकि उनको पुत्र की प्राप्ति नहीं हुई थी। गणपति देव ने रानी रूद्रमा

देवी को एक राजकुमार के भांति पालन पोषण किया और उन्हें युद्ध की सभी कलाओं के बारे में सिखाया।

रुद्रमादेवी ने मात्र अपनी 14 वर्ष की उम्र में ही रुद्रदेव के नाम से अपने पिता के साथ उनका सिंहासन उनके साथ संभालना शुरू कर दिया था। रानी रूद्रमा देवी ने अपनी छोटी सी उम्र में ही यह सीख लिया था कि राज प्रशासन को कैसे संभाला जाता है और लोगों के बीच में जाकर किस प्रकार से एक शासक अपनी प्रजा की समस्याओं को समझता है।

इन सभी चीजों के महत्त्व को समझकर इसका अनुभव उन्हें बचपन में ही भलीभांति हो गया था। महाराज गणपति देव की मृत्यु के बाद रुद्रमादेवी का पूरे रीति-रिवाजों के साथ राज्य अभिषेक किया गया और उन्हें काकतीय राजवंश का संपूर्ण रूप से शासक घोषित कर दिया गया। उन्होंने रूद्रदेव के पुरुष शासक के रूप में अपना शासन करना शुरू किया था यहाँ तक कि उन्होंने कलाकारों और श्रमिकों द्वारा बनाई गई शिलालेखों में अपने पुरुष नाम का उपयोग करने के लिए कहाँ वह एक पुरुष शासक के भांति अपनी प्रजा के सार्वजनिक बैठकों में शामिल भी होने लगी थी।

रुद्रमादेवी का विवाह

चालुक्य के राजकुमार वीरभद्र से राजकुमारी रुद्रमादेवी का विवाह संपन्न हुआ। रुद्रमा और वीरभद्र का विवाह एक क्षेत्रीय गठबंधन के लिए राजनीतिक विवाह के रूप में जाना जाता है। वीरभद्र महारानी रुद्रमादेवी के शासनकाल को संभालने में उनका कोई भी सहयोग नहीं किया था। रुद्रमादेवी के लिए वीरभद्र अनुपयुक्त व्यक्ति था। मगर वीरभद्र और रुद्रमादेवी की दो बेटियाँ भी हुई थी।

काकतीय साम्राज पर हमला और रुद्रमादेवी का योगदान

काकतीय साम्राज्य पर एक वक्त ऐसा आया जब महारानी रुद्रमादेवी के शासनकाल पर कई छोटे शासकों और रहीस विद्रोहियों ने उनका विरोध करना शुरू कर दिया और इस विरोध में इनके कुछ संबंधियों का भी सहयोग था। काकतीय साम्राज्य के सभी दुश्मनों ने योजना बनाकर एक बार रुद्रमादेवी के साम्राज्य को घेरना शुरू कर दिया था। मगर इस विषम परिस्थिति में भी

रुद्रमादेवी ने अपनी साहस और बुद्धिमता का भली-भांति परिचय दिया। अपने सभी दुश्मनों का उन्होंने पूरी शक्ति से सामना किया और एक रानी के रूप में उन्होंने अपने सिंहासन को अपने लायक साबित किया।

एक बार फिर रुद्रमादेवी के शासनकाल में देवगिरी और यादव शासकों ने दंपति साम्राज्य को जीतने का प्रयास किया, परंतु रुद्रमादेवी ने अपने दृढ़ संकल्प से उनके प्रयासों को विफल कर दिया। रुद्रमादेवी ने अच्छे प्रशासन, अच्छी न्याय व्यवस्था, प्रशासकों में समानता और शांति का प्रसार करते हुए अपने शासनकाल को चार दशकों तक सफलतापूर्वक सुचारु रखा था। यही कारण हैं कि उनके शासनकाल के दौरान इतिहासकारों ने आंध्र के इतिहास में इसे स्वर्णिम काल का रूप बताया था।

रुद्रमादेवी के जीवन में हुईं कुछ महत्वपूर्ण घटनाएँ

काकतीय साम्राज्य के शासनकाल में उनके कई मित्र राष्ट्रों ने महारानी रुद्रमादेवी को अपने रानी के रूप में स्वीकार नहीं किया था। इसके अतिरिक्त उनका विद्रोह भी किया लेकिन रानी रूद्रमा देवी ने अपनी ओर उठ रहे विद्रोह को दबा दिया और काकतीय साम्राज्य की ढाल बनकर खड़ी रही।

वीरभद्र से विवाह के बाद उनका वैवाहिक जीवन बस कुछ ही क्षणों के लिए खुशहाल रहा। वीरभद्र की मृत्यु के बाद रानी रूद्रमा देवी का जीवन दुखमय हो गया था।

रानी रूद्रमा देवी ने अपने पोते प्रतापरुद्रदेव को 1280 में काकातीय साम्राज्य का युवराज बनाया।

1285 में यादवों, चोलों और होयसलों ने काकतीय साम्राज्य पर हमला करना चाहा और काकतीय राज्य को अपने अधीन करने के लिए युद्ध नीति तैयार करने लगे। मगर प्रताप रुद्रदेव और रुद्रमादेवी ने मिलकर इन सभी विषम परिस्थितियों का सफलतापूर्वक सामना किया।

महारानी रुद्रमादेवी ने ओरुगलु किले का निर्माण करवाया था। मगर कुछ इतिहासकारों का मानना है, कि गोलकुंडा के किले का निर्माण महारानी रुद्रमादेवी के हाथों से ही शुरू किया गया था।

महारानी रुद्रमादेवी की मृत्यु

इस साहसी महारानी की मृत्यु अंबादेव से लड़ते हुए संभवत 1289 में हुई थी। मगर कुछ लोगों का कहना है, कि इनकी मृत्यु 1295 ईस्वी में हुई थी। महारानी रुद्रमादेवी ने अपने दो पुत्रियों में से एक पुत्री के बेटे को काकतीय साम्राज्य का कुमार बनाया था।

हमारे देश में बहुत सी महारानिओं ने अपने साम्राज्य की स्वतंत्रता के लिए बलिदानी दी हुई है। उन सभी साहसी स्त्रियों की बलिदानी को हमें सदैव याद रखना चाहिए। महारानी रुद्रमादेवी भी अपने कर्तव्यों से कभी भी पीछे नहीं हटी और अपने साम्राज्य के लिए वह सभी कार्य किए जो एक प्रकार से पुरुष शासक करता है।

रानी पद्मिनी (पद्मावती)

राजस्थान के चित्तौड़गढ़ के किलों का इतिहास बड़ा ही रोचक है। यहाँ के किलों को सिर्फ यहाँ के राजपूतों की बहादुरी के लिए बस नहीं जाना जाता है, बल्कि इसे जाना जाता है यहाँ की सुंदर रानी पद्मावती या पद्मिनी के लिए रानी पद्मावती के जीवन की कहानी वीरता, त्याग, त्रासदी, सम्मान और छल को दिखाती है। रानी पद्मिनी अपनी सुंदरता के लिए समस्त भारत देश में प्रसिद्ध थी। वैसे ऐसा कोई ऐतिहासिक प्रमाण नहीं है कि रानी पद्मिनी वास्तव में अस्तित्व में थी या नहीं। पद्मावत एक कविता थी, जिसे मालिक मोहम्मद जायसी ने 1540 में लिखा, जिसमें पहली बार पद्मावती के बारे में लिखित दस्तावेज मिले थे, जो कि लगभग उस घटना के 240 सालों बाद लिखा गया था।

पद्मावती, रावल रतन सिंह और अलाउद्दीन खिलजी तीनों का जीवन एक बिंदु पर आकर जुड़ जाता है। कुछ लोग पद्मावती को सिर्फ कहानी का एक पात्र ही मानते है। अलाउद्दीन के इतिहासकारों ने मुस्लिम शासक का राजपूताना में उस विजय को अपने पन्नों में जगह दी, ताकि वे सिध्य कर सकें कि राजपूताना राज्य में सुल्तान ने विजत प्राप्त की थी। वैसे राजपूत और हिन्दू वंश इस कहानी को एक कहानी ही मानते है और इसमें बिलकुल भी विश्वास नहीं करते है।

रानी पद्मावती राजा गन्धर्व और रानी चम्पावती की बेटी थी। जो कि सिंघल कबिले में रहा करती थी। पद्मावती के पास एक बोलने वाला तोता 'हीरामणि' भी था, जो उनके बेहद करीब था। पद्मावती बहुत सुंदर राजकुमारी

थी, जिनकी सुन्दरता के चर्चे दूर-दूर तक थे। पद्मावत कविता में कवि ने उनकी सुन्दरता को बहुत अच्छे ढंग से प्रस्तुत किया है। उनके अनुसार पद्मावती के पास सुंदर तन था, अगर वे पानी भी पीती तो उनके गले के अंदर से पानी देखा जा सकता, अगर वे पान खाती तो पान का लाल रंग उनके गले में नजर आता।

पद्मावती के लिए उनके पिता ने एक स्वयंवर आयोजित करवाया, जिसमें देश के सभी हिन्दू राजा, राजपूतों को आमंत्रण भेजा गया। मलकान सिंह जो एक छोटे से राज्य के राजा थे, उन्होंने सबसे पहले राजकुमारी पद्मावती का हाथ माँगा। चित्तोड़ के राजा रावल रतन सिंह भी इस स्वयंवर में गए थे, लेकिन उनकी पहली से 13 रानियाँ थी। रावल रतन सिंह ने मलकान सिंह को इस स्वयंवर में हरा दिया और रानी पद्मावती से विवाह कर लिया। वे अपनी पत्नी पद्मावती के साथ चित्तोर आ गए।

12 वीं एवं 13 वीं शताब्दी के समय चित्तोर में राजपूत राजा रावल रतन सिंह का राज्य था, जो सिसोदिया राजवंश के थे। वे एक बहादुर और महान योद्धा थे। रावल रतन अपनी पत्नी पद्मावती से अत्याधिक प्रेम किया करते थे, इससे पहले इनकी 13 शादियाँ हो चुकी थी, लेकिन पद्मावती के बाद इन्होने कोई विवाह नहीं किया था। राजा बहुत अच्छे शासक थे, जो अपनी प्रजा से बहुत प्यार करते थे, इसके अलावा राजा को कला का बहुत शौक था। देश के सभी कलाकारों, नर्तकियों, कारीगरों, संगीतकार, कवि, गायक आदि का राजा स्वागत करते और उन्हें सम्मानित करते थे। उनके राज्य में एक बहुत अच्छा गायक 'राघव चेतक' था। लेकिन गायकी के अलावा राघव को काला जादू भी आता था, जो बात किसी को नहीं पता थी। राघव ने अपनी इस प्रतिभा का इस्तेमाल अपने ही राजा के खिलाफ करना चाहा, और वह एक दिन रंगे हाथों पकड़ा भी गया। राजा को जब ये बात पता चली, तब उसने सजा के रूप में उसका मुँह काला कर उसे गंधे में बिठाकर अपने राज्य से बहिष्कृत कर दिया। इस कड़ी और घिनौनी सजा से राजा रतन सिंह के दुश्मन और बढ़ गए, राघव चेतन ने राजा के खिलाफ बगावत कर दी।

अब इस कहानी में अलाउद्दीन खिलजी आते है। राघव चेतक अपने इस अपमान के बाद दिल्ली की ओर बढे, ताकि वे दिल्ली के सुल्तान से हाथ मिला सकें, और चित्तोड़ में हमला कर सकें। राघव चेतक अलाउद्दीन खिलजी के बारे में अच्छे से जानता था, उसे पता था कि सुल्तान दिल्ली के पास जंगल में रोज शिकार के लिए आता है। राघव अलाउद्दीन खिलजी से मिलने की चाह में रोज जंगल में बैठे बांसुरी बजाता रहता था।

एक दिन राघव की किस्मत ने पलटी खाई, उसने अलाउद्दीन खिलजी के जंगल में आते ही सुरीली आवाज में बांसुरी बजाना शुरू कर दिया। इतनी सुंदर बांसुरी की आवाज जब अलाउद्दीन खिलजी और उसके सैनिको के कानों में पड़ी तो सब आश्चर्यचकित हो गए। अलाउद्दीन खिलजी ने अपने सैनिकों को उस इन्सान को ढूढने के लिए भेजा, राघव को सैनिक ले आये। अलाउद्दीन खिलजी ने उसे दिल्ली में अपने दरबार में आने को कहा। चालाक राघव ने इस मौके का फायदा उठाते हुए सुल्तान से कहा कि जब उसके पास इतनी सुंदर सुंदर वस्तुएं है, तो वो क्यूँ इस साधारण से संगीतकार को अपने राज्य में बुला रहा है। सुल्तान सोच में पड़ गए और राघव से अपनी बात को स्पष्टता से समझाने को कहा। राघव तब सुल्तान को बताता है कि वो एक गद्दार है, साथ ही वो वहाँ की रानी पद्मावती की सुन्दरता का वखान कुछ इस तरह करता है कि अलाउद्दीन खिलजी उसकी बात सुन कर ही उत्तेजना से भर जाते है और चित्तोड़ में हमले का विचार कर लेते है। अलाउद्दीन खिलजी सोचता है कि इतनी सुंदर रानी को उसके हरम की सुन्दरता बढ़ानी चाहिए।

अलाउद्दीन खिलजी की चित्तोड़ में चढ़ाई

पद्मावती की सुन्दरता को सुन अलाउद्दीन खिलजी चित्तोड़ में चढ़ाई शुरू कर देता है। वहाँ पहुँच कर अलाउद्दीन खिलजी देखता है कि चित्तोड़ में सुरक्षा व्यवस्था बहुत पुख्ता है, वो निराश हो जाता है। लेकिन पद्मावती को देखने की उसकी चाह बढ़ती जा रही थी, जिस वजह से वो रावल रतन सिंह को एक सन्देश भेजता है, और बोलता है कि वो रानी पद्मावती को एक बहन की हैसियत से मिलना चाहता है। किसी औरत से मिलना चाहना, ये बात किसी राजपूत को बोलना शर्म की बात माना जाता है, उनकी रानी को बिना परदे के

देखने की इजाजत किसी को नहीं होती है। अलाउद्दीन खिलजी एक बहुत ताकतवर शासक था, जिसके सामने किसी को न कहने की हिम्मत नहीं थी। हताश रतन सिंह, सुल्तान के रोष से बचने और अपने राज्य को बनाए रखने के लिए उनकी यह बात मान लेते है। अलाउद्दीन खिलजी का जीवन परिचय जानने के लिए पढ़े।

रानी पद्मावती अपने राजा की बात मान लेती है। लेकिन उनकी एक शर्त होती है, कि सुल्तान उन्हें सीधे नहीं देख सकते बल्कि वे उनका आईने में प्रतिबिम्ब देख सकते है। अलाउद्दीन खिलजी उनकी इस बात को मान जाते है। उन दोनों का एक निश्चय किया जाता है, जिसके लिए विशेष तैयारी की जाती है। खिलजी अपने सबसे ताकतवर सैनिकों के साथ किले में जाता है, जो किले में गुप्त रूप से देख–रेख भी करते है। अलाउद्दीन खिलजी पद्मावती को आईने में देख मदहोश ही हो जाता है, और निश्चय कर लेता है कि वो उनको पाकर ही रहेगा। अपने शिविर में लौटते समय, रतन सिंह उसके साथ आते है। खिलजी इस मौके का फायदा उठा लेता है और रतन सिंह को अगवा कर लेता है, वो पद्मावती एवं उनके राज्य से राजा के बदले रानी पद्मावती की माँग करते है।

संगारा चौहान राजपूत जनरल गोरा और बादल ने अपने राजा को बचाने के लिए सुल्तान से युद्ध करने का फैसला किया। पद्मावती के साथ मिलकर दोनों सेनापति एक योजना बनाते है। इस योजना के तहत वे खिलजी को सन्देश भेजते है कि रानी पद्मावती उनके पास आने को तैयार है। अगले दिन सुबह 150 पालकी खिलजी के शिविर की ओर पलायन करती है। जहाँ राजा रतन सिंह को रखा गया था, उससे पहले से पालकी रुक जाती है। खिलजी के सभी सैनिक और रतन सिंह जब ये देखते है कि चित्तोड़ से पालकी आ रहा है तो उन्हें लगता है कि वे अपने साथ रानी पद्मावती को लेकर आये है। जिसके बाद सब राजा रतन सिंह को बहुत अपमानित करते है। सबको आश्चर्य में डालते हुए, इन पालकियों से रानी या उनकी दासी नहीं बल्कि रतन सिंह की सेना के जवान निकलते है, जो जल्दी से रतन सिंह को छुड़ाकर खिलजी के घोड़ों में चित्तोड़ की ओर भाग जाते है। गोरा युद्ध में पराक्रम के

साथ लड़ता है, लेकिन शहीद हो जाता है, जबकि बादल राजा को सही सलामत किले में वापस लाने में सफल होता है।

अपनी हार के बाद खिलजी क्रोध में आ जाता है और अपनी सेना से चित्तोड़ पर चढ़ाई करने को बोलता है। अलाउद्दीन खिलजी की सेना रतन सिंह के किले को तोड़ने की बहुत कोशिश करती है, लेकिन वो सफल नहीं हो पाती है। जिसके बाद अलाउद्दीन अपनी सेना को किले को घेर कर रखने को बोलता है। घेराबंदी के लिए एक बड़ी और ताकतवर सेना को खड़ा किया गया। लगातार कई दिनों तक वे घेराबंदी किये खड़े रहे, जिससे धीरे धीरे किले के अंदर खाने पीने की कमी होने लगी। अंत में रतन सिंह ने अपनी सेना को आदेश दिया कि किले का दरवाजा खोल दिया जाए और दुश्मनों से मरते दम तक लड़ाई की जाये। रतन सिंह के इस फैसले के बाद रानी हताश होती है, उसे लगता है कि खिलजी की विशाल सेना के सामने उसके राजा की हार हो जाएगी, और उसे विजयी सेना खिलजी के साथ जाना पड़ेगा। इसलिए पद्मावती निश्चय करती है कि वो जौहर कर लेगी। जौहर का मतलब होता है, आत्महत्या, इसमें रानी के साथ किले की सारी औरतें आग में कूद जाती है।

रानी पद्मावती की मृत्यु

26 अगस्त सन 1303 में पद्मावती भी जौहर के लिए तैयार हो जाती है और आग में कूद कर अपने पतिव्रता होने का प्रमाण देती है। किले की महिलाओं के मरने के बाद, वहाँ के पुरुषों के पास लड़ने की कोई वजह नहीं होती है। उनके पास दो रास्ते होते है या वे दुश्मनों के सामने हार मान लें, या मरते दम तक लड़ते रहें। अलाउद्दीन खिलजी की जीत हो जाती है, वो चित्तोड़ के किले में प्रवेश करता है, लेकिन उसे वहाँ सिर्फ मृत शरीर, राख और हड्डियाँ मिलती है।

राजकुमारी रत्नावती

राजकुमारी ने हँसकर कहा–पिताजी! दुर्ग की चिंता ना कीजिए, जब तक उसका एक भी पत्थर से पत्थर मिला हैं. उसकी मैं रक्षा करुंगी, चाहे अलाहुउद्दीन कितनी ही वीरता से हमारे दुर्ग पर आक्रमण करे। आप निर्भय होकर शत्रु से लोहा ले।

यह जैसलमेर के दुर्गाधिपति रतनसिह की कन्या थी। इस समय बलिष्ट अरबी घोड़े पर चढ़ी हुई थी, और मर्दानी पोशाक पहने थी। उसकी कमर में दो तलवारे लटक रही थी। कमरबंद में पेशकब्ज, पीठ पर तरकश और हाथ में धनुष था।

कौन थी रत्नावती: जैसलमेंर नरेश रतनसिंह ने अपने किले की सुरक्षा राजकुमारी रत्नावती को दे दी। दिल्ली बादशाह अलाउद्दीन खिलजी की सेना मलिक काफूर के नेतृत्व में राजपूताने के ठिकानों को एक-एक कर पराजित कर रही थी।

काफूर का अगला निशाना जैसलमेंर का ठिकाना था। मगर रत्नावती ने अपूर्व शौर्य का प्रदर्शन करते हुए अपनी सेना के साथ काफूर को अपने 100 सैनिकों के साथ बंदी बना लिया।

जब खिलजी को इसकी खबर लगी तो उसने महारावल के पास संधि प्रस्ताव भेजा और वीरांगना की वीरता से भयभीत होकर काफूर मारवाड़ की धूल फाकते हुए लौट गया।

वह चंचल घोड़े की रास को बलपूर्वक खीच रही थी, जो एक क्षण भी स्थिर रहना नहीं चाहता था। रतनसिंह जिरहबख्तर पहने एक हाथी के फौलादी होदे पर बैठे आक्रमण के लिए प्रस्थान कर रहे थे।

सामने उनके घोड़े हिन्-हिना रहे थे। शास्त्र झन्-झना रहे थे, रतनसिंह ने पुत्री के कंधे पर हाथ रखकर कहा-बेटा तुझसे मुझे ऐसी ही आशा हैं, मैं दुर्ग को तुझे सौंपकर निश्चित हो रहा हूँ।

देखना। सावधान रहना शत्रु केवल वीर ही नहीं धूर्त और छलिया भी हैं। बालिका ने वक्र द्रष्टि से पिता को देखा और जैसलमेंर की राजकुमारी ने हँसकर कहा, नहीं पिताजी आप निश्चित होकर प्रस्थान करे। किले का बाल भी बांका नहीं होगा।

रतनसिंह ने तीव्रद्रष्टि अपने किले से धूम से चमकते हुए कंगूरे, पर डाली और हाथी बढ़ाया और गगनभेदी जयनिनाद धरती-आसमान काँप उठे, एक विशालकाय अजगर की भांति सेना किले के फाटक से निकलकर पर्वत की उपत्यनका में विलीन हो गईं. इसके बाद घोर चीत्कार करके दुर्ग का फाटक बंद हो गया।

टिड्डी की भांति शत्रु दल दुर्ग घेर रखा था। सब प्रकार की रसद बाहर से आनी बंद थी। प्रतिदिन यवन दल गोली और तीरों की वर्षा करता था। पर जैसलमेर का अजेय दुर्ग गर्व से मस्तक उठाए खड़ा था।

यवन समझ गये थे, कि दुर्ग विजय करना हँसीहट्टा नहीं हैं। दुर्ग रक्षिणी राजनन्दिनी रत्नवती निर्भय अपने दुर्ग में सुरक्षित शत्रुओं के दाँत खट्टे कर रही थी। उसके सतह में पुराने विश्वस्त राजपूत थे, जो मृत्य और जीवन का खेल समझते थे।

वे अपनी सखियों समेत दुर्ग के किसी बुर्ज पर चढ़ जाती थी। और यवन ठट्ठा उड़ाती हुई वह वहाँ से सनसनाते तीरों की वर्षा करती।

वह कहती–में स्त्री हूँ, पर अबला नहीं। मुझमें मर्दों जैसा साहस और हिम्मत है। मेरी सहेलियाँ भी देखने भर की स्त्रियां है। मैं इन पापिष्ठ यवनों को समझती क्या हूँ"

उसकी बाते सुनकर सहेलियां ठठाकर हँस देती थी प्रबल यवनदल द्वारा आक्रांत दुर्ग में बैठना राजकुमारी के लिए एक विनोद था।

मलिक काफूर एक गुलाम था। जो यवन सेना का अधिपति था वह द्रढ़ता और शांति से राजकुमारी की चोटे सह रहा था। उसने सोचा था कि जब किले में खाद्य पदार्थ कम हो जाएगे।

दुर्ग वंश में आ जाएगा। फिर भी वह समय-समय पर दुर्ग पर आक्रमण कर देता था। परन्तु दुर्ग की चट्टानें और भारी दीवारों को कोई क्षति नहीं पहुचती थी।

जैसलमेर की राजकुमारी बहुधा दुर्ग पर से कहती—ये धूर्त गर्द उड़ाकर तथा गोली बरसाकर मेरे दुर्ग को गन्दा और मैंला कर रहे हैं। इससे क्या लाभ होगा?

यवन दल ने एक बार दुर्ग पर आक्रमण किया। जैसलमेर की राजकुमारी चुपचाप उस नजारे को देखती रही। जब शत्रु आधी दूर तक दीवारों पर चढ़ आए, तब भारी-भारी पत्थर के ढ़ोके और गर्म रेत की ऐसी मार पड़ी की कि शत्रु सेना छिन्न-भिन्न हो गईं।

लोगों के मुहं झुलस गये। कितनों की चटनी बन गई। हजारों यवन तौबा तौबा करके अपने प्राण बचाकर भागे जो प्राचीर तक पहुँचे उन्हें तलवार के घाट उतार दिया गया।

सूर्य ढल रहा था, पश्चिम दिशा लाल-लाल हो रही थी। राजकुमारी वहाँ चिंतित भाव से अति दूर पर्वत की उपत्यका में डूबते सूर्य को देख रही थी। उसे चार दिन से पिता का कोई संदेश नहीं मिला था।

वह सोच रही थी, कि इस समय पिता को क्या सहायता दी जा सकती हैं। वह एक बुर्ज पर बैठ गईं. धीरे-धीरे अँधेरा बढ़ने लगा। उसने देखा एक काली मूर्ति पर्वत की तंग राह से किले की ओर अग्रसर हो रही हैं।

उसने समझा, पिता का संदेश वाहक ही होगा। वह चुपचाप उत्सुक होकर उधर ही देखती रही। उसे आश्चर्य तब हुआ, जैसलमेर की राजकुमारी

ने देखा वह सन्देशवाहक गुप्तद्वार की ओर न जाकर सिंह द्वार की ओर जा रहा था।

तब अवश्य शत्रु हैं, राजकुमारी ने एक तीखा तीर हाथ में लिया और छिपती हुई उस मूर्ति के साथ ही द्वार की पौर के ऊपर आ गई।

वह मूर्ति एक गठरी को पीठ से उतार कर प्राचीर पर चढ़ने का उपाय सोच रही थी। जैसलमेर की राजकुमारी ने धनुष पर बाण चढ़ाकर उन्हें ललकार कर कहा–

"वही खड़ा रह और अपना अभिप्राय कह"

काल रूपी राजकुमारी को सम्मुख देख वह व्यक्ति भयभीत स्वर में बोला–

"मुझे किले में आने दीजिए। बहुत जरुरी संदेश हैं"

"वह संदेश वही से कह"

"वह अतिशय गोपनीय हैं"

"कुछ चिंता नहीं, कह"

"मैं किले में आकर कहुगा"

"उससे प्रथम यह तीर तेरे कलेजे को पार हो जाएगा"

"महाराज विपत्ति में हैं, में आपका चर हूँ"

"चिट्टी हो तो फेंक दो"

"जबानी कहना हैं"

"जल्दी कह"

"यहाँ से नहीं कह सकता"

"तब ले"

राजकुमारी ने तीर छोड़ दिया।

वह उसके कलेजे को पार करता हुआ निकल गया। राजकुमारी के पास, दो सैनिक आ हाजिर हुए, राजकुमारी की आज्ञा पाकर रस्सी के सहारे उन्होंने नीचे जा मृत व्यक्ति को देखा, वह यवन था।

उस व्यक्ति की पीठ पर एक गठरी बंधी हुई थी। यह देख जैसलमेर की राजकुमारी जोर से हँस पड़ी। इसके लिए वह प्रत्येक बुर्ज पर घूम-घूमकर प्रबंध और पहरे का निरीक्षण कर रही थी।

फौरन फाटक पर जाकर देखा-द्वार रक्षक द्वार पर नहीं था। राजकुमारी ने पुकार कर कहा-यहाँ पहरे पर कौन हैं।

एक वृद्ध योद्धा ने आगे बढ़कर राजकुमारी को मुजरा किया उसने राजकुमारी के कान में धीरे से और कुछ कहा। वह हँसती-हँसती बोली-ऐसा? अब वे तुम्हे घुस देगे बाबा साहब?

"हाँ बेटी!-बुढा योद्धा तनिक हँस दिया! उसने गांठ से सोने की पोटली निकालकर कहा-"यह देखो इतना सोना हैं"

"अच्छी बात हैं, ठहरो. हम उन्हें पागल बना देगे बाबा साहब आधी रात को उसकी इच्छानुसार द्वार खोल देना।"

वृद्ध भी हँसता और सिर हिलाता हुआ चला गया।

बारह बज गये थे। चन्द्रमा की चांदनी छिटक रही थी, कुछ आदमी दुर्ग की ओर छिपे छिपे आ रहे थे। उसका सरदार मालिक कफूर था। उसके पीछे चुने हुए सौ योद्धा थे।

संकेत पाते ही द्वारपाल ने प्रतिज्ञा पूरी की। विशाल मेंहराबदार द्वार खुल गया। सौ व्यक्ति चुपचाप दुर्ग में घुस गये। अब हमें उस गुप्त मार्ग से दुर्ग के भीतर महल में पंहुचा दो, जिसका तुमने वादा किया था।

राजपूत ने कहा-

मैं वादे का तो पक्का हूँ, पर बाकि सोना तो दो।

"यह लो" यवन सेनापति ने मुहरो की थैली हाथ में धर दी। राजपूत फाटक का ताला बंद कर चुपचाप प्राचीर की छाया में चला गया। वह लोमड़ी की भांति चक्कर खाकर कही गायब हो गया।

यवन सैनिक चक्र व्यूह में फंस गये। न पीछे का रास्ता मिलता न आगे का। वे वास्तव में कैद में हो गये। और अपनी मुर्खता पर पछता रहे थे। मलिक

कफूर दाँत भींच रहा था। जैसलमेर की राजकुमारी और सहेलियाँ इतने चूहों को चूहेदानी में फंसाकर हँस रही थी।

यवन सैन्य ने दुर्ग पर भारी घेरा डाल रखा था। खाद्य सामग्री धीरे-धीरे समाप्त हो रही थी। घेरे के बीच से किसी का आना अशक्य था। जैसलमेर की राजकुमारी का शरीर पीला हो रहा था। उसके अंग शिथिल हो गये थे। पर नेत्रों में वैसा ही तेज था।

उसे कैदियों के भोजन की बड़ी चिंता थी। किले का प्रत्येक व्यक्ति उन्हें देवी की भांति पूजता था। उसने मलिक कपूर के पास जाकर कहा–"यवन सेनापति, मुझे तुमसे कुछ परामर्श करना हैं, मैं विवश हो गई हूँ।

दुर्ग में खाद्य सामग्री बहुत कम हो गई हैं, और मुझे यह संकोच हो रहा है कि आपकी कैसे अतिथि सेवा की जाएँ, अब कल से हम एक मुट्ठी अन्न लेंगे और आप लोगों को दो मुट्ठी उस समय तक मिलेगा।

"जब तक दुर्ग में अन्न होगा। आगे ईश्वर मालिक हैं"

मलिक कफूर की आँखों में आँसू भर आए। उसने कहा राजकुमारी जी मुझे यकीन हैं, आप बीस किलों की हिफाजत कर सकती हैं।

"हाँ यदि मेरे पास रसद हो तो"

राज कुमारी चली गईं।

अट्ठारह सप्ताह बीत गये, अलाउदीन के गुप्तचर ने आकर शाह को कोर्निस की।

"क्या? राजकुमारी किला देने के लिए तैयार....

"नहीं खुदाबन्द, वहाँ किसी तरकीब से रसद पहुंच गईं हैं। अब किला, नौ महीने पड़े रहने पर भी हाथ नहीं आएगा. फिर शाही फौज के लिए अब किसी तालाब में पानी नहीं हैं।

"और क्या खबर हैं?"

"रतनसिंह ने मालवे तक शाही सेना को खदेड़ दिया हैं।"

अलाउदीन हतबुद्धि हो गया और महाराज से संधि का प्रस्ताव तैयार किया।

सुंदर प्रभात था, जैसलमेर की राजकुमारी ने दुर्ग की प्राचीर पर खड़े होकर देखा, शाही सेना डेरे डंडे उखाड़कर जा रही थी और महाराज रतनसिंह अपने सूर्यमुखी झंडे को फहराते, विजयी राजपूतों के साथ किले की तरफ आ रहे थे।

मंगल कलश सजे थे, बाजे बज रहे थे. दुर्ग में प्रत्येक वीर को पुरस्कार मिल रहा था। मलिक कफूर महाराज की बगल में बैठे थे। महाराज ने कहा–खां साहब! किले में मेरी गैरहाजिरी में आपको तकलीफ और असुविधा हुई होगी, इसके लिए आप माफ करेगे, युद्ध के नियम सख्त होते हैं। फिर किले पर भारी मुसीबत आ गईं थी। लड़की अकेली थी, जो बन सका किया।

मलिक कफूर ने कहा–महाराज! जैसलमेर की राजकुमारी तो पूजने लायक हैं, इंसान नहीं फरिश्ता हैं। मैं आपकी ता जिन्दगी इनकी मेहरबानी नहीं भूल सकता।

महाराज ने एक बहुमूल्य सरपेज दिया और पान का बीड़ा देकर विदा किया।

ये थी भारत भूमि की वो वीरांगना जिसने अपने पराक्रम और बहादुरी से अपना नाम इतिहास के सुनहरे अक्षरों में हमेशा के लिए दर्ज करा लिया, इन को हमारा शत–शत नमन है।

रामप्यारी गुर्जर

रामप्यारी गुर्जर ही नहीं बल्कि भारत में बहुत बड़े बड़े ऐसे नाम थे जो इतिहास के पन्नों से गायब हो चुके हैं। रामप्यारी गुर्जर ने नियमित व्यायाम, कठिन परिश्रम और बुलंद हौंसले के दम पर अपने आपको इतना काबिल बना लिया की हर संकट से खुद के साथ-साथ दूसरों की भी रक्षा की जा सके।

तैमूर लंग इतिहास का सबसे बड़ा क्रूर और हत्यारा माना जाता हैं। ऐसा कहा जाता हैं की तैमूर द्वारा की गई हत्या से विश्व भर की आबादी में लगभग 3 प्रतिशत की कमी आ गई थी। लगभग 1398 ईस्वी में तैमूर ने भारत पर आक्रमण किया था।

तैमूर के निशाने पर ज्यादातर हिन्दू धर्म के लोग थे। तैमूर की बर्बरता के वर्णन से रूह कांप उठती हैं फिर भी इतिहासकार ऐसे लोगों को महान और इनका सामना करने वाले को कायर बताते हैं।

लेकिन तैमूर जैसे अत्याचारी को जवाब देने के लिए भारत की भूमि पर एक ऐसी वीरांगना का जन्म हुआ था जिसने तैमूर के इरादों पर न सिर्फ पानी फेरा बल्कि उसको भारत से बाहर खदेड़ दिया था।

उस महान, मर्दानी, तेजस्वी, ओजस्वी वीरांगना का नाम था रामप्यारी गुर्जर बचपन और निडरता–

सहारनपुर में रामप्यारी गुर्जरी का जन्म हुआ था। ये चौहान गुर्जर परिवार से सम्बन्ध रखती हैं। आस-पास के वातावरण और परिवेश के चलते रामप्यारी गुर्जरी बहुत ही बहादुरी भरी बातें करती थी। इनकी रग-रग में निडरता और

हठीलापन था। अपने हठी स्वभाव के कारण ही बहुत जल्दी ये युद्ध कला में निपुर्ण हो गई थी।

इतना ही नहीं इनको बचपन से ही पुरुषों की वेशभूषा बहुत पसंद थी और इनका ख्वाब था की आगे चलकर ये पहलवान बनेगी। व्यायाम को अपनी दिनचर्या का मुख्य हिस्सा बना रखा था। जैसे जैसे रामप्यारी बड़ी हुई और युवा अवस्था में प्रवेश किया तब तक ये कौशल में निपुर्ण हो गई थी। इनकी कौशलता के चर्चे आस पास के क्षेत्रों में सुनने को मिलते थे।

तैमूर का भारत आने का उद्देश्यः–

तैमूर विस्तारवादी प्रवृति का था। इसका मुख्य उद्देश्य भारत में सनातन धर्म को खत्म करना था। यह उस समय की बात हैं जब दिल्ली में तुगलकों का शासन था। 1398 में यहाँ नसीरुद्दीन तुगलक का राज था। नसीरुद्दीन पर क्रूर आक्रांता तैमूर लंग ने धावा बोल दिया, ताकि दिल्ली पर कब्जे के साथ साथ हिंदुस्तान पर आक्रमण किया जा सके। तैमूर जीत का जश्न लोगों की हत्या करके मनाता था।

सम्पूर्ण भारत में इस्लाम की ध्वज फहराने का लक्ष्य लिए भारत आने वाले तैमूर लंगड़े के सामने नसीरुद्दीन की एक न चली। नसीरुद्दीन की हत्या के पश्चात् तैमूर ने मुस्लिम इलाकों को छोड़कर हिन्दू बाहुल्य इलाकों को लक्ष्य बनाते हुए भयंकर नरसंहार किया। यह इतना दर्दनाक था की शब्दों में बयां नहीं किया जा सकता हैं।

दिल्ली जीत के पश्चात् तैमूर लंग हिन्दुओं के तीर्थों की ओर आगे बढ़ गया। तीर्थ स्थलों को क्षत-विक्षत करने के बाद इनको मानने वाले लोगों का कत्ले आम किया जा सके। तैमूर लंगड़ा समरकंद का बहुत ही क्रूर आक्रांता था।

इनमें से एक थी रामप्यारी गुर्जर इनमें सूरज सी चमक थी, नियमित व्यायाम और हठीलेपन की वजह से ये बहुत ताकतवर बन चुकी थी। रामप्यारी अपने आप को पुरुषों की तुलना में किसी भी तरह से कम नहीं आँकती थी। सन 1398 रामप्यारी के लिए परीक्षा का साल था। तुगलक अपने

आप को यहाँ का राजा मानते थे लेकिन यहाँ के लोगों ने इनको और इनके आधिपत्य को कभी स्वीकार नहीं किया। यही वजह थी की ये बार-बार निर्दोष जनता पर अत्याचार करते थे।

इस समय विदेशी क्रूर आक्रांता तैमूर का भारत आगमन हुआ। तैमूर को अलग-अलग नामों से जाना जाता हैं। कुछ लोग तैमूर लंग तो कुछ लोग तैमूर लंगड़ा बोलते हैं। अचानक हुए हमले से नसीरुद्दीन संभल नहीं पाया और तैमूर की विशाल सेना के सामने घुटने टेक दिए। तुगलकों ने तैमूर की अधीनता स्वीकार की। अब दिल्ली की जनता पर तैमूर ने अपना आधिपत्य थोप दिया।

जीत की खुशी खून की होली खेलकर मनाई गईं लाखों हिन्दू परिवारों को बेवजह मौत के घाट उतार दिया गया। यह इतना क्रूरता पूर्वक कृत्य था की इतिहास लिखने वालों के हाथ से कलम तक छूट जाती थी। सनातन धर्म और धर्म स्थलों का सर्वनाश करने का सपना पूरा करने के उद्देश्य से वह आगे बढ़ रहा था। लेकिन यह इतना आसान नहीं था क्योंकि यहाँ के लोग किसी भी कीमत पर किसी बाहरी क्रूर आक्रमणकारी की अधीनता स्वीकार नहीं कर सकते थे।

तैमूर के खिलाफ महापंचायत का गठन–

तैमूर की साजिश की बात हरियाणा और उत्तरप्रदेश तक पहुँची तो यहाँ के लोग एकजुट हो गए। जाट समुदाय से सम्बन्ध रखने वाले देवपाल जी के नेतृत्व में एक महापंचायत का गठन किया गया। इस महापंचायत में गुर्जर, जाट, अहीर, ब्राह्मण, राजपूत, आदिवासी, वाल्मीकि और सभी सनातन धर्म से सम्बन्ध रखने वाले समाज शामिल थे।

देवपाल जी ने सभी समुदायों को एकजुट रहने का सन्देश दिया, साथ ही तैमूर के अत्याचारों से भी अवगत करवाया। देवपाल जी ने सभी को समझाया की तैमूर का उद्देश्य क्या हैं। तैमूर की मंशा जानकर सभी लोग एक हो गए और साथ में प्रण लिया की कैसे भी करके तैमूर को रोका जाए, चाहे इसके लिए प्राणों की आहुति भी देनी पड़ी तो पीछे नहीं हटेंगे। यह जनकल्याण के लिए अतिआवश्यक हैं।

युद्ध की रणनीति–

उस समय भारत में छापामार युद्ध प्रणाली का काफी प्रचलन था। इस प्रणाली में घात लगाकर या छुपकर अचानक पीछे से वार किया जाता हैं ताकि संख्या में कम और आधुनिक हथियारों की कमी के बाद भी दुश्मनों को धूल चटाई जा सके।

सभी सनातनी मिलकर एक मजबूत सेना और युद्ध रणनीति बनाने में कामयाब रहे। इस महापंचायत सेना में ध्वजधारी लगभग 80000 सैनिक शामिल थे। इनके समर्थन और सहयोग हेतु 40000 अन्य सैनिको को लगाया गया। खास बात यह थी की इसमें सभी सैनिक महिलाएँ थी। इस सेना का सेनापति वीर रामप्यारी गुर्जरी को नियुक्त किया गया।

मुख्य सेना का प्रमुख जोगराज सिंह गुर्जर थे। हरवीर सिंह गुलिया भी सेनापति थे। ये बहुत वीर थे ,इस तरह वीर और बुद्धिमान लोगों की सेना तैयार की गईं 500 युवा और अश्वधारी ऐसे सैनिकों की नियुक्त हुए जो सिर्फ तैमूर की सेना की जासूसी के लिए थे। ताकि तैमूर की युद्ध नीति और योजना का पता लगाया जा सके।

जोगराज सिंह गुर्जर के नेतृत्व में बनी सेना जिसकी एक टुकड़ी की कमान रामप्यारी गुर्जरी के पास थी। सभी बड़े नेतृत्वकर्ताओं ने शपथ ली की जब तक तैमूर को भारत से नहीं खदेड़ दिया जाता तब तक हम रुकेंगे नहीं चाहे इसके लिए हमें अपने प्राणों की आहुति भी क्यों न देनी पड़ें।

40000 महिला सैनिकों का निरीक्षण और प्रशिक्षण रामप्यारी गुर्जर के हाथ में था। रामप्यारी गुर्जर के साथ 4 मुख्य सहायक महिला सैनिक थी जिनका नाम हरदाई जाट, रामदाई त्यागी, देवी कौर राजपूत और चन्द्रो ब्राह्मण था।

इस सेना में शामिल अधिकतर महिलाएँ ऐसी थी जिन्होंने कभी अस्त्र और शस्त्र का मुँह भी नहीं देखा था लेकिन लड़ने और मातृभूमि की रक्षा करने का जज्बा इनमें था। लेकिन युद्ध कला में इनको निपूर्ण करने का दायित्व वीर रामप्यारी गुर्जरी ने उठाया था। आस–पास के गाँवों के युवक और युवतियाँ निर्धारित अखाड़ों पर प्रतिदिन एकत्रित हो जाते और युद्ध अभ्यास करते थे।

सेना में पहले से शामिल सेनापतियों द्वारा इनको प्रशिक्षण दिया जाता था। इनके युद्ध कौशल की समय-समय पर प्रदर्शन के द्वारा परीक्षा भी ली गई ताकि कोई कमी न रह जाएँ यह प्रदर्शन सार्वजनिक तौर पर किया जाता था।

धर्म युद्ध की घड़ी–

गुप्तचरों ने खबर दी की तैमूर अपनी विशाल सेना के साथ मेंरठ की और बढ़ रहा हैं। कुल मिलाकर 120000 सैनिकों की सेना पूरी तरह सजग थी बस इंतजार था तो सिर्फ जोगराज सिंह गुर्जर के इशारें का। सेना युद्ध के लिए पूरी तरह से तैयार थी। हथियारों से सुसज्जित, मातृभूमि की रक्षा का प्रण लिए सभी सैनिकों ने हुंकार भर ली बस देरी थी तो रण की।

सिंह के समान गरजते हुए बाहुबली जोगराज सिंह गुर्जर बोले "भगवत गीता में भगवान श्री कृष्ण ने उपदेश देते हुए अर्जुन से जो बातें की उसका स्मरण करो। सतयुग में ऋषि मुनि योग और साधना द्वारा मोक्ष की प्राप्ति करते थे ठीक उसी तरह हम मातृभूमि की रक्षा के लिए अपने प्राणों की आहुति देकर मोक्ष की प्राप्ति करेंगे। रणभूमि में शहीद होने के बाद आने वाली पीढ़ियां हमारा वंदन करेंगी।"

"आप सब वीरों ने मिलकर मुझे अपना मुखिया चुना हैं" में आपके सामने प्रण करता हूँ की अंतिम साँस तक मैं रणभूमि से पीछे नहीं हटूँगा, जब तक मेरे रक्त की अंतिम बून्द रहेगी, में भारत माता की रक्षा करता रहूँगा।

तैमूर के अत्याचारों का बदला लेने का समय आ गया हैं। हे मेरे वीर योद्धाओं उठो, जागो और बिना किसी देरी के टूट पड़ो देश के गद्दारों पर। ये वार्ता सुनकर सम्पूर्ण सेना में एक ऊर्जा का प्रवाह हुआ और वीर रामप्यारी गुर्जरी ने अपनी तलवार को चूमते हुए साथी सैनिकों के सामने युद्ध की घोषणा कर दी।

जैसे की पूर्व में बनाई गई रणनीति के तहत छापामार युद्ध प्रणाली का सहारा लेने का निर्णय लिया गया। इस युद्ध का सबसे बड़ा फायदा यह था कि इसमें सैनिकों के कम से कम संख्या में हताहत होने की संभावना रहती हैं।

रामप्यारी गुर्जर ने अपनी सैनिक टुकड़ी को 3 भागों में बांटा। एक टुकड़ी को को सैनिकों के लिए भोजन प्रबंध का काम दिया गया, दूसरी टुकड़ी को घायल सैनिकों की सहायता का काम सौंपा गया। जबकि तीसरी टुकड़ी को युद्ध करने की सलाह दी गई।

जब जब तैमूर की सेना थकने लगे उनके ऊपर आक्रमण का प्लान बनाया गया ताकि उनका मनोबल गिर जाएँ जैसे की तैमूर मेंरठ की सीमा में घुसने वाला था लगभग 20000 सैनिकों ने अचानक से धावा बोल दिया। इस दिन तैमूर के लगभग 9000 सैनिक मारे गए। क्या हुआ, कब हुआ और कैसे हुआ ये सब समझ पाते उससे पहले सूर्योदय तक सभी योद्धा अदृश्य हो गए।

तैमूर की सेना मेंरठ की तरफ बढ़ रही थी। जिस रास्ते से तैमूर की सेना गुजरी वो रास्ता वीरान था।

रास्ते में आने वाला हर घर और ढाणी वीरान थी। ऐसा इसलिए हुआ की रामप्यारी गुर्जर की सेना की टुकड़ी ने सबको पहले ही वहां से हटा दिया था।

रात का समय हो चूका था तैमूर लंग की चिंता बढ़ गई क्योंकि उसको ये तक पता नहीं लगा की हमला किसने किया था। लेकिन 'काले' तैमूर के सर मंडरा रहा था। फिर से अचनाक महाबली जोगराज सिंह गुर्जर की सेना ने छुपकर ऐसा हमला किया की आधी से ज्यादा तैमूर की सेना हताहत हो गईं।

जब तैमूर की सेना जोगराज पर आक्रमण करती दूसरी तरफ से रामप्यारी गुर्जर की टुकड़ी उन पर टूट पड़ती। तैमूर समेत पूरी सेना का मनोबल टूट गया, अब उसके लिए एक ही रास्ता बचा था। तैमूर ने मन बना लिया की अब वापस लौटना ही होगा क्योंकि आगे जाना उसके बस की बात नहीं थी। तैमूर का सपना था की हिन्दुओं के तीर्थ स्थलों को नुकसान पहुँचाया जाए और इनकी हत्याएँ की जाए लेकिन अब उसके मंसूबों पर पानी फिर चुका था।

मेंरठ छोड़कर तैमूर की सेना अब हरिद्वार की तरफ बढ़ने लगी थी। लेकिन एक बार फिर महापंचायत की सेना ने धावा बोल दिया। इस बार

सेनापति हरवीर सिंह गुलिया तैमूर के समीप जा पहुँचा। जैसे ही वह उसके समीप गया भाला सीधा उसके सीने में घोंप दिया और वह घायल होकर नीचे गिर पड़ा। लेकिन तत्काल तैमूर के अंगरक्षकों ने मोर्चा संभाला, और हरवीर सिंह गुलिया को घेर लिया। इस युद्ध में हरवीर सिंह शहीद हो गए।

जफरनामा में उल्लेख और तैमूर की मृत्यु–

यह कोई छोटा युद्ध नहीं था, यह युद्ध सम्मान और संस्कृति के लिए लड़ा गया एक धर्म युद्ध था। यह जाति–धर्म से ऊपर उठकर लड़ा गया था। परिणामत: तैमूर बुरी तरह घायल हो गया और अंत में निधन हो गया।

देश की सबसे बड़ी विडंबना यह रही की ऐसी वीरांगनाओं और वीरों की अमर गाथाओं को हमसे छुपाया गया। रामप्यारी गुर्जरी जैसी लाखों वीर और देशभक्त महिलाओं को देश के इतिहास से मिटा दिया गया।

वीरांगना वीरमती माता

चौदहवीं शताब्दी में देवगिरि पर यादवों का राज्य था। वहाँ के राजा रामदेव यादव पर नीच अलाउद्दीन खिलजी ने चढ़ाई की।

भारत विजय पर निकला खिलजी मेवाड़, गुजरात आदि के सभी हिंदू राज्य फतह कर सम्पूर्ण भारत पर विजय प्राप्त करने का ख्वाब देख रहा था।

इस राह में सबसे बड़ा रोड़ा कोई था तो उस समय भारतवर्ष का महानतम हिंदूशाही क्षत्रिय यादव वंश का देवगिरी साम्राज्य था।

खिलजी जानता था कि जब तक अखंड हिंदुआ ध्वज को देवगिरी के यादवों की बलिष्ठ भुजाओ ने थाम रखा है तब तक महान सनातन धर्म का वह बाल भी बाँका नहीं कर पाएगा।

खिलजी यह भी जानता था की देवगिरी के अमीर और निर्भीक यादवो से भिड़ना खुंखार शेर के मूँह में हाथ डालने जैसा है।

खिलजी यादवों से इसलिए भी झल्लाया हुआ था कि जब उसने गुजरात पर चढाई की थी तब वहाँ के एक छोटी रियासत के सूर्यवंशी राजा करण सिंह वाघेला को परस्त कर उनकी सुंदर रानी और सुपुत्री पर बुरी नजर डाली थी।

राजा करण सिंह वाघेला सकुशल अपनी रानी और पुत्री को लेकर उस समय हिन्द के सबसे ताकतवर क्षत्रिय हिंदू शासक देवगिरी नरेश महाराजा रामदेव यादव की शरण में चले गये और सारी व्यथा बतलाई।

धर्म रक्षक, न्याय प्रिय शासक महाराजा रामदेव यादव ने उन्हें आश्वासन देकर अपने राज्य में शरण दी और पूरे हिंदुस्तान में पैगाम लिख भिजवाया कि

"राजा करण सिंह परिवार सहित देवगिरी के शरण में हैं और इनकी सुपुत्री हमारी पुत्री समान है। अतः यदि खिलजी या उसके चमचों ने आँख भी उठाकर देखा इनके परिवार की स्त्रियों पर तो ध्यान रहे इसका अंजाम कितना महंगा पड़ेगा। राजा करण वाघेला की पुत्री आज से समस्त यादवो की पुत्री है और यादवों की बेटी पर आँख उठाने का अंजाम क्या होगा यह सब कोई जानता है।"

इस पैगाम को पढ़ खिलजी चिढ़ गया और उसने कूटनीति का सहारा ले महाराजा रामदेव के पास संधि स्वीकार करने के लिये संदेश भेजा, किन्तु सच्चे यदुवंशी क्षत्रिय, अधर्मी दुश्मनों से संधि और उनकी गुलामी करने से अच्छा युद्ध में हँसते-हँसते मर जाना अधिक उत्तम मानते हैं।

महाराजा रामदेव यादव ने अलाउद्दीन खिलजी को बहुत कड़ा उत्तर दिया। तथा झल्लाया नीच अलाउद्दीन विशाल सेना के साथ देवगिरि पर चढ़ आया।

लेकिन दुःख की बात ये कि हमारे ही हिंदू राजवंश के कुछ धूर्त और लालची राजपरिवारों ने डर कर खिलजी की गुलामी स्वीकार कर रखी थी, वे सभी कायर सियार उस असभ्य असुर अल्लाउदीन खिलजी को सेना के साथ मिल हिन्दुआ सूर्य देवगिरी के यादव क्षत्रियों से लोहा लेने आ रहे थे।

लेकिन देवगिरि के यादव सैनिकों की शक्ति के सामने खिलजी और उसकी नापाक भारी सेना टिक नहीं सकी।

अलाउद्दीन के बहुत से सैनिक मारे गये। हार कर वह पीछे लौट पड़ा।

इधर देवगिरि में विजय का उत्सव मनाया जाने लगा।

किसी जमाने में महाराजा रामदेव यादव की सेना का एक वीर यदुवंशी सरदार हुआ करते थे जो एक युद्ध में वीरगति को प्राप्त हो गये थे।

उस सरदार की एक मात्र कन्या वीरमती को महाराजा रामदेव ने अपनी पुत्री के रूप में अपनाया व देवगिरी की राजकुमारी घोषित कर बड़े लाड़ प्यार से पाला पोसा था और जब वह चौदह-पंद्रह वर्ष की हुई तो महाराजा ने अपने वीरवर सेनापति कृष्णराव यादव नाम के युवक से उसकी सगाई कर दी गयी।

बहादुर होने के साथ–साथ यह कृष्णराव बड़ा लोभी भी था।

जब अलाउद्दीन हार कर लौट रहा था, तब कृष्णराव ने उसे देवगिरि किले का भेद लोभ से बता दिया कि विजयी होने पर अलाउद्दीन उसे देवगिरि का महाराजा बना देगा।

देवगिरि के किले भेद और वहाँ की सेना की शक्ति का पता पाकर अलाउद्दीन फिर से सेना के साथ लौट पड़ा।

देवगिरि राज्य में विजय का उत्सव मनाया जा रहा था कि अलाउद्दीन के लौटने का समाचार मिला।

महाराजा रामदेव यादव ने कहा–'अवश्य किसी ने हम लोगों के साथ विश्वासघात किया है। बिना कोई विशेष सुचना मिले हारा हुआ शत्रु फिर लौट नहीं सकता था। लेकिन चिन्ता की कोई बात नहीं। हम निश्चय ही शत्रुओं को फिर हरा देंगे।' 'हम अवश्य विजयी होंगे। हमारी धमनियों में दादा द्वारकाधीश और महाबली बलराम का खून है, हम धूल चटा देंगे दुश्मनों को'

सभी यदुवंशी सरदारों ने तलवारें खींचते हुए कहा।

लेकिन कृष्णराव चुप रह गया।

सब लोग उसकी ओर देखने लगे और उसके चुप रहने का कारण पूछने लगे।

'यह देशद्रोही है?' अहीरानी वीरमति ने इतने में ही सिंहनी के समान गरज कर कृष्णराव की छाती में तलवार घुसेड़ दी।

कृष्णराव ने वीरमति से पहले कुछ ऐसी बात कही थी, जिससे वीरमति को उस पर संदेह हो गया था।

मरते–मरते कृष्णराव बोला–'मैं सचमुच देशद्रोही हूँ, मैंने यदुकुल की कीर्ति को कलंकित किया, लेकिन वीरमति! तुम्हारा...!'

वीरमति बीच में ही बोली–

'मैं जानती हूँ कि मेरा तुमसे विवाह होने वाला था। मन से तुम्हें पति मान लिया था।'

एक क्षत्रिय यदुवंशी कन्या एक बार किसी को मन से पति परमेंश्वर मान लेती है तो फिर किसी दूसरे पुरुष की बात भी नहीं सोच सकती।

'मैंने देशद्रोही को मारकर अपने देश के प्रति मेरा जो कर्तव्य था उसे पूरा कर दिया है। अब में अपने सतीधर्म का पालन करूँगी।'

इतना कहकर सिंहनी वीरमति ने अपनी छाती में वही तलवार मार ली और अपने पति कृष्णराव के पास ही वह भी गिर पड़ी।

वहाँ मौजूद सभी लोगो के आँखो में आंसू आ गए फिर राजा राम देव यादव और सभी यादवों ने वीरमती के लहू से तिलक किया और खिलजी की नीच मुस्लिम सेना को टक्कर देने फिर से निकल गए।

एक-एक यादव वीर 10 10 मुस्लिमो पर भारी था।

खिलजी के छक्के छूट गए पर युद्ध भूमि में छल कपट में माहिर खिलजी की सेना लाखों की संख्या में थी तथा उसका साथ हिंद के कुछ गद्दार भी दे रहे थे।

वहीं अखंड हिन्दुआ ध्वज को बुलंद कर क्षत्रिय ध्वजा को उठाये यादव क्षत्रिय धर्म कर्म से युद्ध लड़ते थे। यादव वीर कभी किसी निहत्थे अधर्मी दुश्मन पर वार करना भी खुद की शान के खिलाफ समझते थे।

जुबान के पक्के कि जो कह दिया उसकी पूर्ती के लिए मस्तक तक कटा दिया करते थे अपना।

खिलजी के छल कपट से अंत में देवगिरी के महाराजा रामदेव यादव अपने सरदारों संग खिलजी को कड़ी टक्कर देते हुए युद्ध में वीरगति को प्राप्त हो गए।

खिलजी को यादवों से इतना खौफ था की यादवों का नाश करने की ठानी।

उसने सभी यादवों और हिन्दू प्रजा पर तरह तरह के अत्याचार किए की इस्लाम स्वीकार करो पर किसी ने भी इस्लाम नहीं स्वीकारा और बची हुई अहीर क्षत्रानियों ने जौहर कर लिया दुर्ग में।

महान हिन्दू साम्राज्य देवगिरी तहस नहस होने के कारण यदुवंशी देवगिरी छोड़ कर वहाँ से विस्थापित हो गये।

देवगिरी साम्राज्य के वंशजों में बड़े पुत्रो के वंशज वहाँ से निकल मध्य प्रदेश में आ गवलीगढ़ दुर्ग का निर्माण कर पुनः शासन स्थापित किया। हालाँकि मुस्लिम आक्रमण के बाद वहाँ से विस्थापित हो वे मालवा की तरफ आ नई रियासत स्थापित की जिनके वंशज नई गढ़िया रियासत यदुवंशी अहीर हैं।

वहीं छोटे पुत्रों के वंशज देवगिरी के समीप ही सिंधखेड़ा में जागीर स्थापित कर आबाद हुए। इसी सिंधखेड़ा में आगे चल लाखो जी जाधव हुए जिनकी महान पुत्री राजमाता जीजाबाई थीं तथा जिन्होंने अपने कोख से वीर शिवाजी जैसे शूरवीर को जना।

नमन है वीरांगना सति माँ वीरमति को।

कितने कष्ट और संघर्ष झेला है यदुवंशी क्षत्रियो ने मात्रभूमि और हिंदु धर्म की रक्षा के लिए।

सर धड़ से उड़े पर हम यदुवंशियों के सर कभी न झुकें,
देश धर्म के लिए हमारा सर हमेशा कटने को तैयार है।

/// जय श्री राम ///

वीरमाता पन्ना धाय

पन्नाधाय का जन्म 8 मार्च 1490 मंगलवार को चित्तौड़गढ़ के निकट 'माताजी की पांडोली' नामक गाँव में हुआ था पन्ना धाय का वास्तविक नाम पन्ना गूजरी था। पन्ना धाय गूजर जाति की मानी जाती थी बहादुरशाह के आक्रमण के कारण मेंवाड़ को अपार जनधन की हानि उठानी पड़ी. सांगा के बाद रतनसिंह शासक बना लेकिन सन 1531 में उसकी मृत्यु हो गई। 1536 में विक्रमादित्य की हत्या करके मेवाड़ के सिंहासन पर अधिकार कर लिया। वह विक्रमादित्य के छोटे भाई उदयसिंह की भी हत्या करके निश्चिन्त होकर राज्य भोगना चाहता था। अपने कर्म धर्म और स्वाभिमान की रक्षा करते हुए कई वीरों ने इस धरती को अपने बलिदान से सींचा है उन्हीं में से एक थी मेवाड़ के राजा उदय सिंह की धाय माँ पन्ना धाय। पन्ना धाय ने उदय सिंह की माँ कर्णावती के वचनों को निभाते हुए उनकी मृत्यु के बाद एक बड़े बलिदान के साथ उदयसिंह की परवरिश की मेवाड़ के राजा राणा संग्राम वीर योद्धा थे लेकिन उनमें मित्र को शत्रु को परखने की अच्छी परख नहीं थी राणा संग्राम दरबार में अपनी तारीफ सुन किसी पर भी जल्द विश्वास कर लेते थे और उनकी इस दयालुता और भोलेपन का फायदा उठाते हुए उनके साथ उनके एक दुश्मन ने छलावा किया उसका नाम था बनबीर वह मेवाड दरबार में एक दासी का पुत्र था और वो छल के साथ चित्तौड़ की गद्दी को हासिल करना चाहता था और अपने इसी मकसद से उसने राणा संग्राम के कई वंशजो की बारी बारी हत्या कर दी।

पन्ना धाय के पिता का नाम हरचंद हांकला था। जो एक साहसी योद्धा थे इन्होंने राजा राणा संग्राम के साथ कई युद्धों में भाग लिया। हरचंद हांकला राणा संग्राम की सेना में लड़ते हुए वीरगति को प्राप्त हुए थे हरचंद हांकला एक स्वामी भक्त और राष्ट्र भक्ति के गुनी और एक सच्चे योद्धा उनकी पुत्री का धायमाता बनाना एक वीर योद्धा के लिए सबसे बड़ी स्वामी भक्ति थी जब रानी कर्णवती के गर्भ से उदयसिंह का जन्म हुआ था। तब से उनका स्वास्थ्य बिगड़ गया था और बीमार रहने लगी तब रानी कर्णवती के हालात को देख पन्ना धाय को उदयसिंह की धाय माँ बनाया गया पन्ना धाय ने अपने इस कर्तव्य को एक वीरांगना की तरह निभाया और साबित कर दिया की वो भी जन्म से एक शेरनी है। गुर्जर जाति से होने के बावजूद अपने स्वामी के कर्तव्यों को हर परिस्थिति में बड़ी निष्ठा से निभाया।

अपने स्वामी कर्तव्य को निभाते हुए अपने पुत्र का बलिदान दे दिया और सारा माजरा देखती रही लेकिन उन्होंने अपनी आखों से एक भी आंसू नहीं निकलने दिया क्योंकि यदि इस बात की खबर बनबीर को लग जाती तो सब उल्ट हो जाता। बनबीर के जाने के बाद उन्होंने अपने मरे पुत्र को चूमा और उदयसिंह की रक्षा के लिए उनको सुरक्षित स्थान पर ले जाने के लिए महल से निकल गई दोस्तों स्वामी भक्ति को निभाने के लिए पन्ना धाय ने अपने जिगर के टुकड़े का बलिदान कर दिया और एक स्वामिभक्ति का परिचय दिया और मेवाड़ की एकलौते शासक उदयसिंह की प्राणों की रक्षा की।

महल से निकलने के बाद वो उदयसिंह को लेकर कई एक आसरे के लिए निकल पड़ी लेकिन वह महीनो तक उदयसिंह को लेकर कई दरबारों में भटकी लेकिन क्रूर बनबीर के भय से किसी ने पन्ना धाय को शरण नहीं दी। इस दौरान उन्होंने कई राजद्रोहियों की नजर से उदयसिंह की रक्षा की। आखिर में उन्हें कुम्भलगढ़ में आश्रय मिला उदयसिंह इसी किले में बड़े हुए और एक किलेदार के रूप में सेवक भी बने जब उदयसिंह की आयु 13 साल थी तब मेंवाड़ के उमराओ ने उदयसिंह को अपना राजा मान लिया और उनका राज्याभिषेक कर दिया। साल 1542 में वह मेवाड़ के महाराणा बन गए।

पन्ना धाय के द्वारा अपने पुत्र का बलिदान

चित्तौड़ का शासक, दासी का पुत्र बनवीर बनना चाहता था। उसने राणा के वंशजों को एक-एक कर मार डाला। बनवीर एक रात महाराजा विक्रमादित्य की हत्या करके उदयसिंह को मारने के लिए उसके महल की ओर चल पड़ा। उसने उदयसिंह को एक बांस की टोकरी में सुलाकर उसे झूठी पत्तलों से ढककर एक विश्वास पात्र सेवक के साथ महल से बाहर भेज दिया। पन्ना धाय की कहानी बनवीर को धोखा देने के उद्देश्य से अपने पुत्र को उदयसिंह के पलंग पर सुला दिया। बनवीर रक्तरंजित तलवार लिए उदयसिंह के कक्ष में आया और उसके बारे में पूछा। पन्ना धाय ने अपने पुत्र को पलंग पर सुला कर उसके और संकेत किया और बनवीर ने पन्ना के पुत्र को उदयसिंह समाज कर मार डाला पन्ना ने अपने पुत्र को अपने आँखों के सामने मरता देखती रही और अपने आँसू भी नहीं बहा पाई ताकि बनवीर को पता ना चले और बनवीर को जाने के बाद पन्ना अपने पुत्र को चूमकर गले लगा लिया और खूब रोई उसके बाद राजकुमार को एक सुरक्षित जगह ले जाने का निर्णय ले लिया उन्होंने अपना कर्तव्य का पालने करते हुये मेवाड़ के राजवंश को बचा लिया ऐसी थी पन्ना धाय, उनका बलिदान इतिहास में सदैव याद किया जाता रहेगा।

रानी दुर्गावती

रानी दुर्गावती का नाम भारत की उन महानतम वीरांगनाओं की सबसे अग्रिम पंक्ति में आता है जिन्होंने मात्रभूमि और अपने आत्मसम्मान की रक्षा हेतु अपने प्राणों का बलिदान दिया। रानी दुर्गावती कालिंजर के राजा कीरत सिंह की पुत्री और गोंड राजा दलपत शाह की पत्नी थीं। इनका राज्य क्षेत्र दूर–दूर तक फैला था। रानी दुर्गावती बहुत ही कुशल शासिका थीं इनके शासन काल में प्रजा बहुत सुखी थी और राज्य की ख्याति दूर–दूर तक फैल चुकी थी। इनके राज्य पर ना केवल अकबर बल्कि मालवा के शासक बाजबहादुर की भी नजर थी। रानी ने अपने जीवन काल में कई युद्ध लड़े और उनमें विजय भी पाई।

रानी दुर्गावती का जन्म और बचपन

रानी दुर्गावती का जन्म चंदेल राजा कीरत राय (कीर्तिसिंह चंदेल) के परिवार में कालिंजर के किले में 5 अक्टूबर 1524 में हुआ था। राजा कीरत राय की पुत्री का जन्म दुर्गा अष्टमी के दिन होने के कारण उसका नाम दुर्गावती रखा गया। वर्तमान में कालिंजर उत्तर प्रदेश के बाँदा जिले में आता है। इनके पिता राजा कीरत राय का नाम बड़े ही सम्मान से लिया जाता था इनका सम्बन्ध उस चंदेल राज वंश से था राजा विद्याधर ने महमूद गजनबी को युद्ध में खदेड़ा था और विश्व प्रसिद्ध खजुराहो के कंदारिया महादेव मंदिर का निर्माण करवाया। कन्या दुर्गावती का बचपन उस माहौल में बीता जिस राजवंश ने अपने मान सम्मान के लिये कई लडाइयां लड़ी। कन्या दुर्गावती ने इसी कारण बचपन से ही अस्त्र–शस्त्र की शिक्षा भी प्राप्त की।

रानी दुर्गावती का विवाह और ससुराल

कन्या दुर्गावती जब विवाह योग्य हुई तब 1542 में उनका विवाह गोंड राजा संग्राम शाह के पुत्र दलपत शाह के साथ संपन्न हुआ। दोनों पक्षों की जाति अलग-अलग थीं। राजा संग्राम शाह का राज्य बहुत ही विशाल था उनके राज्य में 52 गढ़ थे और उनका राज्य वर्तमान मंडला, जबलपुर नरसिंहपुर, होशंगाबाद, भोपाल, सागर, दमोह और वर्तमान छत्तीसगढ़ के कुछ हिस्सों तक फैला था। गोंड राजवंश और राजपूतों के इस मेल से शेरशाह सूरी को करार झटका लगा। शेरशाह सूरी ने 1545 को कालिंजर पर हमला कर दिया और बड़ी मुश्किल से कालिंजर के किले को जीतने में सफल भी हो गया परन्तु अचानक हुए बारूद के विस्फोट से वह मारा गया। 1545 में रानी दुर्गावती ने एक पुत्र को जन्म दिया। पुत्र का नाम वीरनारायण रखा गया। 1550 में राजा दलपत शाह की मृत्यु हो गईं। इस दु:ख भरी घड़ी में रानी को अपने नाबालिग पुत्र वीर नारायण को राजगद्दी पर बैठा कर स्वयं राजकाज की बागडोर संभालनी पड़ी।

रानी दुर्गावती और उनका राज्य

रानी दुर्गावती की राजधानी सिंगोरगढ़ थी। वर्तमान में जबलपुर दमोह मार्ग पर स्थित ग्राम सिंग्रामपुर में रानी दुर्गावती की प्रतिमा से छः किलोमीटर दूर स्थित सिंगोरगढ़ का किला बना हुआ है। सिंगोरगढ़ के अतिरिक्त मदन महल का किला और नरसिंहपुर का चौरागढ़ का किला रानी दुर्गावती के राज्य के प्रमुख गढ़ों में से एक थे। रानी का राज्य वर्तमान के जबलपुर, नरसिंहपुर दमोह, मंडला, होशंगाबाद, छिंदवाडा और छत्तीसगढ़ के कुछ हिस्सों तक फैला था। रानी के शासन का मुख्य केंद्र वर्तमान जबलपुर और उसके आस-पास का क्षेत्र था। अपने दो मुख्य सलाहकारों और सेनापतियों आधार सिंह कायस्थ और मानसिंह ठाकुर की सहायता से राज्य को सफलता पूर्वक चला रहीं थीं। रानी दुर्गावती ने 1550 से 1564 ईसवी तक सफलतापूर्वक शासन किया। रानी दुर्गावती के शासन काल में प्रजा बहुत सुखी थी और उनका राज्य भी लगातार प्रगति कर रहा था। रानी दुर्गावती के शासन काल में उनके राज्य की ख्याति दूर-दूर तक फैल गईं रानी दुर्गावती ने अपने शासन काल में कई मंदिर, इमारतें

और तालाब बनवाये। इनमें सबसे प्रमुख हैं जबलपुर का रानी ताल जो रानी दुर्गावती ने अपने नाम पर बनवाया, उन्होंने अपनी दासी के नाम पर चेरिताल और दीवान आधार सिंह के नाम पर आधार ताल बनवाया।

रानी दुर्गावती ने अपने शासन काल में जात-पात से दूर रहकर सभी को समान अधिकार दिए उनके शासन काल में गोंड, राजपूत और कई मुस्लिम सेनापति भी मुख्य पदों पर आसीन थे। रानी दुर्गावती ने वल्लभ सम्प्रदाय के स्वामी विट्ठलनाथ का स्वागत किया। रानी दुर्गावती को उनकी कई विशेषताओं के कारण जाना जाता है वे बहुत सुन्दर होने के साथ-साथ बहादुर और योग्य शासिका भी थीं। उन्होंने दुनिया को यह बलताया कि दुश्मन की आगे शीश झुकाकर अपमान जनक जीवन जीने से अच्छा मृत्यु को वरण करना है।

रानी दुर्गावती और बाज बहादुर की लड़ाई

शेर शाह सूरी के कालिंजर के दुर्ग में मरने के बाद मालवा पर सुजात खान का अधिकार हो गया जिसे उसके बेटे बाजबहादुर ने सफलतापूर्वक आगे बढाया। गोंडवाना राज्य की सीमा मालवा को छूती थीं और रानी के राज्य की ख्याति दूर-दूर तक फैल चुकी थी। मालवा के शासक बाजबहादुर ने रानी को महिला समझकर कमजोर समझा और गोंडवाना पर आक्रमण करने की योजना बनाई। बाजबहादुर इतिहास में रानी रूपमती के प्रेम के लिये जाना जाता है। 1556 में बाजबहादुर ने रानी दुर्गावती पर हमला कर दिया। रानी की सेना बड़ी बहादुरी के साथ लड़ी और बाजबहादुर को युद्ध में हार का सामना करना पड़ा और रानी दुर्गावती की सेना की जीत हुईं युद्ध में बाजबहादुर की सेना को बहुत नुकसान हुआ। इस विजय के बाद रानी का नाम और प्रसिद्धी और अधिक बढ़ गईं।

रानी दुर्गावती और अकबर की लडाई

1562 ईसवी में अकबर ने मालवा पर आक्रमण कर मालवा के सुल्तान बाजबहादुर को परास्त कर मालवा पर अधिकार कर लिया। अब मुगल साम्राज्य की सीमा रानी दुर्गावती के राज्य की सीमाओं को छूने लगी थीं। वहीँ दूसरी तरफ अकबर के आदेश पर उसके सेनापति अब्दुल माजिद खान ने रीवा राज्य पर भी अधिकार कर लिया। अकबर अपने साम्राज्य को और अधिक

बढ़ाना चाहता था। इसी कारण वह गोंडवाना साम्राज्य को हड़पने की योजना बनाने लगा। उसने रानी दुर्गावती को सन्देश भिजवाया कि वह अपने प्रिय सफेद हांथी सरमन और सूबेदार आधार सिंह को मुगल दरवार में भेज दे। रानी अकबर के मंसूबों से भली भांति परिचित थी उसने अकबर की बात मानने से साफ इंकार कर दिया और अपनी सेना को युद्ध की तैयारी करने का आदेश दिया। इधर अकबर ने अपने सेनापति आसफ खान को गोंडवाना पर आक्रमण करने का आदेश दे दिया। आसफ खान एक विशाल सेना लेकर रानी पर आक्रमण करने के लिये आगे बढ़ा। रानी दुर्गावती जानती थीं की उनकी सेना अकबर की सेना के आगे बहुत छोटी है युद्ध में एक और जहाँ मुगलों की विशाल सेना आधुनिक अस्त्र-शत्र से प्रशिक्षित सेना थी वहीं रानी दुर्गावती की सेना छोटी और पुराने परंपरागत हथियार से तैयार थी। उन्होंने अपनी सेना को नरई नाला घाटी की तरफ कूच करने का आदेश दिया। रानी दुर्गावती के लिये नरई युद्ध हेतु सुविधाजनक स्थान था क्योंकि यह स्थान एक ओर से नर्मदा नदी की विशाल जलधारा से और दूसरी तरफ गौर नदी से घिरा था और नरई के चारो तरफ घने जंगलों से घिरी पहड़ियाँ थीं। मुगल सेना के लिये यह क्षेत्र युद्ध हेतु कठिन था। जैसे ही मुगल सेना ने घाटी में प्रवेश किया रानी के सैनिकों ने उस पर धावा बोल दिया। लड़ाई में रानी की सेना के फौजदार अर्जुन सिंह मारे गये अब रानी ने स्वयं ही पुरुष वेश धारण कर युद्ध का नेतृत्व किया दोनों तरफ से सेनाओं को काफी नुकसान हुआ। शाम होते होते रानी की सेना ने मुगल सेना को घाटी से खदेड़ दिया और इस दिन की लड़ाई में रानी दुर्गावती की विजय हुई। रानी रात में ही दुबारा मुगल सेना पर हमला कर उसे भरी नुकसान पहुँचाना चाहती थीं परन्तु उनके सलाहकारों ने उन्हें ऐसा नहीं करने की सलाह दी।

इस युद्ध में 3,000 मुगल सैनिक मारे गये लेकिन रानी की भी अपार क्षति हुई थी। अगले दिन 24 जून, 1564 को मुगल सेना ने फिर हमला बोला। आज रानी का पक्ष दुर्बल था, अतः रानी ने अपने पुत्र नारायण को सुरक्षित स्थान पर भेज दिया। तभी एक तीर उनकी भुजा में लगा, रानी ने उसे निकाल फेंका। दूसरे तीर ने उनकी आँख को बेध दिया, रानी ने इसे भी निकाला पर

उसकी नोक आँख में रह गयी। तभी तीसरा तीर उनकी गर्दन में आकर धंस गया।

रानी ने अंत समय निकट जानकर वजीर आधारसिंह से आग्रह किया कि वह अपनी तलवार से उनकी गर्दन काट दे, पर वह इसके लिए तैयार नहीं हुआ। अतः रानी अपनी कटार स्वयं ही अपने सीने में भोंककर आत्म बलिदान के पथ पर बढ़ गयीं। महारानी दुर्गावती ने अकबर के सेनापति आसफ खान से लड़कर अपनी जान गंवाने से पहले पंद्रह वर्षों तक शासन किया था।

रानी दुर्गावती एक वीरांगना के रूप में

रानी दुर्गावती ने अपने पहले ही युद्ध में भारत वर्ष में अपना नाम रोशन कर लिया था। शेरशाह की मौत के बाद सुरत खान ने उसका कार्यभार सम्भाला जो उस समय मालवा गणराज्य पर शासन कर रहा था। सुरत खान के बाद उसके पुत्र बाजबहादुर ने कमान अपने हाथ में ली जो रानी रूपमती से प्रेम के लिए प्रसिद्ध हुआ था। सिंहासन पर बैठते ही बाजबहादुर को एक महिला शासक को हराना बहुत आसान लग रहा था इसलिए उसने रानी दुर्गावती के गोंड साम्राज्य पर धावा बोल दिया।

बाज बहादुर की रानी दुर्गावती को कमजोर समझने की भूल के कारण उसे भारी हार का सामना करना पड़ा और उसके कई सैनिक घायल हो गये थे। बाजबहादुर के खिलाफ इस जंग में जीत के कारण अड़ोस पड़ोस के राज्यों में रानी दुर्गावती का डंका बज गया था। अब रानी दुर्गावती के राज्य को पाने की हर कोई कामना करने लगा था जिसमें से एक मुगल सूबेदार अब्दुल माजिद खान भी था। ख्वाजा अब्दुल मजिद आसफ खान कारा मणिकपुर का शासक था जो रानी का नजदीकी साम्राज्य था। जब उसने रानी के खजाने के बारे में सुना तो उसने आक्रमण करने का विचार बनाया।

रानी दुर्गावती का बलिदान

अपनी हार से तिलमिलाई मुगल सेना के सेनापति आसफ खान ने दूसरे दिन विशाल सेना एकत्र की और बड़ी-बड़ी तोपों के साथ दुबारा रानी पर हमला बोल दिया। रानी दुर्गावती भी अपने प्रिय सफेद हाथी सरमन पर सवार

होकर युद्ध मैंदान में उतरीं। रानी के साथ राजकुमार वीरनारायण भी थे रानी की सेना ने कई बार मुगल सेना को पीछे धकेला। कुंवर वीरनारायण के घायल हो जाने से रानी ने उन्हें युद्ध से बाहरसुरक्षित जगह भिजवा दिया। युद्ध के दौरान एक तीर रानी दुर्गावती के कान के पास लगा और दूसरा तीर उनकी गर्दन में लगा। तीर लगने से रानी कुछ समय के लिये अचेत हो गईं जब पुनः रानी को होश आया तब तक मुगल सेना हावी हो चुकी थी। रानी के सेनापतियों ने उन्हें युद्ध का मैंदान छोड़कर सुरक्षित स्थान पर जाने की सलाह दी परन्तु रानी ने इस सलाह को दरकिनार कर दिया। अपने आप को चारों तरफ से घिरता देख रानी ने अपने शरीर को शत्रु के हाँथ ना लगने देने की सौगंध खाते हुए अपने मान-सम्मान की रक्षा हेतु अपनी तलवार निकाली और स्वयं तलवार घोंपकर अपना बलिदान दे दिया और इवतिहास में वीरांगना रानी सदा सदा के लिये अमर हो गई। जिस दिन रानी ने अपना बलिदान दिया था वह दिन 24 जून 1564 ईसवी था। अब प्रतिवर्ष 24 जून को बलिदान दिवस के रूप में मनाया जाता है और रानी दुर्गावती को याद किया जाता है।

रानी दुर्गावती के बलिदान के बाद उनका राज्य

रानी दुर्गावती के बलिदान के बाद कुंवर वीर नारायण चौरागढ़ में मुगलों से युद्ध करते हुए वीरगति को प्राप्त हुए। अब सम्पूर्ण गोंडवाना पर मुगलों का अधिपत्य हो गया। कुछ समय पश्चात राजा संग्राम शाह के छोटे पुत्र (रानी दुर्गावती के देवर) और चांदा गढ़ के राजा चन्द्र शाह को अकबर ने अपने अधीन गोंडवाना का राजा घोषित किया और बदले में अकबर ने गोंडवाना के 10 गढ़ ले लिये।

धन्य हैं रानी दुर्गावती जिन्होंने अपने स्वाभिमान और देश की रक्षा के लिये अपना बलिदान दिया। हम रानी दुर्गावती और उनके साहस और बलिदान को शत-शत नमन करतें हैं।

रानी कर्णावती

जब भारत में मुगलों का आगमन हुआ था, उनका पहला सामना मेवाड़ के महाराणा संग्रामसिंह यानी राणा सांगा से हुआ था। 1526 ई. में बाबर और राणा सांगा के मध्य खानवा का युद्ध लड़ा गया। इस युद्ध में बाबर को विजय मिली तथा उसने भारत में मुगल साम्राज्य की नीव रख दी।

उधर इस युद्ध से राणा सांगा का शरीर क्षत विक्षत हो गया था, सैकड़ों घाव से उनका शरीर भर गया था। इसके चलते थोड़े दिनों बाद ही राणा सांगा का देहांत हो गया था। अब मेवाड़ की सत्ता सांगा के पुत्र विक्रमादित्य के हाथों में आ गई, स्वयं रानी कर्मवती अपने बड़े पुत्र विक्रमादित्य का राजकाज में सहयोग किया करती थी।

उनके पीछे उनकी विधवा रानी कर्णावती और उनके बेटे राजा राणा विक्रमादित्य और राणा उदय सिंह थे। रानी कर्णावती ने अपने बड़े पुत्र विक्रमजीत हाथों में राज्य का पदभार संभालने को दिया। लेकिन इतना बड़ा राज्य संभालने के लिये अभी विक्रमजीत की उम्र कम थी। इस बीच, गुजरात के बहादुर शाह द्वारा दूसरी बार मेवाड पर हमला किया गया था। जिनके हाथ विक्रमजीत को पहले हार मिली थी। रानी के लिए यह बहुत चिंता का मामला था।

रानी कर्णावती ने चित्तौड़गढ़ के सम्मान की रक्षा में मदद करने के लिए अन्य राजपूत शासकों से अपील की। शासकों ने सहमति व्यक्त की लेकिन उनकी एकमात्र शर्त यह थी कि विक्रमजीत और उदय सिंह को अपनी व्यक्तिगत सुरक्षा के लिए युद्ध के दौरान बूंदी जाना चाहिए। कर्णावती ने मुगल

सम्राट हुमायूं को एक राखी भेजी, और उन्हें एक भाई का दर्जा देते हुए सहायता के लिए अपील की।

रानी कर्णावती अपने बेटों को बूंदी को भेजने के लिए राजी हो गयी और उन्होंने अपनी भरोसेमंद दासी पन्ना से कहा कि उनके साथ रहना और उन्हें अच्छी तरह से देखभाल करना। और पन्ना ने यह जवाबदेही स्वीकार कर ली।

गुजरात के शासक ने की थी चढ़ाई

यह 1530 के आसपास का समय था। आमेर के युद्ध में राणा रतनसिंह की वीरगति के बाद उनका भाई विक्रमादित्य मेवाड़ की गद्दी पर बैठा था। गुजरात के शासक बहादुरशाह की मेंवाड़ पर तिरछी नजर थी। मौका देखकर उसने चढ़ाई कर दी। वह कई बार मेवाड़ पर हमले की कोशिश कर चुका था, लेकिन हर बार उसे हार का मुँह देखना पड़ा था। इस बार सत्ता बदलने से वह दोगुने सैनिक और उत्साह के साथ आया था। इधर, आमेर से युद्ध के कारण मेवाड़ की सैन्य शक्ति कमजोर हो चुकी थी।

रानी कर्णावती ने हुमायूं को भेजी थी राखी

युद्ध के दौरान विक्रमादित्य की मां रानी कर्णावती ने दिल्ली के शासक हुमायूं को रक्षा का वचन देकर राखी भेजी और सहायता माँगी। हुमायूं राखी के महत्व को समझता था क्योंकि वह खुद कई राजपूत राजाओं के यहाँ पहले शरणार्थी बनकर रह चुका था। राखी मिलते ही हुमायूं मेंवाड़ की सहायता के चल निकला। इधर गुजरात की गोलाबारी से मेंवाड़ के किले की दीवारें गिरने लगीं।

सरदारों ने किया शाका

8 मार्च 1535 को किले के सभी सरदारों ने सिर में चिता की धूल डालकर शाका किया और अंतिम युद्ध लड़ने के लिए किले के द्वार खोल दिए। इधर कर्णावती 13,000 रानियों के साथ जौहर की तैयारियाँ करने लगीं। विक्रमादित्य की वीरगति का समाचार पाते ही सभी ने जौहर कर लिया।

इधर हुमायूं जब तक मेवाड़ पहुँचा तो वहाँ सब कुछ राख हो गया था। उसने बहादुरशाह की सेना को खदेड़कर मेंवाड़ का बदला लिया था। इसके बाद से रक्षाबंधन की कथाओं में मेवाड़ की इस कहानी को भी जगह मिल गईं ।

लेकिन पद्मावती के अलावा एक और जौहर इतिहास में अपनी जगह बनाए हुए है और भारतीय इतिहास के गौरव के तौर पर जाना जाता है।

वीर बाला चम्पा

महाराणा प्रताप की बेटी की कहानी जिसने अपना बलिदान किस प्रकार दी।

मेवाड़ के गौरव हिन्दू कुल के सूर्य महाराणा प्रताप अरावली के वनों में उन दिनों भटक रहे थे। महाराणा प्रताप को अकेले वन-वन घूमना पड़ता तो कोई बात नहीं था बल्कि उनके साथ थी महारानी, अबोध राजकुमार और छोटी सी राजकुमारी। उनके पीछे अकबर के जैसी ताकतवर दुश्मन की सेना जो पीछे पड़ी थी। उससे बचने के कभी गुफा में, कभी वन में तो कभी किसी नाले में रात काटनी पड़ती थी। उन्हें कंद फल भी खाने के लिए बहुत मुश्किल से मिल पाता था। घास के बीजों का रोटी भी खाने के लिए कई दिनों के बाद मिलता था। उनके लिए यह ऐसा मुश्किल समय आ गया था कि वे खाने के लिए तक तरस रहे थे।

महाराणा की पुत्री चम्पा 11 वर्ष की थी। चम्पा एक दिन अपने 4 वर्षीय भाई के साथ नदी किनारे खेल रही थी। कुमार को भूख लगी थी। वह रोटी माँगते हुए रोने लगा। उस 4 वर्ष के बच्चे में समझ कहाँ थी कि उसके माता-पिता के पास अपने युवराज के लिए रोटी का टुकड़ा भी नहीं है। चम्पा ने अपने भाई को कहानी सुनाकर व फूलों की माला पहनाकर बहला दिया। राजकुमार भूखा ही सो गया।

महाराणा बेटी के त्याग को देखकर द्रवित हो उठे, उनसे अपने बच्चों का कष्ट देखा नहीं गया। उस दिन उन्होंने अकबर की अधीनता स्वीकार करने के लिए पत्र लिखा। 11 वर्षीय सुकुमार बालिका चम्पा 2-4 दिन में तो घास

की रोटी पाती थी और उसे भी बचाकर रख लिया करती थी। भूख के मारे अपने भाग की रोटी वह अपने भाई को थोड़ी-थोड़ी करके खिला देती थी।

भोजन के अभाव के कारण बच्चे सूखकर कंकाल हो रहे थे। विपत्ति के इसी समय में महाराणा प्रताप को एक बार अपने परिवार के साथ कई दिनों तक उपवास करना पड़ा। बहुत कठिनाई से एक दिन घास के बीज की रोटी बनी वह भी केवल एक। महाराणा प्रताप और महारानी तो पानी पीकर भी अपना समय बिता लेते थे लेकिन बच्चे पानी पीकर कैसे रहते। राजकुमार बिल्कुल अबोध था, उसे कुछ-न-कुछ भोजन तो देना ही था और राजकुमारी भी बालिका ही थी। दोनों बच्चे को माता ने आधी-आधी रोटी दे दी। राजकुमार ने अपनी आधी रोटी को जल्दी-से खा लिया लेकिन राजकुमारी छोटी होने पर भी हालात को समझती थी।

उसे ये चिंता भी थी की छोटा भाई कुछ समय बाद भूख से रोएगा तो उसे खाने को क्या दिया जायेगा। हालाँकि खुद राजकुमारी को कई दिनों से खाने के लिए कुछ नहीं मिला था। लेकिन भाई के में बारे सोचकर उसने अपनी आधी रोटी को पत्थर के नीचे दबाकर सुरक्षित रख दी। संयोग वश वहाँ वन में भी एक अतिथि महाराज महाराणा प्रताप से मिलने आ पहुँचे। महाराणा प्रताप ने उन्हें पत्ते बिछाकर बैठाया और पैर धोने के लिए पानी भी दिया। इतना करके वे इधर उधर देखने लगे।

आज मेवाड़ के अधीश्वर के पास अतिथि को जल के साथ खिलाने के लिए चने का चार दाना भी नहीं था लेकिन महाराणा प्रताप की बेटी ने अपने पिता के भाव को समझ लिया। उसने अपने भाग्य की आधी रोटी का टुकड़ा पत्ते पर रख कर ले आयी और उसे अतिथि के सम्मुख रख कर बोली-देव आप इसे ग्रहण करे। हमारे पास आपका सत्कार करने योग्य कुछ भी नहीं बचा है। अतिथि ने वह रोटी खायी और जल भी पिया। इसके बाद अतिथि वहाँ से विदा लेकर चला गया। अतिथि के जाने के बाद राजकुमारी मूर्छित होकर गिर पड़ी, क्योंकि वह भूख से दुर्बल और कमजोर हो चुकी थी।

राजकुमारी का ये मूर्छा अंतिम मूर्छा बन गया। महाराणा प्रताप की पुत्री ने अतिथि के सत्कार के लिए आधी रोटी ही नहीं दी बल्कि अपने जीवन का बलिदान भी कर दी।

महाराणा ने उसे गोद में उठाते हुए रोकर कहा–'मेरी बेटी! अब में तुझे और कष्ट नहीं दूँगा। मैंने अकबर को पत्र लिख दिया है।' यह सुनकर चम्पा मूर्छा में भी चौक पड़ी, बोली, 'पिताजी! आप यह क्या कहते हैं? हमें मरने से बचाने के लिए आप अकबर के दास बनेंगे? पिताजी! हम सब क्या कभी मरेंगे नहीं? पिताजी! देश को नीचा मत दिखाइए! आपको मेरी शपथ है, आप अकबर की अधीनता कभी स्वीकार न करें।' इन वचनों के साथ ही मासूम चम्पा महाराणा की गोद में ही सदा के लिए चुप हो गईं।

कहा जाता है कि जब अकबर के दरबार में महाराणा का पत्र पहुँचा तो पत्र देखकर पृथ्वीराज जी ने पत्र की विश्वसनीयता पर सवाल उठाते हुए महाराणा को पत्र लिखा और उसे पढ़कर महाराणा ने अकबर की अधीनता स्वीकार करने का विचार त्याग दिया। लेकिन कुछ लोगों का मानना है कि बालिका चम्पा ने अपने बलिदान से ही महाराणा को दृढ़ता देकर भारतीय गौरव की रक्षा की।

राजमाता जीजाबाई

कहा जाता है किसी जननी ने अगर शूरवीर को जन्म दिया है तो जरुर वह जननी खास होगी। शिवाजी जैसे शूरवीर को जन्म देने वाली जननी को 'जीजाबाई' के नाम से जाना जाता है 'जीजाबाई' ने अपने जीवन में अनेक पड़ाव देखे और सब कुछ खोने के बाद भी उन्होंने शिवाजी को इतना शौर्यवान बनाया। कि एक 17 साल का बच्चा बड़ी-बड़ी जंग का हिस्सा बन गया।

जीजाबाई (जिजाऊ) का जन्म 12 जनवरी 1598 ई. में महाराष्ट्र के बुलढाणा में हुआ। इनके पिता लखुजी जाधव सिंदखेड नामक गांव के राजा हुआ करते थे। उन्होंने जीजाबाई का नाम उस वक्त 'जिजाऊ' रखा था। कहते हैं कि जीजाबाई अपने पिता के पास बहुत कम रही और उनकी बहुत ही छोटी उम्र में शादी कर दी गई थी. उस वक्त बचपन में ही शादी करवा दी जाती थी।

कहते है की जीजाबाई की मंगनी उसी वक्त तय हो गई थी उनकी उम्र जब 6 वर्ष थी। इसके साथ एक छोटा सा प्रसंग भी जुड़ा हुआ है। 'इतिहास में लिखा है की होली का दिन था, लखुजी जाधव के घर उत्सव मनाया जा रहा था, उस वक्त मोलाजी अपने बच्चे के साथ जिसकी आयु भी करीब 7-8 वर्ष थी। उसके साथ इस उत्सव में सम्मलित हुए थे। नृत्य देखते हुए अचानक लखुजी जाधव ने जीजाबाई और मोलाजी के पुत्र शाहजी को एक साथ देखा और उनके मुख से निकला वाह क्या? जोड़ी है। इसी बात को मोलाजी ने सुन लिया और बोले कि फिर तो मंगनी पक्की होनी चाहिए।'

मोलाजी उस वक्त सुल्तान के यहाँ सेनापति थे और लखुजी जाधव राजा होने के बाद भी सुल्तान के कहने पर उन्होंने मोलाजी के पुत्र शाहजी भोसले से अपनी पुत्री जिजाऊ यानि जीजाबाई की शादी करवा दी।

जीजाबाई और शाहजी के विवाह के बाद जब वह बड़े हुए तब शाहजी बीजापुर दरबार में राजनयिक थे। बीजापुर के महराज ने शाहजी की मदद से अनेक युद्ध में विजय प्राप्त की, इसी खुशी में बीजापुर के सुलतान ने उन्हें अनेक जागीर तोहफे में दी थी। उन्हीं तोहफों में एक जागीर शिवनेरी का दुर्ग भी शामिल है। यहाँ जीजाबाई और उनके बच्चे रहा करते थे। जीजाबाई ने 6 पुत्री व दो पुत्रों को जन्म दिया था। उन्हीं पुत्रों में से एक शिवाजी थे।

शाहजी ने अपने बच्चों एंव जीजाबाई की रक्षा के लिए उन्हें शिवनेरी के दुर्ग में रखा, क्योंकि उस वक्त शाहजी को अनेक शत्रुओं का भय था। यहाँ शिवनेरी के दुर्ग में ही शिवाजी का जन्म हुआ और बताया जाता है की शिवाजी के जन्म के वक्त शाहजी जीजाबाई के पास नहीं थे। शिवाजी के जन्म के बाद शाहजी को मुस्तफाखाँ ने उन्हें बंदी बना लिया था। उसके 12 वर्ष बाद शाहजी और शिवाजी की भेंट हुई। इस बीच जीजाबाई और शाहजी का संपर्क दुबारा हुआ।

शाहजी हमेशा अपने कार्यों में जीजाबाई की मदद लिया करते थे। जीजाबाई के बड़े पुत्र का नाम संभाजी था, बताया जाता है की संभाजी और शाहजी भी अफजलखान के साथ हुए युद्ध में मारे गये थे। शाहजी की मृत्यु के बाद जीजाबाई ने पति के साथ सती होने की कोशिश की थी, पर शिवाजी ने उन्हें ऐसा करने से रोक दिया था। शिवाजी अपनी माँ को अपनी मित्र, मार्गदर्शक और प्रेरणास्त्रोत मानते थे। यही वजह है की शिवाजी बहुत कम उम्र में ही समाज एंव अपने कर्तव्यों को समझ गये थे। अपनी माँ की मार्गदिशा में उन्होंने हिन्दू साम्राज्य स्थापित करने की शुरुआत छोटी उम्र में ही कर दी थी।

इतिहास को जितनी बार भी पढ़ा जाए तो मराठा साम्राज्य में अगर किसी का नाम सबसे पहले आता है तो वह है जीजाबाई और उनके पुत्र शिवाजी का

कहते है की शाहजी से अलग होने के बाद जीजाबाई ने शिवाजी को ऐसी शिक्षा दी कि उन्होंने मराठा साम्राज्य ही स्थापित कर दिया।

जीजाबाई बहुत ही चतुर और बुद्धिमान महिला थी, उन्होंने मराठा साम्राज्य के लिए अनेक ऐसे फैसले लिए जिनकी वजह से स्वराज स्थापित हुआ। एक प्रसंग मिलता है कि राज्य में महिलाओं के साथ होते अत्यचार को देखते हुए जीजाबाई 'माँ भवानी' के मंदिर जाती है, माँ से पुकार करती है कि स्त्रियों की इन दुर्दशा को दूर करने के लिए कोई उपाय बतायें, तो माँ खुश होकर जीजाबाई को वरदान देती है की उनके पुत्र के द्वारा अबलाओं की लाज, एंव उनपर हो रहे अत्याचारों को रोका जाएगा।

यही वजह है कि शिवाजी हमेंशा भवानी माँ को पूजते थे और अपनी माँ के द्वारा मिली शिक्षा का निर्वहन करते हुए माँ को हमेंशा पूजते रहे। इतिहास में लिखा है कि शिवाजी महाराज के पास एक ऐसी तलवार थी जिसका नाम 'भवानी' था यह भी माँ भवानी के वरदान से प्राप्त की गई थी।

जीजाबाई ने मराठा साम्राज्य के लिए अपने पुत्र शिवाजी को ऐसी कहानियाँ सुनाई, जिनसे उन्हें अपने धर्म और अपने कर्म का ज्ञान हुआ एंव लोगों की रक्षा कैसे करनी है इसका भी ज्ञान हुआ। यही वजह है कि शिवाजी ने 17 वर्ष की आयु में मराठा सेना का निर्माण किया और अनेक पराक्रमियों से लोहा लिया और विजय प्राप्त की। एक समय ऐसा भी आया जब जीजाबाई को शिवनेरी का दुर्ग दोबारा मिल गया था।

जीजाबाई की प्रतिज्ञा को पूरा करने के लिए कैसे तानाजी ने मुगलों को धूल चटाई थी।

अपने जीवन की सभी परेशानियों को भूलते हुए 'जीजाबाई' ने अपने पुत्र शिवाजी को ऐसी शिक्षा दी, ऐसे संस्कार दिए जिनकी वजह से उनके पुत्र ने अपने लिए नहीं दूसरों के लिए जीना शुरू किया। उन्होंने अपने धर्म के लिए लड़ना शुरू किया। यही वजह है की शिवाजी को आज बड़े ही गौरव के साथ याद किया जाता है और उन्हें 'छत्रपति शिवाजी महाराज' के नाम से संबोधित किया जाता है।

शिवाजी ने हिन्दू सम्राज्य स्थापित करने की शुरुआत की और उन्होंने अपने जीवनकाल में हिन्दू सम्राज्य को स्थापित करने में कामयाबी हासिल की और अनेक अत्याचारियों का वध किया। यह सब कुछ संभव हुआ था 'जीजाबाई' के संस्कारों, उनके द्वारा दी गई शिक्षा की वजह से।

जीजाबाई पहली ऐसी महिला थी जिन्होंने दक्षिण भारत में मराठा यानि हिंदुत्व की स्थापना में योगदान दिया था। उनकी मेहनत और उनके ही संस्कारों की वजह से शिवाजी ने मराठाओं के लिए हथियार उठाया और उन्होंने हिंदुत्व की स्थापना एक बार फिर से करने में सफलता हासिल की।

जीजाबाई की मृत्यु 17 जून 1674 ई. में हुई, शिवाजी ने इस समय तक मराठा साम्राज्य की स्थापना कर दी थी।

हम जानते हैं की किसी का भी जीवन ऐसा नहीं होता जो एक ही शब्द में बता दिया जाए। हर एक इंसान के जीवन की एक ना एक कहानी जरुर होती है। जीजाबाई के जीवन में भी अनेक ऐसी कहानियाँ एंव ऐसे प्रसंग मौजूद है, जीजाबाई स्वंय ऐसी महिला थी जिन्हें उनकी दूरदर्शिता एंव युद्ध नीतियों के लिए याद किया जाता था।

जीजाबाई ने हमेशा महिलाओं की रक्षा एंव मान-सम्मान को बचाने की बात की थी और अपने बेटों को सिखाई थी।

जीजाबाई का दूसरा बेटा यानि शिवाजी के भाई संभाजी की हत्या अफजल खान ने की थी। जीजाबाई ने शिवाजी को उसका बदला लेने के लिए प्रेरित किया।

शिवाजी खुद जीजाबाई से युद्ध नीतियाँ सिखा करते थे और उन्हीं की प्रेरणा से उन्होंने अनेक जंग में जीत हासिल की थी।

जीजाबाई का निधन शिवाजी महाराज के राज्यअभिषेक के 12 दिन बाद हुआ। उन्होंने अपने हिंदुत्व के सपने को साकार करने के बाद अपने प्राण त्याग थे।

जीजाबाई ने शिवाजी को बचपन में बाल राजा, महाभारत एंव रामायण की कहानियाँ सुनाकर उन्हें धर्म के प्रति प्रेरित किया था।

छत्रपति शिवाजी महाराज के जीवन में जीजाबाई का अहम योगदान रहा है। यही वजह है की शिवाजी को याद करने से पहले उनकी माता 'जीजाबाई' को याद किया जाता है। उन्हीं के द्वारा बनाई गई नीतियों के अनुसार शिवाजी ने अनेक युद्ध में विजय प्राप्त की और वह मराठा साम्राज्य स्थापित करने में सफल हुए। शिवाजी ने हमेशा अपनी सफलता का श्रेय अपनी माँ 'जीजाबाई' को दिया है। इतिहास में जीजाबाई के इस योगदान को हिन्दुस्तान कभी भुला नहीं पायेगा।

वीरांगना रानी सारंधा

भारत के इतिहास में ऐसी बहुत-सी महिलाएँ रही है जिन्होंने अपने आत्मसम्मान के लिए बहुत महत्वपूर्ण योगदान दिया है अगर हम अपने देश के इतिहास पर नजर डालें तो हमें अपने देश की कई ऐसी रानियों के बारे में जानने को मिलेगा जिन्होंने अपना सब कुछ न्यौछावर कर के अपनी आने वाली पीढ़ियों को बचाया है ऐसी ही एक वीरांगना हमारे भारत में रही थी जिन्होंने क्रूर औरंगजेब और उसकी सेना को परास्त किया था वह थीं बुंदेलखंड की रानी वीरांगना सारंधा।

इतिहासकारों ने रानी सारंधा के बारे में कम ही लिखा है लेकिन एक उल्लेख पता चला है कि रानी सारंधा के बचपन का नाम लाल कुंवरी था। एक बार वह कुल देवी के मंदिर अपनी सखियों के साथ जा रही थी तभी ओरछा के राजकुमार चंपत राय की नजर उन पर पड़ी उन्हें देखकर वह मोहित हो गए और जब उन्हें पता चला कि राजकुमारी सुंदर ही नहीं बल्कि बुद्धिमान और गुणी भी हैं तब उनके मन में राजकुमारी को अपनी रानी बनाने की इच्छा जागी।

शुभ मुहूर्त देखकर उन दोनों का विवाह तय हुआ और विवाह के पश्चात रानी ओरछा आ गई कुछ ही महीनों में राजकुमार चंपतराय को सत्ता संभालने के योग्य समझकर उन्हें राजा बना दिया गया। और इस तरह लाल कुंवरी बन गईं रानी सारन्धा। राजा चंपतराय का शुरुआती कुछ समय विरोधियों को दबाने एवं मुगलों को सामना करने में व्यतीत हुआ। इस समय

रानी ने प्रजा के सुख समृद्धि पर जोर दिया। प्रजापालनहारी रानी कुछ ही समय में ही प्रजा के बीच रानी माता के नाम से प्रसिद्ध हो गईं।

औरंगजेब से सामना

औरंगजेब को जब पता चला रानी सारंधा के बारे में तो वह उसे अपने हरम में रखना चाहता था उसने रानी के नाम एक पत्र भिजवाया जिसमें उसने लिखा था की रानी ओरछा को छोड़कर दिल्ली आ जाए और चेतावनी दी कि अगर उसने ऐसा नहीं किया तो इसका परिणाम बहुत बुरा होगा।

जब ओरछा के राजा चंपत राय ने यह पत्र देखा तो वह अचंभित रह गए तब रानी ने उनसे कहा कि राजन आप उन्हें यह उत्तर दीजिए कि हम उनके हरम में जाना नहीं चाहते चाहे इसके लिए हमें कोई भी कीमत चुकानी पड़े। औरंगजेब को उनका यह उत्तर मिला तो वह आग बबूला हो गया क्योंकि उसको ऐसे उत्तर की आशा बिल्कुल नहीं थी और फिर क्रूर औरंगजेब ने राजा चंपत राय और रानी सारंधा के विरुद्ध युद्ध अभियान भेज दिया फिर भी राजा और रानी ने औरंगजेब की सेना का डटकर साहस से मुकाबला किया।

आक्रमण के लगातार चलते राजा और रानी ने ओरछा से निकल जाना उचित समझा ओरछा से निकलने के बाद राजा और रानी बुंदेलखंड के अपना पत्नी धर्म निभा रही थी। वह हर सुख जंगलों में 3 साल तक रहे रानी भी राजा के साथ दुख में राजा का साथ देती।

औरंगजेब ने राजा चंपत राय को ढूंढने की बहुत कोशिश की लेकिन वह नहीं मिले आखिर में औरंगजेब ने खुद ही राजा को ढूंढने की ठानी और चंपत राय को ढूंढने में लगी बादशाही सेना हटा ली गई तो राजा चंपत राय ने सोचा कि औरंगजेब ने हार मान कर तलाशी अभियान खत्म कर दिया ऐसा सोच कर राजा वापस अपने ओरछा के किले में लौट आए औरंगजेब भी इसी का इंतजार कर रहा था उसने ओरछा के किले को तुरंत घेर लिया और खूब उत्पात मचाया।

औरंगजेब के किले को घेरे हुए 3 सप्ताह हो चुके थे सभी खाने पीने का सामान भी लगभग खत्म हो चुका था राजा की शक्ति दिन प्रतिदिन कम

होती जा रही थी और इसी बीच राजा ज्वर से पीड़ित हो गए राजा रानी ने कुछ विचार विमर्श किया। रानी ने संकट के समय प्रजा को छोड़कर जाना उचित नहीं समझा इसीलिए रानी ने अपने पुत्र छत्रसाल को औरंगजेब के पास संधि पत्र लेकर भेज दिया जिससे कि निर्दोष लोगों के प्राण बचाए जा सके।

अपनी प्रजा और देशवासियों की रक्षा के लिए रानी ने अपने पुत्र छत्रसाल को संकट में डाल दिया था तब औरंगजेब ने छत्रसाल को अपने पास रख लिया और ओरछा के लोगों को कुछ ना करने का संधि पत्र भिजवा दिया जब रानी को यह पत्र मिला तो उन्हें यह पढ़कर प्रसन्नता हुई लेकिन दूसरी और अपने पुत्र को खोने का दुख भी था रानी सारंधा के सामने एक और बीमार पति और दूसरी और अपना पुत्र था फिर भी उन्होंने साहस से काम लिया और उन्होंने चंपत राय को अंधेरे में किले से निकालने की योजना बनाई और अपने भाइयों और विश्वसनीय सैनिकों को अपने पुत्र को औरंगजेब से छुड़ाने को भेज दिया।

औरंगजेब कि सेना राजा और रानी को ढूंढ रही थी इसके बाद भी रानी सारंधा ने अपने राजा को किले से 10 कोस दूर ले गई तभी उन्होंने पीछे से आ रही औरंगजेब की सेना को देखा और राजा को जगाया तो राजा ने कहा कि में बंधक बनने से अच्छा यही मर जाऊं। राजा के कुछ सैनिक थे जिन्होंने बादशाह के सैनिकों से मुकाबला किया लेकिन जब सभी मारे गए तो राजा ने रानी से कहा कि आप मुझे मार दे में बंधक नहीं बनना चाहता। और रानी ने फिर ऐसा ही किया उन्होंने अपने भारी मन से राजा के सीने में तलवार घोंप दी रानी का यह साहस देख कर औरंगजेब के सैनिक दंग रह गए और फिर कुछ ही समय में रानी ने अपनी गर्दन भी उसी तलवार से उड़ा दी।

उधर राजकुमार छत्रसाल को राजा के सैनिकों ने बड़ी सूझबूझ से औरंगजेब की कैद से छुड़ा लिया लेकिन जब तक वह अपने माता-पिता तक पहुँचे तब तक अनहोनी घट चुकी थी 12 वर्षीय राजकुमार छत्रसाल के सामने उनके साहसी माता पिता के शव पड़े थे ऐसी स्थिति को देखकर तो कोई भी टूट जाता लेकिन राजकुमार छत्रसाल ने अपने माता पिता के रक्त से स्वयं का राजतिलक किया और प्रण किया कि बुंदेलखंड से औरंगजेब का राज्य समाप्त

करके ही दम लेंगे और फिर बाद में यही राजकुमार छत्रसाल बाद में बुंदेल केसरी महाराजा छत्रसाल के नाम से प्रसिद्ध हुए।

रानी सारंधा एक दृढ़ इच्छाशक्ति और साहसी महिला थी अगर वह चाहती तो अपने राजा और पुत्र को लेकर ओरछा से निकल जाती और उनके प्राण भी बच जाते लेकिन उन्होंने स्वयं से पहले अपनी प्रजा और अपने लोगों के बारे में सोचा जिनकी रक्षा करते हुए उन्होंने मारना स्वीकार किया।

रानी ताराबाई भोंसले

शिवाजी की बहु रानी ताराबाई का जन्म 1675 में हुआ था। उनके पिता का नाम हबीर राव मोहित था, जो मराठा सेना के मुख्य सेनापति थे। उनकी प्रसिद्धी दूर-दूर तक थी।

पिता के सेनापति होने की वजह से उन्होंने अपनी बेटी के लिए कभी भी किसी चीज की कोई कमी नहीं रखी। तारा ने शुरू से ही बेहद स्वतंत्र रूप से अपना जीवन जिया था।

वह तलवार से लड़ने, तीरंदाजी, घुड़सवारी, सैन्य रणनीति और कूटनीति अन्य सभी विषयों में अच्छी तरह से प्रशिक्षित थीं।

तारा को छत्रपति शिवाजी ने अपनी बहु के रूप में चुन लिया. वह महज आठ साल की ही थीं, जब उनका विवाह शिवाजी के बेटे राजाराम से हो गया। बताते चलें, कि राजाराम शिवाजी और उनकी दूसरी पत्नी सोयराबाई से हुई संतान थे।

ताराबाई ने अपने जीवन काल में मराठों के उदय और पतन को देखा था। जिस समय उनकी शादी हुई तब वह एक ऐसा समय था, जब मुगलों और मराठों के बीच लगातार दक्कन पर नियंत्रण के लिए युद्ध चल रहा था।

इसी साल 1674 में, शिवाजी को उनके द्वारा स्थापित स्वतंत्र मराठा साम्राज्य के शासक का ताज पहनाया गया। जिन्होंने मुगलों के वर्चस्व को चुनौती दी थी।

साल 1680 में शिवाजी की मृत्यु के बाद, उनके पहले पुत्र संभाजी को सिंहासन पर बिठाया गया। उन्होंने करीब एक दशक तक राज किया। साल 1689 में उन्हें मुगलों द्वारा कैद कर लिया गया। बाद में उन्हें और उनकी माँ को मार डाला गया।

15 हजार की संख्या में मुगल सैनिकों के मारे जाने की वजह से मुगल बौखला गए थे। दरअसल, इन मारे गए सैनिकों पर रायगढ़ का किला गिर गया था। जिसकी वजह से इतनी बड़ी संख्या में सैनिक मारे गए थे।

मुगलों ने बाद में संभाजी के बेटे शाहू और पत्नी येसूबाई को भी बंदी बना लिया था। हालांकि, राजाराम वेश बदलकर मुगलों की आँखों से बचकर भागने में कामयाब रहे। वह सतारा में कोर्ट स्थापित करने तक गिंगी किले में रहें।

1700 में मराठा साम्राज्य के लिए एक और क्षति का साल था। फेफड़ों की बीमारी हो जाने की वजह से उनकी असामयिक मृत्यु हो गई। ऐसे में, अब उनके बाद सत्ता की कमान कौन संभालता ये एक प्रश्न था।

दरअसल, राजाराम और ताराबाई का एक पुत्र था. जिसका नाम शिवाजी द्वितीय था। जो उनकी मृत्यु के समय महज चार साल का था। अब अपने पुत्र के नाम पर ताराबाई ही शासन करने लगीं और उन्होंने सत्ता की कमान संभाली!

रानी के सत्ता संभालने के दौरान, औरंगजेब मुगल शासक की कुर्सी पर था। ऐसे में, औरंगजेब के सामने बढ़ने के लिए अच्छी रणनीति और सैन्य योजना की जरुरत थी।

ताराबाई ने अपने पति के शासनकाल के दौरान, पहले से ही नागरिक और राजनीतिक मामलों के बारे में सीखना शुरू कर दिया था। साथ ही, वह एक कुशल घुड़सवार योद्धा थीं। उन्होंने व्यक्तिगत रूप से दुश्मन पर आक्रामक हमलों का नेतृत्व करके अपने कमांडरों और सैनिकों को प्रेरित किया।

उन्होंने रणनीतिक सैन्य योजना में अपनी सारी ऊर्जा लगा दी। मुगलों को इस बात की खबर लगी कि सत्ता रानी संभाल रही हैं। उन्हें लगा कि वह

आसानी से अब मराठा साम्राज्य को खत्म कर सकते हैं। उन्हें लगा कि एक महिला के नेतृत्व वाले इस साम्राज्य को उखाड़ फेंकना बहुत आसान होगा।

खफी खान ने कहा था, उसे इस बात का बिलकुल अंदाजा नहीं कि एक कमजोर, और असहाय रानी शक्तिशाली मुगल साम्राज्य के लिए खतरा पैदा कर सकती है।

रानी तारा के नेतृत्व में मराठा द्वारा खो गए क्षेत्रों को पुनः प्राप्त किया गया। साथ ही, मालवा और गुजरात के दक्षिणी और पश्चिमी क्षेत्रों में पर भी हमले किये।

...और साम, दाम, दंड और भेद से रानी तारा ने अपने आप को हर जगह साबित किया। वह चाहे स्वयं युद्ध का नेतृत्व करना हो या फिर अपनी कूटनीति के जरिये जीत अपने हक में करना हो।

उनकी खास बात ये थी कि उनमें कुछ भी सीखने की इच्छा हमेंशा से रही थी। लिहाजा, उन्होंने मुगलों की युद्ध तकनीक को सीखने से कभी परहेज नहीं किया।

उन्होंने मुगल युद्ध तकनीकों से सबक लेते हुए रिश्वत देकर अपने हक में फैसला करवाना भी सीखा। उन्होंने दुश्मन शिविर के कमांडरों को रिश्वत देने जैसी रणनीति भी अपनाई।

1707 में औरंगजेब की मौत मुगल साम्राज्य के लिए एक बड़ा झटका थी। जिसके बाद मुगलों ने मराठों की एकता पर वार करने का फैसला लिया। अपनी इस रणनीति के तहत उन्होंने संभाजी के बेटे शाहू को रिहा कर दिया।

अब शाहू ने रिहा होकर मराठा की सत्ता पर अपना एक बार फिर अधिकार जताया। शुरुआत में, रानी तारा ने उनके अधिकार को मानने से मना कर दिया। बाद में, बाकी लोगों की दबाव की वजह से उन्हें शाहू को राजा के तौर पर स्वीकारना पड़ा।

दरअसल, रानी तारा के शासन को अस्थायी माना गया, जिसमें वो सिर्फ रिक्त स्थान की पूर्ति के तौर पर ही विराजमान थीं।

साल 1709 में, रानी तारा ने अपना कोर्ट स्थापित किया। आगे चलकर, राजाराम की दूसरी विधवा राजसाबाई और उनके बेटे संभाजी द्वितीय ने रानी और उनके बेटे को जेल में दाल दिया। जहाँ 1726 में शिवाजी द्वितीय की मृत्यु हो गई। दरअसल, राजसा अपने बेटे को राजगद्दी पर बिठाना चाहती थीं।

रानी तारा ने एक बार फिर शाहू के साथ अपने रिश्ते सुधार लिए। महाराज शाहू ने उन्हें सतारा में रहने की अनुमति दे दी। जिसके लिए उन्होंने एक शर्त रखी कि वो किसी भी राजनीतिक मामले में हस्तक्षेप नहीं करेंगी।

कुछ समय बाद, जब महाराज शाहू बीमार पड़ गए तब उनके उत्तराधिकारी का प्रश्न उठा। चूँकि, संभाजी द्वितीय ने महाराज शाहू का विरोध किया हुआ था। उन्हें सत्ता देने का कोई सवाल नहीं उठता था। इस समय ताराबाई ने एक खुलासा करके सबको चौंका दिया।

उन्होंने बताया कि उनका पोता अभी भी जिंदा है। दुश्मनों के डर की वजह से उन्होंने उसे छिपा कर रखा हुआ था। उनके उस पोते का पालन-पोषण एक सैनिक के परिवार ने किया था। जिसके बाद 1749 में महाराज शाहू ने उन्हें अपना उत्तराधिकारी घोषित कर दिया।

इस तरह से वह रानी की मदद से मराठा साम्राज्य के सत्ताधारी बन गए। वह जल्दी ही पेशवाओं के करीब हो गए, खासकर कि नाना साहब के इस दौरान वह रानी की बात मानने से इनकार करने लगे। जिस पर तारा ने उन्हें जेल में डलवा दिया और कहा कि ये उनका पोता नहीं है।

ये कोई बहुरूपिया है, उन्हें छला गया है। आगे चलकर, तारा के खिलाफ सतारा में विद्रोह शुरू हो गया। जिसे उन्होंने जल्द ही कुचल दिया।

उच्च रैंकिंग अधिकारियों के बीच समर्थन हासिल करने में असमर्थ होने की वजह से, उन्होंने अंततः पेशवों के साथ पारस्परिक शांति की शपथ ली।

सन 1761 में, 86 वर्ष की आयु में उनकी मृत्यु हो गयी. उन्होंने शिवाजी की विरासत को जिन्दा रखने में अहम भूमिका निभायी थी। जरा सोचिये, जिस समय राजाराम की मृत्यु हुई, अगर उस वक्त उन्होंने उस रिक्त स्थान की पूर्ति ना की होती तो भारत का इतिहास कुछ और ही होता।

ताराबाई भोंसले की मृत्यु 1761 में महाराष्ट्र के सतारा के किले में हुई थी। उन्होंने लगभग 85-86 वर्षों का जीवन जिया जिसमें कई सारे उतार-चढ़ाव देखे।

उन्होंने दुविधा के समय में मराठा साम्राज्य को अपने हाथों में ले करके उसे पतन से बचाया। पति राजाराम प्रथम की कम उम्र में ही मृत्यु हो जाने पर भी उन्होंने हिम्मत नहीं हारी।

उनके अंतिम जीवन में कुछ असामान्य घटना घटित हुई थी। उन्होंने राजाराम द्वितीय को पहले अपना पोता माना तथा बाद में उसे पहचानने से इंकार कर दिया। इस तरह की घटनाएँ हमें असमंजस में डाल देती हैं।

ताराबाई ने 1700 लेकर 1707 तक मराठा साम्राज्य की बागडोर संभाली जो कि उनका एक महानतम कार्य था क्योंकि उस समय मुगल मराठा साम्राज्य को खत्म करना चाहते थे परंतु ताराबाई ने अपने कार्य से शासन की नियम को मजबूत बनाए रखा।

वीरंगना छत्राणी हाडी रानी

राणां रतन सिंह स्वयं की शादी एक सप्ताह पूरा नहीं हुआ था और राजसिंह और चारुमती की शादी में ओरंगजेब कोई बाधा उत्पन्न न कर दे शादी को महज एक सप्ताह हुआ था। न हाथों की मेंहंदी छूटी थी और न ही पैरों का आलता। सुबह का समय था। हाड़ा सरदार गहरी नींद में थे। रानी सज धजकर राजा को जगाने आई। उनकी आँखों में नींद की खुमारी साफ झलक रही थी। रानी ने हँसी ठिठोली से उन्हें जगाना चाहा। इस बीच दरबान आकर वहाँ खड़ा हो गया। राजा का ध्यान न जाने पर रानी ने कहा, महाराणा का दूत काफी देर से खड़ा है। वह ठाकुर से तुरंत मिलना चाहते हैं। आपके लिए कोई आवश्यक पत्र लाया है उसे अभी देना जरूरी है। असमय में दूत के आगमन का समाचार। ठाकुर हक्का बक्का रह गया। वे सोचने लगे कि अवश्य कोई विशेष बात होगी। राणा को पता है कि वह अभी ही ब्याह कर के लौटे हैं। आपात की घड़ी ही हो सकती है। उसने हाड़ी रानी को अपने कक्ष में जाने को कहा, दूत को तुरंत लाकर बिठाओ। मैं नित्यकर्म से शीघ्र ही निपटकर आता हूँ, हाड़ा सरदार ने दरबान से कहां सरदार जल्दी जल्दी में निवृत्त होकर बाहर आया। सहसा बैठक में बैठे राणा के दूत पर उसकी निगाह जा पड़ी। औपचारिकता के बाद ठाकुर ने दूत से कहा, अरे शार्दूल तू। इतनी सुबह कैसे? क्या भाभी ने घर से खदेड़ दिया है? सारा मजा फिर किरकिरा कर दिया। सरदार ने फिर दूत से कहा, तेरी नई भाभी अवश्य तुम पर नाराज होकर अंदर गई होगी। नई नई है न। इसलिए बेचारी कुछ नहीं बोली। ऐसी क्या आफत आ पड़ी थी। दो दिन तो चैन की बंसी बजा लेने देते। मियां बीवी के बीच

में क्यों कबाब में हड्डी बनकर आ बैठे। अच्छा बोलो राणा ने मुझे क्यों याद किया है? वह ठहाका मारकर हँस पड़ा। दोनों में गहरी दोस्ती थी। सामान्य दिन अगर होते तो वह भी हँसी में जवाब देता। शार्दूल खुद भी बड़ा हँसोड़ था। वह हँसी मजाक के बिना एक क्षण को भी नहीं रह सकता था, लेकिन वह बड़ा गंभीर था। दोस्त हँसी छोड़ो। सचमुच बड़ी संकट की घड़ी आ गई है। मुझे भी तुरंत वापस लौटना है। यह कहकर सहसा वह चुप हो गया। अपने इस मित्र के विवाह में बाराती बनकर गया था। उसके चेहरे पर छाई गंभीरता की रेखाओं को देखकर हाड़ा सरदार का मन आशंकित हो उठा। सचमुच कुछ अनहोनी तो नहीं हो गयीं है। दूत संकोच कर रहा था कि इस समय राणा की चिट्ठी वह मित्र को दे या नहीं। हाड़ा सरदार को तुरंत युद्ध के लिए प्रस्थान करने का निर्देश लेकर वह लाया था। उसे मित्र के शब्द स्मरण हो रहे थे। हाड़ा के पैरों के नाखूनों में लगे महावर की लाली के निशान अभी भी वैसे के वैसे ही उभरे हुए थे। नव विवाहित हाड़ी रानी के हाथों की मेंहदी भी तो अभी सूखी न होगी। पति-पत्नी ने एक दूसरे को ठीक से देखा पहचाना नहीं होगा। कितना दुखदायी होगा उनका बिछोह? यह स्मरण करते ही वह सिहर उठा। पता नहीं युद्ध में क्या हो? वैसे तो राजपूत मृत्यु को खिलौना ही समझता हैं। अंत में जी कड़ा करके उसने हाड़ा सरदार के हाथों में राणा राजसिंह का पत्र थमा दिया। राणा का उसके लिए संदेश था।

वीरवर। अविलंब अपनी सैन्य टुकड़ी को लेकर औरंगजेब की सेना को रोको। मुसलमान सेना उसकी सहायता को आगे बढ़ रही है। इस समय औरंगजेब को में घेरे हुए हूँ। उसकी सहायता को बढ़ रही फौज को कुछ समय के लिए उलझाकर रखना है ताकि वह शीघ्र ही आगे न बढ़ सके तब तक में पूरा काम निपट लेता हूँ। तुम इस कार्य को बड़ी कुशलता से कर सकते हो। यद्यपि यह बड़ा खतरनाक है। जान की बाजी भी लगानी पड़ सकती है। मुझे तुम पर भरोसा है। हाड़ा सरदार के लिए यह परीक्षा की घड़ी थी। एक ओर मुगलों की विपुल सेना और उसकी सैनिक टुकड़ी अति अल्प है। राणा राजसिंह ने मेवाड़ के छीने हुए क्षेत्रों को मुगलों के चंगुल से मुक्त करा लिया था। औरंगजेब के पिता शाहजहाँ ने अपनी एड़ी चोटी की ताकत

लगा दी थी। वह चुप होकर बैठ गया था। अब शासन की बागडोर औरंगजेब के हाथों में आई थी। राणा से चारुमती के विवाह ने उसकी द्वेष भावना को और भी भड़का दिया था। इसी बीच में एक बात और हो गयीं थी जिसने राजसिंह और औरंगजेब को आमने सामने लाकर खड़ा कर दिया था। यह संपूर्ण हिन्दू जाति का अपमान था। इस्लाम को कुबूल करो या हिन्दू बने रहने का दंड भरो। यही कह कर हिन्दुओं पर उसने जजिया कर लगाया था। राणा राजसिंह ने इसका विरोध किया था। उनका मन भी इसे सहन नहीं कर रहा था। इसका परिणाम यह हुआ कई अन्य हिन्दू राजाओं ने उसे अपने यहाँ लागू करने में आनाकानी की। उनका साहस बढ़ गया था। गुलामी की जंजीरों को तोड़ फेंकने की अग्नि जो मंद पड़ गयीं थी फिर से प्रज्ज्वलित हो गई थी। दक्षिण में शिवाजी, बुंदेलखंड में छत्रसाल, पंजाब में गुरु गोविंद सिंह, मारवाड़ में राठौड़ वीर दुर्गादास मुगल सल्तनत के विरुद्ध उठ खड़े हुए थे। यहाँ तक कि आमेर के मिर्जा राजा जयसिंह और मारवाड़ के जसवंत सिंह जो मुगल सल्तनत के दो प्रमुख स्तंभ थे। उनमें भी स्वतंत्रता प्रेमियों के प्रति सहानुभूति उत्पन्न हो गई थी। मुगल बादशाह ने एक बड़ी सेना लेकर मेवाड़ पर आक्रमण कर दिया था। राणा राजसिंह ने सेना के तीन भाग किए थे। मुगल सेना के अरावली में न घुसने देने का दायित्व अपने बेटे जयसिंह को सौपा था। अजमेर की ओर से बादशाह को मिलने वाली सहायता को रोकने का काम दूसरे बेटे भीम सिंह का था। वे स्वयं और दुर्गादास राठौड़ के साथ औरंगजेब की सेना पर टूट पड़े थे। सभी मोर्चों पर उन्हें विजय प्राप्त हुई थी। बादशाह औरंगजेब की बड़ी प्रिय कॉकेशियन बेगम बंदी बना ली गयीं थी। बड़ी कठिनाई से किसी प्रकार औरंगजेब प्राण बचाकर निकल सका था।

मेवाड़ के महाराणा की यह जीत ऐसी थी कि उनके जीवन काल में फिर कभी औरंगजेब उनके विरुद्ध सिर न उठा सका था।

लेकिन क्या इस विजय का श्रेय केवल राणा को था या किसी और को? हाड़ा रानी और हाड़ा सरदार को किसी भी प्रकार से गम नहीं था। मुगल बादशाह जब चारों ओर राजपूतों से घिर गए। उसकी जान के भी लाले पड़े थे। उसका बचकर निकलना मुश्किल हो गया था तब उसने दिल्ली से अपनी

सहायता के लिए अतिरिक्त सेना बुलवाई थी। राणा को यह पहले ही ज्ञात हो चुका था। उन्होंने मुगल सेना के मार्ग में अवरोध उत्पन्न करन के लिए हाड़ा सरदार को पत्र लिखा था। वही संदेश लेकर शार्दूल सिंह मित्र के पास पहुँचा था। एक क्षण का भी विलंब न करते हुए हाड़ा सरदार ने अपने सैनिकों को कूच करने का आदेश दे दिया था। अब वह पत्नी से अंतिम विदाई लेने के लिए उसके पास पहुँचा था।

केसरिया बाना पहने युद्ध वेष में सजे पति को देखकर हाड़ी रानी चौंक पड़ी वह अचंभित थी। कहाँ चले स्वामी? इतनी जल्दी। अभी तो आप कह रहे थे कि चार छह महीनों के लिए युद्ध से फुरसत मिली है आराम से कटेगी यह क्या? आश्चर्य मिश्रित शब्दों में हाड़ी रानी पति से बोली। प्रिय। पति के शौर्य और पराक्रम को परखने के लिए लिए ही तो क्षत्राणियां इसी दिन की प्रतीक्षा करती है। वह शुभ घड़ी अभी ही आ गईं देश के शत्रुओं से दो-दो हाथ होने का अवसर मिला है। मुझे यहाँ से अविलंब निकलना है। हँसते-हँसते विदा दो। पता नहीं फिर कभी भेंट हो या न हो हाड़ा सरदार ने मुस्करा कर पत्नी से कहाँ हाड़ा सरदार का मन आशंकित था। सचमुच ही यदि न लौटा तो मेरी इस अर्धांगिनी का क्या होगा? एक ओर कर्तव्य और दूसरी ओर था पत्नी का मोह। इसी अन्तःद्वंद में उसका मन फंसा था। उसने पत्नी को राणा राजसिंह के पत्र के संबंध में पूरी बात विस्तार से बता दी थी। विदाई माँगते समय पति का गला भर आया है यह हाड़ी रानी की तेज आँखों से छिपा न रह सका। यद्यपि हाड़ा सरदार ने उसे भरसक छिपाने की कोशिश की। हताश मन व्यक्ति को विजय से दूर ले जाता है। उस वीर बाला को यह समझते देर न लगी कि पति रणभूमि में तो जा रहा है पर मोहग्रस्त होकर। पति विजयश्री प्राप्त करें इसके लिए उसने कर्तव्य की वेदी पर अपने मोह की बलि दे दी। वह पति से बोली स्वामी जरा ठहरिए। में अभी आई। वह दौड़ी-दौड़ी अंदर गयीं। आरती का थाल सजाया। पति के मस्तक पर टीका लगाया, उसकी आरती उतारी। वह पति से बोली। मैं धन्य हो गयीं, ऐसा वीर पति पाकर। हमारा आपका तो जन्म जन्मांतर का साथ है। राजपूत रमनियाँ इसी दिन के लिए तो लिए तो पुत्र को जन्म देती हैं आप जाएँ स्वामी। में विजय माला लिए

द्वार पर आपकी प्रतीक्षा करूँगी। उसने अपने नेत्रों में उमड़ते हुए आँसुओं को पी लिया था। पति को दुर्बल नहीं करना चाहती थी। चलते-चलते पति उससे बोला प्रिये। में तुमको कोई सुख न दे सका, बस इसका ही दुख है मुझे भूल तो नहीं जाओगी? यदि में न रहा तो ...। उसके वाक्य पूरे भी न हो पाए थे कि हाड़ी रानी ने उसके मुख पर हथेली रख दी। न न स्वामी। ऐसी अशुभ बातें न बोलों। में वीर राजपूतनी हूँ, फिर वीर की पत्नी भी हूँ। अपना अंतिम धर्म अच्छी तरह जानती हूँ आप निश्चित होकर प्रस्थान करें। देश के शत्रुओं के दाँत खट्टे करें। यही मेरी प्रार्थना है। हाड़ा सरदार ने घोड़े को ऐड़ लगायी। रानी उसे एकटक निहारती रहीं जब तक वह आँखों से ओझल न हो गया। उसके मन में दुर्बलता का जो तूफान छिपा था जिसे अभी तक उसने बरबस रोक रखा था वह आँखों से बह निकला। हाड़ा सरदार अपनी सेना के साथ हवा से बातें करता उड़ा जा रहा था। किन्तु उसके मन में रह रह कर आ रहा था कि कही सचमुच मेरी पत्नी मुझे बिसार न दें? वह मन को समझाता पर उसक ध्यान उधर ही चला जाता। अंत में उससे रहा न गया। उसने आधे मार्ग से अपने विश्वस्त सैनिक को रानी के पास भेजा। उसकों फिर से स्मरण कराया था कि मुझे भूलना मत। में जरूर लौटूंगा। संदेश वाहक को आश्वस्त कर रानी ने लौटाया। दूसरे दिन एक और वाहक आया। फिर वही बात। तीसरे दिन फिर एक आया। इस बार वह पत्नी के नाम सरदार का पत्र लाया था। प्रिय में यहाँ शत्रुओं से लोहा ले रहा हूँ। अंगद के समान पैर जमाकर उनको रोक दिया है। मजाल है कि वे जरा भी आगे बढ़ जाएँ। यह तो तुम्हारे रक्षा कवच का प्रताप है। पर तुम्हारी बड़ी याद आ रही है। पत्र वाहक द्वारा कोई अपनी प्रिय निशानी अवश्य भेज देना। उसे ही देखकर में मन को हल्का कर लिया करूँगा। हाड़ी रानी पत्र को पढ़कर सोच में पड़ गयीं। युद्धरत पति का मन यदि मेरी याद में ही रमा रहा उनके नेत्रों के सामने यदि मेरा ही मुखड़ा घूमता रहा तो वह शत्रुओं से कैसे लड़ेंगे। विजय श्री का वरण कैसे करेंगे? उसके मन में एक विचार कौंधा। वह सैनिक से बोली वीर? मैं तुम्हें अपनी अंतिम निशान दे रही हूँ। इसे ले जाकर उन्हें दे देना। थाल में सजाकर सुंदर वस्त्र से ढककर अपने वीर सेनापति के पास पहुँचा देना। किन्तु इसे कोई और

न देखे। वे ही खोल कर देखें। साथ में मेरा यह पत्र भी दे देना। हाड़ी रानी के पत्र में लिखा था प्रिय। में तुम्हें अपनी अंतिम निशानी भेज रही हूँ। तुम्हारे मोह के सभी बंधनों को काट रही हूँ। अब बेफ्रिक होकर अपने कर्तव्य का पालन करें में तो चली... स्वर्ग में तुम्हारी बाट जोहूँगी। पलक झपकते ही हाड़ी रानी ने अपने कमर से तलवार निकाल, एक झटके में अपने सिर को उड़ा दिया। वह धरती पर लुढ़क पड़ा। सिपाही के नेत्रो से अश्रुधारा बह निकली। कर्तव्य कर्म कठोर होता है सैनिक ने स्वर्ण थाल में हाड़ी रानी के कटे सिर को सजाया। सुहाग के चूनर से उसको ढका। भारी मन से युद्ध भूमि की ओर दौड़ पड़ा। उसको देखकर हाड़ा सरदार स्तब्ध रह गया उसे समझ में न आया कि उसके नेत्रों से अश्रुधारा क्यों बह रही है? धीरे-से वह बोला क्यों यदुसिंह। रानी की निशानी ले आए? यदु ने कांपते हाथों से थाल उसकी ओर बढ़ा दिया। हाड़ा सरदार फटी आँखों से पत्नी का सिर देखता रह गया। उसके मुख से केवल इतना निकला उफ् हाय रानी। तुमने यह क्या कर डाला। संदेही पति को इतनी बड़ी सजा दे डाली खैर। मैं भी तुमसे मिलने आ रहा हूँ।

हाड़ा सरदार के मोह के सारे बंधन टूट चुके थे। वह शत्रु पर टूट पड़ा। इतना अप्रतिम शौर्य दिखाया था कि उसकी मिसाल मिलना बड़ा कठिन है। जीवन की आखिरी साँस तक वह लड़ता रहा। औरंगजेब की सहायक सेना को उसने आगे नहीं ही बढ़ने दिया, जब तक मुगल बादशाह मैंदान छोड़कर भाग नहीं गया था। इस विजय को श्रेय किसको? राणा राजसिंहि को या हाड़ा सरदार को। हाड़ी रानी को अथवा उसकी इस अनोखी निशानी को?

यह कहानी है मेवाड़ की कहानी है राजस्थान की और एक रानी के ऐसे बलिदान की, जिसकी कल्पना भी नहीं की जा सकती है। जिनके बलिदान के किस्से इतिहास के पन्नों में स्वर्ण अक्षरों में अंकित हैं। उन्होंने अपनी मातृभूमि के खातिर अपना सिर कलम करने से पहले एक बार भी नहीं सोचा और खुशी-खुशी अपनी बलि चढ़ा दी।

हाड़ी रानी के बलिदान की कहानी सुनकर लोगों का मन विचलित हो जाता है। उन्होंने मेंवाड़ के लिए जो किया उसे आज भी याद किया जाता है

और लोग उनकी पूजा करते हैं। उनके महल में आज भी लोग उनकी वीरगाथा को महसूस कर सकते हैं।

अमृता देवी विश्नोई

अमृता देवी का बलिदान

वर्तमान में वृक्षारोपण और वृक्षों की सुरक्षा के लिए बड़ी योजनाएँ लागू की जा रही हैं। इन्हीं वृक्षों को बचाने के लिए आज से लगभग 300 वर्ष पूर्व मारवाड़ के खेजड़ली गाँव में एक घटना घटित हुई। जोधपुर के महाराजा अभयसिंह को अपने नये महल के लिए लकड़ी की जरुरत थी। भाद्रपद शुक्ल दशमी वि.संवत 1787 के दिन महाराजा ने खेजड़ली ग्राम में खेजड़ी के वृक्ष काटने के लिए सैनिक टुकड़ी भेजी।

इस गाँव की एक महिला अमृता देवी विश्नोई ने खेजड़ी वृक्ष काटने का विरोध किया और पेड़ से लिपट गई। उसके साथ उनकी तीन पुत्रियाँ भी थी। अमृता देवी ने कहा कि वृक्ष की रक्षा के लिए वह अपनी जान देने को भी तैयार है। उसने यह कहते हुए सिर आगे कर दिया कि "सर काटे रुख रहे तो भी सस्तो जाण"

सिर के बदले वृक्ष बचता है तो भी सस्ता सौदा है। उसकी तीनों पुत्रियाँ की भी यही स्थति रही। महाराजा के सैनिकों ने विरोध करने पर अमृता देवी व उसकी पुत्रियों के सिर धड़ से अलग कर दिये। उस दिन मंगलवार था जो कि काला मंगलवार के नाम से जाना जाता है। महाराजा ने सैनिकों के द्वारा वृक्ष काटने के विरोध में 363 अन्य विश्नोई भी महाराजा के सैनिकों के हाथों से इसी तरह मारे गये। विश्नोई धर्म में वृक्ष काटना निषिद्ध है।

इस घटना से वातावरण उत्तेजित हो गया और वहाँ उपद्रव की स्थति हो गई। गिरधरदास भंडारी के नेतृत्व में वृक्ष काटने वाली पार्टी को भी इससे गहरा

आघात लगा। वे अपना मिशन छोड़कर जोधपुर आ गये और महाराजा को पूरा घटनाक्रम बताया। महाराजा ने तुरंत वृक्ष रोकने का आदेश दिया और इस क्षेत्र को वृक्ष व जानवरों के लिए संरक्षित घोषित कर दिया।

खेजड़ली गाँव आज भी पर्यावरण प्रेमियों के लिए तीर्थ स्थल है यहाँ अमृता देवी और सभी 363 का स्मारक बना हैं। विश्नोई समाज की एक टोली जो विश्नोई टाइगर फोर्स के नाम से जाती हैं वन्य जीवों के संरक्षण की दिशा में कार्य कर रही हैं।

खेजड़ी वृक्ष की रक्षा के लिए सामूहिक रूप से अपने प्राणों की बलि देना विश्व में यह अनूठी घटना है। खेजड़ली गाँव में अमृता देवी व शहीदों की स्मृति में अब एक स्मारक बना हुआ है। विश्नोई जाति के लोग हिरणों को भी इसी तरह से रक्षा करते है। वर्ष 1978 से खेजडली दिवस मनाया जाता हैं तथा भादवा दशमी को हर साल खेजड़ली का मेंला अमृता बाई की स्मृति में लगता हैं। भारत सरकार द्वारा वन्य जीव संरक्षण के लिए अमृता देवी बिश्नोई पुरस्कार देती हैं।

रानी वेलू नचियार

1857 की क्रांति को भारत के पहले स्वतंत्रता संग्राम के रूप में जाना जाता है। इतिहास में ये क्रांति इसी नाम से दर्ज है। भारतीय इतिहास में ऐसे कई राजा और सम्राट हुए हैं जिन्होंने स्वतंत्रता संग्राम के दौरान विदेशी ताकतों को यहाँ की मिट्टी पर आसानी से पांव नहीं जमाने दिए। भारतीय इतिहास में राजा-रजवाड़ों, सम्राटों पर कई कहानियां प्रचलित हैं। लेकिन रानियों पर कम ही बात होती है। अगर होती भी है तो नाम मात्र।

जबकि सच तो ये है कि भारत भूमि पर अनेक वीरांगनाओं ने जन्म लिया और इसकी रक्षा के लिए हँसते-हँसते अपने प्राणों की आहुति दे दी। रानी वेलू नचियार ऐसी ही एक वीर रानी थीं। जिनके बारे में कहा जाता है कि उन्होंने रानी लक्ष्मीबाई से बहुत पहले अंग्रेजों के छक्के छुड़ाए थे।

रानी वेलू नचियार तमिलनाडु के शिवगंगई क्षेत्र की धरती पर जन्मीं और अंग्रेजों से युद्ध में जीतने वाली पहली रानी थी। उन्होंने झांसी की रानी लक्ष्मीबाई से काफी पहले अंग्रेजों से लोहा लिया और उनको नाकों चने चबवा दिए। तमिल उन्हें वीरमंगाई (बहादुर महिला) कहकर बुलाते हैं। मीडिया रिपोर्ट के अनुसार, 3 जनवरी, 1730 को उनका जन्म रामनाड साम्राज्य के राजा चेल्लमुत्थू विजयरागुनाथ सेथुपति और रानी स्कांधीमुत्थल के घर उनका जन्म हुआ।

रानी वेलू को किसी राजकुमार की तरह ही युद्ध कलाओं, घुड़सवारी, तीरंदाजी और विभिन्न प्रकार के अस्त्र-शस्त्रों का प्रशिक्षण दिया गया। इसके अलावा उन्हें अंग्रेजी, फ्रेंच और उर्दू जैसी कई भाषाएं भी सिखाई गईं।

1746 में, जब वेलू नचियार 16 साल की हुईं तब उनका विवाह शिवगंगा राजा के साथ कर दिया गया। दोनों की एक पुत्री हुई, जिसका नाम वेल्लाची रखा गया। लगभग 2 दशकों तक शांति से राज करने के बाद अंग्रेजों की नजर इस राज्य पर पड़ी।

शिवगंगा पर अंग्रेजों का आक्रमण

1772 में ईस्ट इंडिया कंपनी की अंग्रेज सेना और अरकोट के नवाब की सेनाओं ने मिलकर शिवगंगई पर आक्रमण किया। कलैयार कोली युद्ध नाम से इस युद्ध में वेलू नचियार के पति और कई अन्य सैनिक मारे गए। ये उस समय के सबसे विध्वंसक युद्धों में से एक थे। अंग्रेजी सेना ने किसी को नहीं बख्शा, बच्चे, बूढ़े और महिलाएँ सभी को मौत के घाट उतार दिया गया। वेलू नचियार और उनकी पुत्री सकुशल बच निकलने में कामयाब हुईं।

वेलू नचियार, उनकी पुत्री वेल्लाची शिवगंगा के मारुतू भाइयों और कुछ अन्य लोगों की सहायता से ही तमिलनाडु के डिंडिगुल के यहाँ आकर रहने लगे। यहाँ रहकर रानी ने अंग्रेजों से अपना राज्य वापस लेने की योजनाएं बनाई और कई शासकों के साथ मैत्री बढ़ाई।

मैसूर के हैदर अली से मुलाकात

मैं छपे एक लेख की मानें तो रानी वेलू किसी भी कीमत पर अंग्रेजों को अपनी मिट्टी से खदेड़ने पर आमादा थीं। डिंडिगुल में रहने के दौरान ही उनकी मुलाकात मैसूर के शासक हैदर अली से हुई। रानी वेलू ने उर्दू में बात चीत करके और अपने साहस का परिचय देकर हैदर अली को चौंका दिया।

हैदर अली ने भी रानी की अंग्रेजों से युद्ध करने में हर संभव मदद करने का वादा किया। हैदर अली ने रानी वेलू को अपनी दोस्ती का सुबूत देने के लिए अपने महल के अंदर एक मंदिर भी बनवाया। सुल्तान हैदर अली ने उन्हें डिंडिगुल किले में उनका अतिथि बन रहने के लिए निमंत्रण भेजा। हैदर अली ने रानी को 400 पौंड और 5000 सैनिक देकर मदद भी की। रानी वेलू नचियार धीरे-धीरे अपनी सेना इकट्ठा करने लगीं।

नवाब के कहने पर शिवगंगा लौटीं

अरकोट का नवाब चैन की साँस नहीं ले पा रहा था। The Logical Indian के एक लेख के मुताबिक, उसके विरोधी बढ़ते जा रहे थे और ये एक बहुत बड़ी चिंता का विषय था. उसने रानी वेलू नचियार, मारुतू भाइयों को शिवगंगा लौटकर राज करने का न्यौता दिया बशर्ते वे नवाब को एक तय रकम चुकाएँ। रानी वेलू अपनी बेटी और मारुतू भाइयों के साथ शिवगंगा लौट आईं और 1780 में रानी वेलू नचियार बनकर अपने पति की जगह शासन करने लगीं. मारुतू भाइयों के वेल्लू मारुतू सेनापति बने और चिन्ना मारुतू मंत्री।

अंग्रेजों के खिलाफ छेड़ दिया युद्ध

1780 में ही रानी वेलू नचियार और अंग्रेजी सेना का आमना-सामना हुआ। एक लेख के अनुसार, रानी वेलू को अंग्रेजों का गोला-बारूद कहाँ रखा है इसकी खबर लग गई।

रानी वेलू ने इतिहास में दर्ज पहला सुसाइड बम हमला करने की योजना बनाई। रानी की सेना की कमांडर और उनकी वफादार ने इस योजना के लिए खुद की बलिदान देने के लिए आगे बढ़ीं। सेना कंमाडर कुइली ने खुद पर घी डाला, आग लगाई और अंग्रेजों के गोला-बारूद और हथियार घर में कूद पड़ीं। इस तरह वीर कुइली ने अंग्रेजों की सेना को कमजोर कर दिया और वीरगति प्राप्त की। कुइली को इतिहास का पहला सुसाइड बम हमलावर भी माना जाता है।

कुइली को बहुत से इतिहासकार रानी वेलू की गोद ली हुई पुत्री भी कहते हैं। रानी की एक और गोद ली हुई पुत्री थी, उदइयाल एक दूसरे हमले में उदइयाल ने खुद का बलिदान देकर अंग्रेजों का शस्त्रघर नष्ट किया। रानी ने उसकी स्मृति में उसके नाम से महिलाओं की एक सैन्य टुकड़ी बनाई।

अंग्रेजों को बहादुरी से मार भगाया

रानी ने कुशल रणनीति, युद्ध कलाओं से बहुत-से लोगों के अंदर वतनपरस्ती की भावना भर दी। अंग्रेजों को शिवगंगा छोड़ कर भागना पड़ा और उन्होंने दोबारा इस राज्य की तरफ आँख उठाकर नहीं देखा। रानी नचियार ने

लगभग एक दशक तक शिवगंगा पर राज किया और अपनी बेटी को उत्तराधिकारी घोषित किया। हैदर अली और रानी के बीच मित्रता के संबंध बने रहे। रानी वेलू, हैदर अली के बेटे टीपू सुल्तान को भाई की तरह स्नेह करती थीं।

1796 में रानी नचियार का निधन हो गया. लेकिन रानी ने अंग्रेजों के विरुद्ध शिवगंगा और तमिल वासियों में देशप्रेम की जो लौ जगाई थी वो जलती रही। 31 दिसंबर, 2008 को रानी के सम्मान में भारतीय पोस्ट ने डाक टिकट जारी किया। 3 जनवरी को हर साल रानी वेलू नचियार की जयंती के रूप में मनाया जाता है।

अहिल्याबाई होल्कर (होलकर)

नारी शक्ति कितनी महान होती है, वह अपने जीवन में क्या कर सकती है इसका उदाहरण अहिल्या बाई होल्कर की जीवनी पढ़ने के बाद आपको मिल जाएगा। जीवन में परेशानियाँ कितनी भी हो, उनसे कैसे निपटना है यह हमें अहिल्या बाई के जीवन से सीखना चाहिए। अपने जीवन काल में अहिल्या बाई होल्कर ने बहुत परेशानियों का सामना किया है लेकिन उन्होंने कभी हार नहीं मानी, यही वजह है की भारत सरकार ने भी उनको सम्मानित किया, उनके नाम डाक टिकट भी जारी हुआ और आज अहिल्या बाई के नाम से अवार्ड भी दिया जाता है।

अहिल्याबाई होल्कर का जन्म महाराष्ट्र के एक छोटे से गाँव चौंढी में हुआ 31 मई 1725 ई. में हुआ था। इनके पिता का नाम मान्कोजी शिंदे एंव माता का नाम सुशीला शिंदे था। मान्कोजी बहुत ही विद्वान पुरुष थे यही कारण है कि उन्होंने अहिल्याबाई को हमेंशा आगे बढने के लिए प्रेरणा दी। उन्होंने अहिल्याबाई को बचपन में ही शिक्षा देना शुरू कर दिया था आपको जानकर हैरानी होगी की उस समय महिलाओं/स्त्रियों को शिक्षा नहीं दी जाती थी लेकिन मान्कोजी ने अपनी बेटी को शिक्षा भी दी और अच्छे संस्कार भी, घर में पली-बढ़ी अहिल्याबाई बचपन में ही दयाभाव वाली थी। उनकी दयाभाव और आकर्षक छवि ही उनके जीवन को इतनी आकर्षक बनाती है।

अहिल्याबाई बचपन में बहुत चंचल और समझदार थी, ऐसे में उनकी शादी बचपन में ही खण्डेराव होलकर के साथ करवा दी गई। उनका विवाह उनकी चंचलता और उनके दया भाव के कारण ही खण्डेराव होलकर के साथ

हुई थी। कहते है की एक बार राजा मल्हार राव होल्कर पुणे जा रहे थे और उन्होंने चौंढी गाँव में विश्राम किया, उस समय अहिल्याबाई गरीबों की मदद कर रही थी। उनका प्रेम और दयाभाव देखकर मल्हार राव होल्कर ने उनके पिता मान्कोजी से अपने बेटे खण्डेराव होलकर के लिए अहिल्याबाई का हाथ माँग लिया था।

उस समय अहिल्याबाई की उम्र महज 8 वर्ष थी, वह 8 वर्ष की आयु में मराठा की रानी बन गई थी। खण्डेराव होलकर उग्र स्वभाव के थे लेकिन, अहिल्याबाई ने उन्हें एक अच्छे योद्धा बनने के लिए प्रेरित किया। चूँकि खण्डेराव होलकर भी बहुत छोटे थे और उन्हें अपनी उम्र के अनुसार ज्ञान प्राप्त नहीं था तो उनके विकास में भी अहिल्याबाई का अहम योगदान रहा।

अहिल्याबाई की शादी के 10 साल बाद यानि 1745 में उन्होंने मालेराव के रूप में पुत्र को जन्म दिया। पुत्र के जन्म के तीन साल बाद यानी 1748 में उन्होंने मुक्ताबाई नाम की पुत्री को जन्म दिया। अहिल्याबाई हमेशा अपने पति को राज कार्य में साथ दिया करती थी।

अहिल्याबाई के जीवन में परेशानियाँ

अहिल्याबाई होल्कर का जीवन काफी सुखमय व्यतीत हो रहा था लेकिन 1754 में उनके पति खण्डेराव होलकर का देहांत होने कारण वो टूट गई थी। उनके गुजर जाने के बाद अहिल्या बाई ने संत बनने का विचार किया, जैसे ही उनके इस फैसले का पता मल्हार राव यानि उनके ससुर को चला तो उन्होंने अहिल्याबाई को अपना फैसला बदलने और अपने राज्य की दुहाई देकर उन्हें संत बनने से रोका।

ससुर की बात मानकर अहिल्याबाई ने फिर से अपने राज्य के प्रति सोचते हुए आगे बढ़ी, लेकिन उनकी परेशानियाँ और उनके दु:ख कम होने वाले नहीं थे। 1766 में उनके ससुर और 1767 में उनके बेटे मालेराव की मृत्यु हो गई। अपने पति, बेटे और ससुर को खोने के बाद अब अहिल्याबाई अकेली रह गई थी और राज्य का कार्यभार अब उनके उपर था। राज्य को एक विकसित राज्य बनाने के लिए उन्होंने अथक प्रयास किये। उनके जीवन में अनेक परेशानियाँ उस समय भी उनका इंतजार कर रही थी।

अहिल्याबाई होलकर योगदान, भारत के लिए भूमिका

अहिल्याबाई होल्कर को आज देवी के रूप में पूजा जाता है, लोग उन्हें देवी का अवतार मानते है। उन्होंने अपने कार्यकाल में भारत के लिए अनेक ऐसे कार्य किये जिनके बारें में कोई राजा भी नहीं सोच सकता था। उस समय उन्होंने भारत के अनेक तीर्थ स्थलों पर मंदिर बनवाएँ, वहाँ तक पहुँचने के लिए उन्होंने मार्ग निर्माण करवाया, कुँए एंव बावड़ी का निर्माण करवाया था। इसी वजह से कुछ आलोचकों ने अहिल्याबाई को अन्धविश्वासी भी कहा है।

अहिल्याबाई जब शासन में आई उस समय राजाओं द्वारा प्रजा पर अनेक अत्याचार हुआ करते थे, गरीबों को अन्न के लिए तरसाया जाता था और भूखे प्यासे रखकर उनसे काम करवाया जाता था. उस समय अहिल्याबाई ने गरीबों को अन्न देने की योजना बनाई और वह सफल भी हुई, लेकिन कुछ क्रूर राजाओं ने इसका विरोध किया. अहिल्याबाई को लोग माता की छवि मानते थे और उनके जीवनकाल में ही उन्हें देवी के रूप में पूजने लगे थे।

भारत के इंदौर शहर के लिए अहिल्याबाई का एक अलग ही लगाव था, उन्होंने इस शहर के विकास के लिए अपनी काफी पूंजी खर्च करी थी। अपने जीवन काल में ही अहिल्याबाई होलर ने इंदौर शहर को एक बहुत ही सुगम शहर के या क्षेत्र बना दिया था। यही वजह है की भाद्रपद कृष्णपक्ष की चतुर्दशी को यहाँ पर अहिल्योउत्सव मनाया जाता है।

अहिल्याबाई होल्कर से जुड़े मतभेद

अहिल्याबाई होल्कर ने अपने जीवन में हिन्दू धर्म उस समय सनातन धर्म के लिए अनेक बड़े कार्य किये। यही वजह है की कुछ आलोचकों ने उनके लिए लिखा है की वह मंदिरों के लिए अंधाधुंध पैसा दान या खर्च करती रही, उन्होंने अपनी सेना को मजबूत नहीं किया कुछ लोग उन्हें अंध विश्वास को बढ़ावा देने वाली भी कहते है। लेकिन सत्य यही है की उन्होंने अपने धर्म को अपने मान-सम्मान और राज्य से बड़ा समझा और अपने धर्म के विकास के लिए उन्होंने अपना अहम योगदान दिया।

अहिल्याबाई होल्कर की विचारधारा

अहिल्याबाई होल्कर ने हमेंशा अंधियारे को खत्म करने का प्रयास किया, उन्होंने अपने जीवन को दूसरों की भलाई के लिए समर्पित कर दिया था। एक समय था जब उन्होंने पति की मृत्यु के बाद सब कुछ त्यागने का मन बना लिया था। लेकिन उसके बाद उन्होंने अपने राज्य एंव धर्म के लिए सब कुछ न्यौछावर कर दिया।

अहिल्याबाई होल्कर जब 70 वर्ष की हुई तो उनकी अचानक तबियत बिगड़ गई और इंदौर में उनकी 13 अगस्त 1795 को उनकी मृत्यु हो गई. उनकी मृत्यु के बाद आज भी उन्हें अपने अच्छे कार्यों के कारण माता के रूप में पूजा जाता है। उन्हें देवी का अवतार कहा जाता है। उनकी मृत्यु के बाद उनके विश्वसनीय तुकोजीराव होल्कर ने शासन संभाला था।

अहिल्याबाई होल्कर भारत सरकार द्वारा सम्मान

माता अहिल्याबाई होल्कर को आज भी उनके अच्छे कार्यों की वजह से याद किया जाता है, आजादी के बाद 25 अगस्त 1996 को भारत सरकार ने अहिल्याबाई होल्कर को सम्मानित किया। उनके नाम पर डाक टिकट भी जारी किये और उनके नाम पर अवार्ड भी जारी किया गया है। भारत के अनेक राज्यों में अहिल्याबाई होल्कर की प्रतिमा आज भी मौजूद है और आज भी पाठ्यक्रम में उनके बारे में बताया जाता है।

वीरांगना रानी अवंती बाई

देश की स्वाधीनता के मार्ग को कई वीर-वीरांगनाओं ने अपने रक्त की अंतिम बूंद तक समर्पित करके सींचा है। लेकिन इन बलिदानों में वो नाम चुनिदा ही रहे है जिनके साथ इतिहासकारों ने न्याय किया और उन्हें यथोचित सम्मान दिया है। इसके बावजूद इतिहास के पन्नों में कई नाम ऐसे दिखाई पड़ते है, जिन्हें लेकर जनमानस में दूर-दूर तक कोई जानकारी नहीं है, उन्हें लेकर सम्मान तो दूर कोई उनके नाम और कार्यों से भी परिचित नहीं है। भारत के स्वर्णिम इतिहास को इस दरिद्रता से उभारकर इन गुमनाम वीर क्रांतिकारियों को उनके संघर्षों और सर्वोच्च बलिदान के सर्वोच्च सम्मान दिलाना हम सबकी जिम्मेदारी है।

यह बात उन दिनों की है जब देश के कुछ क्षेत्रों में क्रांति का शुभारम्भ हो चुका था और पूरे महाकौशल क्षेत्र में स्वाधीनता को लेकर क्रांतिकारियों की हलचलें बढ़ गईं थी।

इस बीच मध्यप्रदेश के रेवांचल क्षेत्र में रामगढ़ की रानी अवंती बाई, गढ़ पुरवा के राजा शंकरशाह और राजकुमार रघुनाथ शाह के नेतृत्व क्रांति को लेकर कई गुप्त सभाएं आयोजित की जा रही थी, जिसकी रणनीतिक रुप से सारी जिम्मेदारी रानी अवंती बाई पर थी। इन गुप्त सभाओं में एक पत्र के साथ चूड़ियों को अलग-अलग रियासतों के राजाओं जागीरदारों तक भेजा जाता था. पत्र पर संदेश होता था कि "अंग्रेजों से संघर्ष के लिए तैयार रहो या चूड़ियाँ पहनकर घर में बैठो।" आत्म स्वाभिमान को झकझोर देने वाले इस प्रयास में पत्र जहाँ एकता के लिए प्रेरित करता प्रतीत होता तो वहीं चूड़ियाँ पुरुषार्थ

जागृत करने का सशक्त माध्यम बनी. नतीजन पूरे रेवांचल में सन् 1857 की क्रांति की ज्वाला धधक उठी।

बचपन से ही करती थी तलवारबाजी और घुड़सवारी करना

रानी अवंती बाई की जीवन यात्रा के बारे में आपको बताएं तो मध्यप्रदेश में 16 अगस्त 1831 को मनकेहणी, जिला सिवनी के जमींदार राव जुझार सिंह के यहाँ इस वीर बालिका का जन्म हुआ, जुझार सिंह लोधी राजपूत समुदाय के शासक थे। रानी अवंती बाई ने अपने बचपन से ही तलवारबाजी, घुड़सवारी इत्यादि कलाएँ सीख ली थी। बाल्यकाल से ही वीर व साहसी इस वीरांगना की जैसे-जैसे आयु बढ़ती गई उनकी वीरता और शौर्य की चर्चाएँ भी बढ़ने लगी।

इसी बीच पिता जुझार सिंह ने रानी अवंती बाई के विवाह का प्रस्ताव अपने सजातीय रामगढ़, मण्डला के राजपूत राजा लक्ष्मण सिंह के पुत्र राजकुमार विक्रमादित्य सिंह के लिए भेजा जिसे उन्होंने सहर्ष स्वीकारा। विवाह के बाद रानी अवंती बाई सिवनी छोड़ रामगढ़, मंडला की कुलवधु हो गई। लेकिन विवाह के कुछ वर्षों के भीतर ही सन् 1850 में राजा लक्ष्मण सिंह का स्वर्गवास हो गया।

जिसके बाद राजकुमार विक्रमादित्य सिंह ने राजकाज संभाला. साथ में रानी अवंती बाई रामगढ़ के दुर्ग में अपने दो पुत्रों अमान सिंह और शेर सिंह के साथ सुखी जीवन व्यापन कर रहे थे। लेकिन यकायक थोड़े समयावधि के बाद ही विक्रमादित्य सिंह का स्वास्थ्य भी क्षीण होने लगा और कुछ वर्षों के भीतर ही उनकी भी मौत हो गई. अब दोनों छोटे राजकुमारों के साथ प्रजा के संरक्षण की जिम्मेदारी रानी अवंती बाई के ऊपर आ गई।

डलहौजी ने रामगढ़ को बनाया निशाना

एक ओर रामगढ़ और रानी अवंती बाई इस समय इन विषम परिस्थितियों से दो-दो हाथ कर रहे थे, तो वहीं पूरे देश में लार्ड डलहौजी हड़प नीति के जरिये तेजी से साम्राज्य विस्तार कर रहा था। उसकी कुदृष्टि अब रानी के रामगढ़ पर थी लेकिन रानी किसी भी कीमत पर अपनी स्वाधीनता का सौदा

नहीं करना चाहती थी लेकिन अपनी हड़प नीति से कानपुर, झांसी, नागपुर, सतारा समेंत कई अन्य रियासतों को हड़प चुके डलहौजी ने अब रामगढ़ को अपना निशाना बनाया और पूरी रियासत को "कोर्ट ऑफ वार्ड्स" के अधीन कर लिया। अब रामगढ़ का राजपरिवार अंग्रेजी सरकार की पेंशन पर आश्रित हो गया था। लेकिन बेबस रानी महज अपमान का घूंट पीकर सही समय की प्रतीक्षा करने लगी और यह मौका हाथ आया 1857 की क्रांति में, जब पूरा देश अंग्रेजों के खिलाफ सशस्त्र क्रांति का बिगुल फूंक चुका था।

अंग्रेजों ने तब तक भारत के अनेक भागों में अपने पैर जमा लिए थे, जिनको उखाड़ने के लिए रानी अवंती बाई ने रेवांचल में क्रांति की शुरुआत की और बतौर भारत की पहली महिला क्रांतिकारी अंग्रेजों के विरुद्ध ऐतिहासिक निर्णायक युद्धों में भाग लिया. इस बीच रानी के सहयोगी राजा शंकरशाह और राजकुमार रघुनाथ शाह को दिए गए मृत्युदण्ड ने क्रांति की इस ज्वाला को ओर भड़का दिया। कई देशभक्त राजाओं और जागीरदारों का समर्थन रानी को मिल चुका था, लिहाजा उन्होंने अंग्रेजी शासन के खिलाफ बगावत करके अपने राज्य से गोरे अधिकारियों को निकाल भगाया और राज्य की बागडोर फिर अपने हाथ में ले ली।

इसकी खबर जब बड़े गोरे अधिकारियों को लगी तो उनके पांव तले जमीन खिसक गई। रानी ने एक-एक करके मंडला, घुघरी, रामनगर, बिछिया समेंत कई रियासतों से अंग्रेजों को निकाल भगाया। लगातार युद्धों के बाद थकी हुई सेना और सशस्त्रो व संसाधनों के अभाव के बीच अंग्रेजों ने फिर दुगनी ताकत से रानी पर हमला किया. रानी इस समय मंडला पर शासन कर रही थी जहाँ से उन्हें बाहर निकलकर देवहारगढ़ की पहाड़ियों में ढेरा डालना पड़ा।

रानी के जीते दुर्गों में लूटपाट के बाद अंग्रेजी सेना ने रानी के पास आत्मसमर्पण का प्रस्ताव भेजा जिस पर माँ भारती की इस वीर बेटी की प्रतिक्रिया दी कि-"लड़ते-लड़ते बेशक मरना पड़े लेकिन अंग्रेजों के भार से बूंगी नहीं" इसके बाद अंग्रेजी सेना ने पूरी पहाड़ी को घेर कर रानी की सेना पर हमला बोल दिया। कई दिनों तक चले इस युद्ध में कई राजा गोरी सरकार

की शरण में चले गए और उनकी सेना का साथ देने लगे। रीवा का नरेश तो पहले ही उनके साथ हो गया था।

आखिरकार वह दिन आ गया जो इतिहास में रानी के शौर्य को अमर करने वाला था, 20 मार्च, 1858 का दिन था. युद्ध में कहने को रानी अवंती बाई की सेना मुट्ठी भर थी लेकिन इन वीरों ने अंग्रेजी सेना को पानी पिला दिया। इस शेरनी की सेना के कई जाबाज सैनिक घायल हो चुके थे, गोली लगने स्वयं यह भी बुरी तरह घायल हो चुकी थी। इस मौके का कायर अंग्रेजी सेना ने फायदा उठाना चाहा लेकिन वो कुछ करते इसके पहले ही वीरांगना रानी अवंती बाई ने अपने अंगरक्षक की तलवार छीनकर स्वयं की जीवन लीला समाप्त कर ली।

उन्होंने अपने सीने में तलवार भोंकते वक्त कहा की हमारी दुर्गावती ने जीते जी बैरी के हाथ से अंग न छुए जाने का प्रण लिया था। इसे न भूलना बडों. उनकी यह बात भी भविष्य के लिए अनुकरणीय बन गयी वीरांगना अवंतीबाई का अनुकरण करते हुए उनकी दासी ने भी तलवार भोकें कर अपना बलिदान दे दिया और भारत के इतिहास में इस वीरांगना अवंतीबाई ने सुनहरे अक्षरों में अपना नाम लिख दिया।

कहा जाता है की वीरांगना अवंतीबाई लोधी 1857 के स्वाधीनता संग्राम के नेताओं में अत्यधिक योग्य थीं। कहा जाए तो वीरांगना अवंतीबाई लोधी का योगदान भी उतना ही है जितना 1857 के स्वतंत्रता संग्राम में वीरांगना झाँसी की रानी लक्ष्मीबाई का था।

रानी चेन्नम्मा

रानी चेन्नम्मा का जन्म कर्नाटक के बेलगाम में 23 अक्टूबर, 1778 को हुआ। बचपन से ही चेन्नम्मा को तलवारबाजी, घुड़सवारी और युद्ध कलाओं का शौक था। राजपरिवार में जन्म होने के कारण चेन्नम्मा को अपने इन शौकों को पूरा करने का मौका भी मिला। उन्होंने इतनी शिद्दत से इन कलाओं को सीखा की, युवा होते-होते अपने युद्धकौशल की वजह से वह प्रसिद्ध हो गई।

रानी चेन्नम्मा शादी और वैधव्य

रानी चेन्नम्मा के युद्ध कौशल और योग्यता की वजह से कर्नाटक के कितुर राज्य के देसाई परिवार के राजा मल्लासर्ज से विवाह हुआ। कुछ समय सुख से बीता लेकिन इसके बाद चेन्नम्मा पर दुखों का पहाड़ टूट पड़ा। राजा मल्लासर्ज मृत्यु को प्राप्त हो गए। कुछ सयम बाद रानी चेन्नम्मा के पुत्र का भी देहांत हो गया। ऐसे में राज्य के सामने राजा के पद का संकट खड़ा हो गया. कित्तुर की राजगद्दी रिक्त हो गई थी। जिसे भरने के लिए रानी चेन्नम्मा ने एक पुत्र गोद लिया।

रानी चेन्नम्मा गोद निषेध नीति और संघर्ष

बेटा गोद लेकर राजसिंहासन के उत्तराधिकारी के तौर पर घोषणा करने पर एक समस्या पैदा हुई, जिसने रान चेन्नम्मा भारतीय स्वतंत्रता संग्राम की नायिका बनने का गौरव दिया। उन दिनों कर्नाटक सहित पूरे भारत पर अंग्रेजों का राज था। ब्रिटिश ईस्ट इंडिया कंपनी के गर्वनर लॉर्ड डलहौजी ने गोद निषेध नीति की घोषणा कर दी थी। इस नीति के अनुसार भारत के जिन राजवंशों में गद्दी पर बैठने के लिए वारिस नहीं होता था, उन्हें ब्रिटिश ईस्ट

इंडिया कंपनी अपने नियंत्रण में ले लेती थी। दरअसल अंग्रेजों ने भारतीय राजाओं को अपदस्थ कर राज्य हड़पने के लिए इस नीति का निर्माण किया था।

इस नीति की वजह से रानी चेन्नम्मा को कित्तूर की गद्दी पर गोद लिए पुत्र का बैठाना ब्रिटिशर्स को नागवार गुजरा। उन्होंने इसे नियमों के विरूद्ध बताया और रानी चेन्नम्मा को इसके लिए मना किया। पहले बातचीत द्वारा इस मुद्दे को हल करने की कोशिश की गई लेकिन बात नहीं बनी। रानी चेन्नम्मा ने कित्तूर में हो रही ब्रिटिश अधिकारियों से बातचीत असफल होते देख बॉम्बे प्रेसीडेंसी के गवर्नर से बात करने की कोशिश की। इसका कोई परिणाम नहीं निकाला क्योंकि अंग्रेज कित्तूर पर किसी भी तरह कब्जा जमाना चाहते थे। ब्रिटिशराज कित्तूर के बहुमूल्य खजाने को लूटने का पूरा मन बना चुके थे। कित्तूर के खजाने में बहुमुल्य आभूषणों जेवरात और सोना था, जिसे अंग्रेज हथियाना चाहते थे। एक अनुमानक के अनुसार उस दौर में कित्तूर के खजाने की कीमत 15 लाख रूपए थी। अंग्रेजों ने गोद लिए बालक को गद्दी का वारिस मानने से साफ इंकार कर दिया। इस इंकार ने कित्तूर और अंग्रेजों के बीच संघर्ष को अवश्यमभावी बना दिया।

रानी चेन्नम्मा का अंग्रेजों के साथ कड़ा संघर्ष

जब यह तय हो गया कि अंग्रेज नहीं मानने वाले तो रानी चेन्नम्मा ने संघर्ष करने का फैसला लिया. वे पहली रानी थी जिन्होंने ब्रिटिश ईस्ट इंडिया कंपनी से लड़ने के लिए सेना के गठन की तैयारी शुरू की। अंग्रेजों को इसका पता चला और 1924 में दोनों की सेनाएँ आमने-सामने आ डटी। एक ऐसा संघर्ष जिसका परिणाम पहले से ही सबको पता था कित्तूर जैसे छोटे राज्य ने ब्रिटिश साम्राज्य को चुनौती दी थी, लेकिन यह मसला नतीजे का नहीं आजादी से जीने और मरने का था। रानी चेन्नम्मा ने फैसला किया या तो वे आजाद जिएगी नहीं तो लड़कर मरेंगी। इस लड़ाई में अंग्रेजों ने भारतीय महिला के युद्ध कौशल को देखा। पहले पहल तो उनके होश उड़ गए लेकिन बाद में पीछे से आने वाली मदद ने उनको संभाल लिया। आखिर में यह लड़ाई अंग्रेजों ने अपनी बड़ी सेना और आधुनिक हथियारों से जीत ली।

रानी चेन्नम्मा को अंग्रेजों से भारी नुकसान–

अंग्रेजों ने लड़ाई तो जीत ली लेकिन रानी चेन्नम्मा ने उनका इतना नुकसान किया कि वे लंबे समय तक कित्तूर के युद्ध से उबर नहीं पाए। इस लड़ाई में अंग्रेजों ने 20 हजार सिपाहियों और 400 बंदूकों की सेना का सहारा लिया। युद्ध के पहले दौर में ब्रिटिश सेना का भारी नुकसान हुआ और ब्रिटिश एजेंट और उस खीते के कलेक्टर जॉन थावकेराय को मौत के घाट उतार दिया गया। चेन्नम्मा के मुख्य सेनापति बलप्पा ने ब्रिटिश सेना को एक बार तो पीछे हटने पर मजबूर कर दिया. ब्रिटिश सेना के दो प्रमुख अधिकारियों सर वॉल्टर इलियट और मी। स्टीवेंसन को गिरफ्तार कर लिया गया। इस दौर की लड़ाई के बाद ब्रिटिश अधिकारियों ने समझौते की माँग की और समझौते के तहत इन दोनों अंग्रेज अधिकारियों को रिहा कर दिया गया। युद्ध को टाल दिया गया. इसी बीच दूसरे अंग्रेज अधिकारी चौपलिन ने दूसरे मोर्चों पर लड़ाई जारी रखी. दूसरे दौर में भी कित्तूर की सेना ने बहादूरी दिखाई और सोलापूर के सबकलेक्टर मुनरो लड़ते हुए मारे गए। लड़ाई लंबी खिंच जाने की वजह से और सीमित संसाधनों के धीरे-धीरे खत्म हो जाने की वजह से आखिर में रानी चेन्नम्मा को हार का मुँह देखना पड़ा और अंग्रेजों ने उन्हें गिरफ्तार करके बेल्होंगल के किले में कैद कर दिया। जहाँ 21 फरवरी, 1829 में उन्होंने आखिरी साँस ली। इस महान युद्ध में रानी चेन्नम्मा को स्थानीय सहायता भरपूर मिली। अपनी बहादुरी के लिए कर्नाटक के लोगों ने उन्हें नायिका की तरह पूजा जाता है। उनकी याद में 22 से 24 अक्टूबर को हर साल कित्तूर उत्सव मनाया जाता है। उनके सम्मान में नयी दिल्ली के पार्लियामेंट हाउस में उनकी मूर्ति भी स्थापित की गई है। इसके अलावा कर्नाटक में भी रानी चेनम्मा को सम्मान देने के लिए उनकी मूर्तियाँ बेंगलुरू और कित्तूर में बनवाया गया है। आज भी कित्तूर का राजमहल और दूसरी ऐतिहासिक इमारतों गें इस महान महिला की वीरता के साक्ष्यों को देखा और महसूस किया जा सकता है। उन्होंने जो आजादी की अलख जगाई, उससे ढेरों अन्य लोगों ने प्रेरणा ली। रानी चेन्नम्मा को योगदान को कभी भूलाया नहीं जा सकता। वे न सिर्फ

महिला शक्ति की प्रतीक हैं बल्कि वे प्रेरणा स्रोत भी हैं कि अपनी शर्तों पर जीवन जीने के लिए कोई भी मूल्य कम ही होता है।

झांसी की रानी लक्ष्मीबाई

घुड़सवारी और तलवार चलाने में माहिर झांसी की रानी लक्ष्मीबाई की वीरता और शौर्य के किस्से तो जन-जन में सुने जा सकते हैं। नवम्बर 1835 में बनारस में मोरोपंत तांबे के घर जन्मी लक्ष्मीबाई का बचपन नाना साहब के साथ कानपुर के बिठूर में बीता। सन् 1855 में पति राजा गंगाधर राव की मौत के पश्चात उन्होंने झांसी का शासन संभाला पर अंग्रेजों ने उन्हें और उनके दत्तक पुत्र को शासक मानने से इंकार कर दिया। लक्ष्मीबाई ने झांसी में ब्रिटिश सेना को कड़ी टक्कर दी और बाद में तात्या टोपे की मदद से ग्वालियर पर भी कब्जा किया। उनकी मौत पर जनरल ह्यूगरोज ने कहा था–'यहाँ वह औरत सोई हुई है, जो व्रिदोहियों में एकमात्र मर्द थी।' मुगल सम्राट बहादुरशाह जफर की बेगम जीनत महल ने दिल्ली और आसपास के क्षेत्रों में स्वातंत्र्य योद्धाओं को संगठित किया और देशप्रेम का परिचय दिया। सन 1857 की क्रांति में बहादुरशाह जफर को प्रोत्साहित करने वाली बेगम जीनत महल ने ललकारते हुए कहा था–यह समय गजलें कहकर दिल बहलाने का नहीं है, बिठूर से नाना साहब का पैगाम लेकर देशभक्त सैनिक आए हैं, आज सारे हिंदुस्तान की आँखें दिल्ली की ओर और आप पर लगी हैं, खानदान-ए-मुगलिया का खून हिंद को गुलाम होने देगा तो इतिहास उसे कभी क्षमा नहीं करेगा। बेगम जीनत महल भी बाद में बहादुरशाह जफर के साथ बर्मा चली गईं थीं।

दिल्ली के शहजादे फिरोजशाह की बेगम तुकलाई सुलतान जमानी बेगम को जब दिल्ली में क्रांति की सूचना मिली तो उन्होंने ऐशोआराम का जीवन जीने की बजाय युद्ध शिविरों में रहना पसंद किया और वहीं से सैनिकों को

रसद पहुँचाने और घायल सैनिकों की सेवा का प्रबंध अपने हाथों में ले लिया। अंग्रेजी हुकूमत ने कालांतर में उन्हें घर में नजरबंद कर उनपर बम्बई न छोड़ने और दिल्ली प्रवेश करने पर प्रतिबंध लगा दिया था। बेगम हजरत महल और रानी लक्ष्मीबाई के सैनिक दल में तमाम महिलाएँ शामिल थीं। लखनऊ में बेगम हजरत महल की महिला सैनिक दल का नेतृत्व रहीमी के हाथों में था, जिसने फौजी भेष अपनाकर तमाम महिलाओं को तोप और बंदूक चलाना सिखाया। रहीमी की अगुवाई में इन महिलाओं ने अंग्रेजों से जमकर लोहा लिया। लखनऊ की तवायफ हैदरीबाई के कोठे पर तमाम अंग्रेज अधिकारी आते थे और कई बार क्रांतिकारियों के खिलाफ योजनाओं पर बात किया करते थे, मगर हैदरीबाई ने भी पेशे से परे अपनी देशभक्ति का परिचय देते हुए ऐसी महत्वपूर्ण सूचनाएं क्रांतिकारियों तक पहुँचाई और बाद में वह भी रहीमी के सैनिक दल में शामिल हो गईं।

रानी लक्ष्मीबाई जीवन

हमारे देश की स्वतंत्रता के लिए अनेक राजाओं ने लड़ाइयाँ लड़ी और इस कोशिश में हमारे देश की वीर तथा साहसी स्त्रियों ने भी उनका साथ दिया। इन वीरांगनाओं में रानी दुर्गावती, रानी लक्ष्मीबाई, आदि का नाम शामिल हैं। रानी लक्ष्मीबाई ने हमारे देश और अपने राज्य झाँसी की स्वतंत्रता के लिए ब्रिटिश राज्य के खिलाफ लड़ने का साहस किया और अंत में वीरगति को प्राप्त हुई।

महारानी लक्ष्मीबाई का जन्म एक महाराष्ट्रीयन ब्राह्मण परिवार में सन 1828 में काशी में हुआ, जिसे अब वाराणसी के नाम से जाना जाता हैं. उनके पिता मोरोपंत ताम्बे बिठुर में न्यायालय में पेशवा थे और इसी कारण वे इस कार्य से प्रभावित थी और उन्हें अन्य लड़कियों की अपेक्षा अधिक स्वतंत्रता भी प्राप्त थी। उनकी शिक्षा दीक्षा में पढ़ाई के साथ साथ आत्म-रक्षा, घुड़सवारी, निशानेबाजी और घेराबंदी का प्रशिक्षण भी शामिल था। उन्होंने अपनी सेना भी तैयार की थी. उनकी माता भागीरथी बाई एक गृहणी थी। उनका नाम बचपन में मणिकर्णिका रखा गया और परिवार के सदस्य प्यार से उन्हें 'मनु' कहकर पुकारते थे। जब वे 4 वर्ष की थी, तभी उनकी माता का

देहांत हो गया और उनके पालन पोषण की सम्पूर्ण जवाबदारी उनके पिता पर आ गयी।

रानी लक्ष्मीबाई में अनेक विशेषताएँ थी, जैसेः

नियमित योगाभ्यास करना,

धार्मिक कार्यों में रूचि,

सैन्य कार्यों में रूचि एवं निपुणता,

उन्हें घोड़ो अच्छी परख थी,

रानी अपनी का प्रजा का समुचित प्रकार से ध्यान रखती थी,

गुनाहगारों को उचित सजा देने की भी हिम्मत रखती थी.

लक्ष्मी बाई की शादी

सन 1842 में उनका विवाह उत्तर भारत में स्थित झाँसी राज्य के महाराज गंगाधर राव नेवलेकर के साथ हो गया, तब वे झाँसी की रानी बनी. उस समय वे मात्र 14 वर्ष की थी। विवाह के पश्चात् ही उन्हें 'लक्ष्मीबाई' नाम मिला। उनका विवाह प्राचीन झाँसी में स्थित गणेश मंदिर में हुआ था। सन् 1851 में उन्होंने एक पुत्र को जन्म दिया, जिसका नाम दामोदर राव रखा गया, परन्तु दुर्भाग्यवश वह मात्र 4 माह ही जीवित रह सका।

ऐसा कहा जाता हैं कि महाराज गंगाधर राव नेवलेकर अपने पुत्र की मृत्यु से कभी उभर ही नहीं पाए और सन 1853 में महाराज बहुत बीमार पड़ गये, तब उन दोनों ने मिलकर अपने रिश्तेदार [महाराज गंगाधर राव के भाई] के पुत्र को गोद लेना निश्चित किया। इस प्रकार गोद लिए गये पुत्र के उत्तराधिकार पर ब्रिटिश सरकार कोई आपत्ति न ले, इसलिए यह कार्य ब्रिटिश अफसरों की उपस्थिति में पूर्ण किया गया। इस बालक का नाम आनंद राव था, जिसे बाद में बदलकर दामोदर राव रखा गया।

रानी लक्ष्मी का उत्तराधिकारी बनना

21 नवम्बर, सन 1853 में महाराज गंगाधर राव नेवलेकर की मृत्यु हो गयी, उस समय रानी की आयु मात्र 18 वर्ष थी। परन्तु रानी ने अपना धैर्य और

सहस नहीं खोया और बालक दामोदर की आयु कम होने के कारण राज्य काज का उत्तरदायित्व महारानी लक्ष्मीबाई ने स्वयं पर ले लिया। उस समय लार्ड डलहौजी गवर्नर था।

उस समय यह नियम था कि शासन पर उत्तराधिकार तभी होगा, जब राजा का स्वयं का पुत्र हो, यदि पुत्र न हो तो उसका राज्य ईस्ट इंडिया कंपनी में मिल जाएगा और राज्य परिवार को अपने खर्चों हेतु पेंशन दी जाएगी। उसने महाराज की मृत्यु का फायदा उठाने की कोशिश की। वह झाँसी को ब्रिटिश राज्य में मिलाना चाहता था। उसका कहना था कि महाराज गंगाधर राव नेवलेकर और महारानी लक्ष्मीबाई की अपनी कोई संतान नहीं हैं और उसने इस प्रकार गोद लिए गये पुत्र को राज्य का उत्तराधिकारी मानने से इंकार कर दिया। तब महारानी लक्ष्मीबाई ने लन्दन में ब्रिटिश सरकार के खिलाफ मुकदमा दायर किया। पर वहाँ उनका मुकदमा खारिज कर दिया गया। साथ ही यह आदेश भी दिया गया की महारानी, झाँसी के किले को खाली कर दे और स्वयं रानी महल में जाकर रहें, इसके लिए उन्हें रूपये 60,000/-की पेंशन दी जाएगी. परन्तु रानी लक्ष्मीबाई अपनी झाँसी को न देने के फैसले पर अडिग थी। वे अपनी झाँसी को सुरक्षित करना चाहती थी, जिसके लिए उन्होंने सेना संगठन प्रारंभ किया।

संघर्ष की शुरुआत:

मेरी झाँसी नहीं दूंगी: 7 मार्च, 1854 को ब्रिटिश सरकार ने एक सरकारी गजट जारी किया, जिसके अनुसार झाँसी को ब्रिटिश साम्राज्य में मिलने का आदेश दिया गया था। रानी लक्ष्मीबाई को ब्रिटिश अफसर एलिस द्वारा यह आदेश मिलने पर उन्होंने इसे मानने से इंकार कर दिया और कहा मेरी झाँसी नहीं दूंगी और अब झाँसी विद्रोह का केन्द्रीय बिंदु बन गया। रानी लक्ष्मीबाई ने कुछ अन्य राज्यों की मदद से एक सेना तैयार की, जिसमें केवल पुरुष ही नहीं, अपितु महिलाएँ भी शामिल थी; जिन्हें युध्द में लड़ने के लिए प्रशिक्षण दिया गया था। उनकी सेना में अनेक महारथी भी थे, जैसे: गुलाम खान, दोस्त खान, खुदा बक्श, सुन्दर-मुन्दर, काशी बाई, लाला भाऊ बक्शी,

मोतीबाई, दीवान रघुनाथ सिंह, दीवान जवाहर सिंह, आदि उनकी सेना में लगभग 14,000 सैनिक थे।

10 मई, 1857 को मेंरठ में भारतीय विद्रोह प्रारंभ हुआ, जिसका कारण था कि जो बंदूकों की नयी गोलियाँ थी, उस पर सूअर और गौमांस की परत चढ़ी थी। इससे हिन्दुओं की धार्मिक भावनाओं पर ठेस लगी थी और इस कारण यह विद्रोह देश भर में फैल गया था। इस विद्रोह को दबाना ब्रिटिश सरकार के लिए ज्यादा जरुरी था, अत: उन्होंने झाँसी को फिलहाल रानी लक्ष्मीबाई के अधीन छोड़ने का निर्णय लिया। इस दौरान सितम्बर अक्टूबर, 1857 में रानी लक्ष्मीबाई को अपने पड़ोसी देशों ओरछा और दतिया के राजाओ के साथ युध्द करना पड़ा क्योंकि उन्होंने झाँसी पर चढ़ाई कर दी थी।

इसके कुछ समय बाद मार्च, 1858 में अंग्रेजों ने सर ह्यू रोज के नेतृत्व में झाँसी पर हमला कर दिया और तब झाँसी की ओर से तात्या टोपे के नेतृत्व में 20,000 सैनिकों के साथ यह लड़ाई लड़ी गयी, जो लगभग 2 सप्ताह तक चली। अंग्रेजी सेना किले की दीवारों को तोड़ने में सफल रही और नगर पर कब्जा कर लिया। इस समय अंग्रेज सरकार झाँसी को हथियाने में कामयाब रही और अंग्रेजी सैनिकों नगर में लूट-पाट भी शुरू कर दी। फिर भी रानी लक्ष्मीबाई किसी प्रकार अपने पुत्र दामोदर राव को बचाने में सफल रही।

काल्पी की लड़ाई: इस युध्द में हार जाने के मील का सफर तय किया और अपने दल के कालपी में शरण ली, जहाँ वे 'तात्या टोपे' के परिस्थिति को समझ कर उन्हें शरण दी और अपना सैन्य बल भी कारण उन्होंने सतत 24 घंटों में 102 साथ काल्पी पहुँची और कुछ समय साथ थी। तब वहाँ के पेशवा ने साथ दिया।

22 मई, 1858 को सर ह्यू रोज ने कालपी पर आक्रमण कर दिया, तब रानी लक्ष्मीबाई ने वीरता और रणनीति पूर्वक उन्हें परास्त किया और अंग्रेजो को पीछे हटना पड़ा। कुछ समय पश्चात् सर ह्यू रोज ने कालपी पर फिर से हमला किया और इस बार रानी को हार का सामना करना पड़ा।

युद्ध में हारने के पश्चात् राव साहेब पेशवा, बन्दा के नवाब, तात्या टोपे, रानी लक्ष्मीबाई और अन्य मुख्य योध्दा गोपालपुर में एकत्र हुए। रानी ने

ग्वालियर पर अधिकार प्राप्त करने का सुझाव दिया ताकि वे अपने लक्ष्य में सफल हो सके और वही रानी लक्ष्मीबाई और तात्या टोपे ने इस प्रकार गठित एक विद्रोही सेना के साथ मिलकर ग्वालियर पर चढ़ाई कर दी। वहाँ इन्होने ग्वालियर के महाराजा को परास्त किया और रणनीतिक तरीके से ग्वालियर के किले पर जीत हासिल की और ग्वालियर का राज्य पेशवा को सौप दिया।

रानी लक्ष्मी बाई मृत्यु

17 जून, 1858 में किंग्स रॉयल आयरिश के खिलाफ युध्द लड़ते समय उन्होंने ग्वालियर के पूर्व क्षेत्र का मोर्चा संभाला। इस युद्ध में उनकी सेविकाए तक शामिल थी और पुरुषो की पोषक धारण करने के साथ ही उतनी ही वीरता से युद्ध भी कर रही थी। इस युध्द के दौरान वे अपने 'राजरतन' नामक घोड़े पर सवार नहीं थी और यह घोड़ा नया था, जो नहर के उस पार नहीं कूद पा रहा था, रानी इस स्थिति को समझ गयी और वीरता के साथ वही युध्द करती रही। इस समय वे बुरी तरह से घायल हो चुकी थी और वे घोड़े पर से गिर पड़ी। चूँकि वे पुरुष पोषक में थी, अतः उन्हें अंग्रेजी सैनिक पहचान नहीं पाए और उन्हें छोड़ दिया। तब रानी के विश्वास पात्र सैनिक उन्हें पास के गंगादास मठ में ले गये और उन्हें गंगाजल दिया। तब उन्होंने अपनी अंतिम इच्छा बताई की "कोई भी अंग्रेज अफसर उनकी मृत देह को हाथ न लगाए।" इस प्रकार कोटा की सराई के पास ग्वालियर के फूलबाग क्षेत्र में उन्हें वीरगति प्राप्त हुई अर्थात् वे मृत्यु को प्राप्त हुई।

ब्रिटिश सरकार ने 3 दिन बाद ग्वालियर को हथिया लिया. उनकी मृत्यु के पश्चात् उनके पिता मोरोपंत ताम्बे को गिरफ्तार कर लिया गया और फांसी की सजा दी गयी।

रानी लक्ष्मीबाई के दत्तक पुत्र दामोदर राव को ब्रिटिश राज्य द्वारा पेंशन दी गयी और उन्हें उनका उत्तराधिकार कभी नहीं मिला। बाद में राव इंदौर शहर में बस गये और उन्होंने अपने जीवन का बहुत समय अंग्रेज सरकार को मनाने एवं अपने अधिकारों को पुनः प्राप्त करने के प्रयासों में व्यतीत किया। उनकी मृत्यु 28 मई, 1906 को 58 वर्ष में हो गयी।

इस प्रकार देश को स्वतंत्रता दिलाने के लिए उन्होंने अपनी जान तक न्यौछावर कर दी।

वीरांगना ऊदा देवी

लखनऊ की वीरांगना आशा देवी का यहां उल्लेख बहुत आवश्यक है, जिन्होंने 8 मई 1857 को अंग्रेजी सेना का सामना करते हुये शहादत पाई। आशा देवी का साथ देने वाली वीरांगनाओं में रनवीरी वाल्मीकि, शोभा देवी वाल्मीकि, महावीरी देवी, सहेजा वाल्मीकि, नामकौर, राजकौर, हबीबा गुर्जरी देवी, भगवानी देवी, भगवती देवी, इंदर कौर, कुशल देवी और रहीमी गुर्जरी इत्यादि शामिल थीं। ये वीरांगनाएं अंग्रेजी सेना से लड़ते हुए शहीद हुईं। बेगम हजरत महल के बाद अवध के मुक्ति संग्राम में जिस दूसरी वीरांगना ने प्रमुखता से भाग लिया, वह थी गोंडा की तुलसीपुर रियासत की रानी राजेश्वरी देवी। उसने होपग्रांट के सैनिक दस्तों से जमकर मुकाबला लिया। अवध की बेगम आलिया ने भी अपने अद्भुत कारनामों से अंग्रेजी हुकूमत को चुनौती दी। बेगम आलिया 1857 के एक वर्ष पूर्व से ही अपनी सेना में शामिल महिलाओं को शस्त्र कला में प्रशिक्षण देकर सम्भावित क्रांति की योजनाओं को मूर्तरूप देने में संलग्न हो गई थी। अपने भीतर महिला गुप्तचर के गुप्तभेदों के माध्यम से बेगम आलिया ने समय-समय पर ब्रिटिश सैनिकों से युद्ध किया और कई बार अवध से उन्हें भगाया।

1857 के लखनऊ अध्याय में जब प्रथम स्वतंत्रता संग्राम के क्रांतिकारियों ने ब्रिटिश सेना और प्रशासन को लखनऊ रेजीडेंसी में कैद हो जाने को मजबूर किया तब सिकन्दर बाग इन क्रांतिकारियों का डेरा बना। गौरतलब है कि 1857 के स्वतंत्रता सेनानियों ने लखनऊ रेजीडेंसी में ब्रिटिश सेना के हजारों सैनिक और अधिकारी मार गिराए गए थे। भारत के प्रथम स्वतंत्रता संग्राम के लखनऊ चैप्टर का अहम हिस्सा बना सिकन्दर बाग।

सिकन्दर बाग में बागी सिपाहियों के पनाह लेने का पता अंग्रेजों को तब चला जब उन्होंने कानपुर की हार और लखनऊ में हुए भारी नुकसान के बाद लखनऊ को घेरना शुरू किया। सिकन्दर बाग के पास उन्हें भारी फायरिंग का सामना करना पड़ा। ब्रिटिश कमांडर इन चीफ कॉलिन कैम्पबेल इस बाधा से औचक थे।

16 नवम्बर की सुबह जब ब्रिटिश सेना की टुकड़ी आगे बढ़ रही थी तो सिकन्दर बाग से आ रही जबर्दस्त फायरिंग ने उनके कदम रोक दिए। ब्रिटिश घुड़सवार दस्ता यहां आकर फंस गया, उनके दूसरी तरफ गोमती का किनारा था। इनकी मदद करने के लिए फौरन 'बंगाल हॉर्स आर्टिलरी' का दस्ता पहुंचा जो बंदूकों से लैस था। इसके बाद ब्रिटिश सेनाओं ने सिकन्दर बाग पर हमला बोल दिया।

आधे घंटे की फायरिंग के बाद ब्रिटिश सेना ने बाग की एक दीवार पर एक इतना बड़ा सुराख बना दिया जिससे एक आदमी भीतर घुस सकता था। इस तरह लेफ्टिनेंट मैकक्वीन की सदारत में 93 हाईलैंडर्स और फोर पंजाब इन्फेंटरी के 14 जवान बागियों की भारी गोलाबारी के बीच बाग में घुसने में कामयाब रहे। इस दौरान 4 पंजाब इन्फेंटरी के बाकी जवानों ने लेफ्टिनेंट पॉल के साथ बाग के मुख्य गेट पर भारी हमला बोल दिया। आखिरकार ब्रिटिश बाग में घुसने में कामयाब हो गए। उन्होंने सुराख को भी और बड़ा बना लिया।

लगभग 2 हजार बागी सैनिकों ने बाग के दो मंजिला भवन में मोर्चा ले लिया। दरअसल उन्होंने सामने के 2 दरवाजों के बजाय भवन के पिछले हिस्से से हमले की उम्मीद की थी। इस आशंका से उन्होंने पिछले दरवाजे को भारी अवरोध लगाकर बंद कर दिया था जो अब खुद बागियों के लिए आत्मघाती बन गया था। वे इस दो मंजिला इमारत में कैद होकर रह गए।

इसके बाद बौखलायी हुई ब्रिटिश सेना ने उस वक्त के सबसे भीषण नरसंहार को अंजाम दिया। कानपुर में अपनी हार और जानमाल के नुकसान से पागल हो चुके अंग्रेजों ने लगभग 2000 बागियों को निर्ममता से मार डाला। हमले का नेतृत्व कर रहे लार्ड रोबर्ट्स के अनुसार बाग की उत्तरी दीवार से सटे बागियों की लाशों का ढेर 6 फीट तक ऊँचा हो चला था। लाशों के ढेर

में जिंदा बागी ब्रिटिश सैनिकों को गलियां देते रहे। इस ढेर में शहीदों के साथ घायल भी दबकर मारे गए।

अंग्रेजों की नफरत और घृणा का अंदाजा इसी से लगाया जा सकता है कि उन्होंने सिकन्दर बाग के एक भी क्रांतिकारी को बंदी नहीं बनाया। उनकी शवों को उनके परिजनों को नहीं दिया गया। शवों को या तो सड़ने और चील कौवों के खाने के लिए छोड़ दिया गया या फिर गड्ढे में उनका ढेर लगा दिया गया।

इस लड़ाई में ब्रितानी सेना के भी दर्जन भर अफसर और 200 सैनिक मारे गए। अग्रेजों की सिकन्दर बाग के क्रांतिकारियों से नफरत का अंदाजा इस बात से लगाया जा सकता है कि इस लड़ाई में शामिल सैनिकों, अधिकारियों को चने-परमल की तरह विक्टोरिया क्रॉस बांटे गए।

इस लड़ाई की एक मायावी पात्र थीं ऊदा देवी। उत्तर प्रदेश के लखनऊ के पास उजिरियांव गांव की ऊदा देवी दलित समुदाय की पासी जाति में पैदा हुई थीं। ऊदा के पति मक्का पासी नवाब वाजिद अली शाह की पलटन में सैनिक थे। ऊदा देवी नवाब वाजिद अली शाह की बेगमों की अंगरक्षक थीं और बाद में उनके खातून दस्ते की सिपहसालार बनीं।

उनके पति मक्का पासी भी नवाब की सेना के बहादुर सिपाही थे और 1857 के गदर में कानपुर में बागियों की जीत के नायकों में से एक। कानपुर में पति की शहादत के बाद भी ऊदा देवी के जोश में कोई कमी नहीं आयी। नवाब को कलकत्ता निर्वासित कर दिए जाने के बाद जब बेगम हजरत महल ने 1857 के गदर की मदद करना तय किया तो मक्का पासी और ऊदा पासी भी उनकी सैन्य टुकड़ियों के साथ बागी सिपाहियों के साथ जंग में शामिल हुए।

न मक्का पासी और न ही ऊदा देवी ने दलितों के शौर्य और पराक्रम पर नवाब के भरोसे को टूटने दिया। गौरतलब है कि हिंदू राजे-रजवाड़ों के राज में दलितों को हथियार उठाने का अधिकार नहीं था। लेकिन अवध के इस गीत-संगीत के रसिया नवाब ने दलितों के अलावा महिलाओं का भी सैन्य दस्ता बना डाला।

खैर, जब अंग्रेज सिकन्दर बाग में दाखिल होने लगे तो अचूक निशानेबाज ऊदा पासी अपने साथ बम, बंदूक और भरपूर गोलियां लेकर बाग में मौजूद पीपल के एक घने पेड़ पर जा चढ़ीं। आदमियों की वर्दी पहने पेड़ पर चढ़ी ऊदा को अंग्रेज चिन्हित कर पाते उससे पहले वो 32 ब्रिटिश सैनिकों को ठिकाने लगा चुकी थीं।

ऊदा पासी के पेड़ पर चढ़े होने का पता अंग्रेजों को तब चला जब एक अफसर ने इस बात पर गौर किया कि मारे गए सिपाहियों के घाव ऊपर से नीचे की तरफ हैं। इसके बाद ब्रिटिश सेना ने घने छायादार पेड़ों को लक्ष्य कर अंधाधुंध फायरिंग शुरू की। कहते हैं कि जब ऊदा का शरीर नीचे गिरा तो भी उनके पास खासा असलाह–बारूद बचा हुआ था। जमीन पर गिरे उनके शव पर भी अंग्रेजों ने अंधाधुंध फायरिंग की। ऐसी थी हमारी वीरांगना ऊदा देवी धन्य है, हे! वीर देवी जिसने अपना सर्वस्व मातृभूमि सेवा में समर्पित कर राष्ट्र का मान बढा दिया।

महारानी जिंदा [जिंद कौर]

भारतीय पराधीनता के इतिहास में वीर नारियों की कमी नहीं है। अत्याचारों के कारण मुसलमानीं शासन काल में बहुत से हिन्दू-ललनाओं को जिस तरह आत्म-बलिदान करने पड़े, उसी तरह ब्रिटिश शासन के प्रारम्भिक काल में भी भारतीय नारियों को कुछ कम बलिदान नहीं करने पड़े।

भारतीय स्त्रियों जैसी रूपवती, शीलवती और तेजस्विनी होती थीं, वैसे ही अवसर पड़ने पर वे अपने शासन की क्षमता भी दिखाती थीं। पंजाब केसरी स्वर्गीय महाराज रणजीत सिंह की रानीं जिंदा (जिन्द कौर) भी एक वैसी ही वीरागना थीं, जो शासन की पूर्ण योग्यता और क्षमता रखती थीं; पर क्रूर अँग्रेज अधिकारियों की स्वेच्छाचारिता के कारण महारानी जिन्दा को जो-जो कष्ट सहन करने पड़े, वे अवर्णनीय हैं।

सन् १८५६ ई० में अंग्रेजों का राज्य विस्तार समग्र भारत में हो गया था। बचा था, तो केवल एक पंजाब, और अब इस समृद्धिशाली प्रान्त को भी हड़पने का षड्यन्त्र अंग्रेज कर रहे थे। भारत में रेल और तार का विस्तार हो चुका था, रेल और तारों के जाल सर्वत्र बिछा दिये गये और एक प्रान्त दूसरे प्रान्त से जोड़े गये। दूसरी ओर ईस्ट इण्डिया कम्पनी के अत्यन्त चतुर और दक्ष कर्मचारी एक-एक देशी राज्य को किसी-न-किसी बहाने से हड़प कर रहे थे। लार्ड डलहौजी के शासन काल में पंजाब, अयोध्या आदि स्वाधीन राज्यों पर भी अंग्रेजी झंडा फहर गया। लार्ड डलहौजी जिस समय इस देश में लाट होकर आये, उस समय पंजाब स्वाधीन था, पर जब विलायत लौटे, तब पंजाब ब्रिटिश भारत में मिला लिया जा चुका था।

अंग्रेजी अफसरों की चतुराई और सेनापतियों के नीच विश्वासघात से सोब्राहन की पहली लड़ाई में सिख हार चुके थे। इस लड़ाई के बाद भी सिख राज्यों की स्वाधीनता का नाश नहीं हुआ था। पर महाराज रणजीत सिंह के देहान्त के पश्चात् उनके विश्वासघाती मंत्री अँग्रेजों से मिल गये। अंग्रेजो ने सतलुज और रावी के बीच का प्रदेश दखल कर लिया था, और लड़ाई के बदले में डेढ़ करोड़ रुपये और माँगते थे। महाराज रणजीतसिंह की मृत्यु के समय खजाने में बारह करोड़ रुपये थे, लेकिन सिख सरदारो की नीचता और फजूलखर्ची के कारण खजाने में केवल आधा करोड़ रह गया था। उस समय के विजेता लार्ड हार्डिंग ने यह आधा करोड़ ले लिया, और एक करोड़ के बदले कश्मीर लेना चाहा।

किन्तु महाराज रणजीतसिंह के प्रिय पात्र, जम्बू के शासनकर्ता राजा गोपाल सिंह ने लार्ड हार्डिंग को एक करोड़ रुपये देकर कश्मीर खरीद लिया। इस तरह महाराज रणजीत सिंह के बड़े भारी राज्य का पतन आरम्भ हो गया।

जब कश्मीर बेचा गया, उस समय महाराज रणजीतसिंह के पुत्र दिलपसिंह नाबालिग थे। रणजीतसिंह के जैसा फिर कोई ऐसा वीरात्मा न हुआ, जो अंग्रेजो से निपटता। दिलीपसिंह की महारानी जिन्दा (जिन्द कौर) के हाथ में शासन की बागडोर थी। महारानी जिन्दा यद्यपि अबला थीं, तथापि शासन कला में निपुण थी। किन्तु उनका प्रधान मन्त्री राजा गुलाब सिंह बड़ा ही लोभी और विश्वासघाती था।

भीतरी षड़यन्त्रों के फल से कश्मीर का पूरा राज्य राजा गुलाब सिंह को मिल गया। अंग्रेजों का प्रभाव बढ़ते देख, महारानी जिन्दा के मन में बड़ी शंका हो रही थीं। वे स्पष्ट देख रही थीं, कि वीर केसरी रणजीत सिंह का राज्य अंग्रेजो कि कदमो पर लौट रहा है। अंग्रेजो को फलते हुए देख रही थीं, और सबसे अधिक यह, कि कि उन्हीं का बेटा दिलीप सिंह अंग्रेजो की हाथ में कठपुतली हो रहा था। नारी-हृदय अपमान की इस ज्वाला से जला जा रहा था।

अंग्रेजों ने महारानी जिन्दा (जिन्द कौर) की तेजस्विता नष्ट करने का निश्चय किया। अन्त में वह अशुभ दिन भी आया, जब अंग्रेज रेजिडेंट ने बिना किसी न्याय या विचार के केवल सन्देह के आधार पर महारानी को कैद

किया। उसी का भाई उसकी कैद का आज्ञापत्र लेकर महल में गया। महारानी ने इस अपमान सूचक दण्ड–आज्ञा को स्वीकार किया। महाराजा रणजीत सिंह की वीर पत्नी १९ अगस्त को मामूली कैदी की तरह शेखपुर ग्राम में कैद की गयीं, महारानी जिन्दां जैसी अपूर्व रूपवती थीं, वैसी ही धीर–गम्भीर भी थीं। नीच विदेशी लेखकों ने महारानी को कलंकित करने में कोई कसर नहीं उठा रखी। सर हेनरी लारेन्स बड़े सच्चे और न्याय प्रिय प्रसिद्ध थे; पर उसी सर हेनरी ने महारानी को इस तरह कैद करके अपमानित किया। अंग्रेजो ने अपने इस कार्य को उचित ठहराने के लिये लिखा है, कि रानी जिंदा गवर्नमेंट के विरुद्ध पड़यन्त्र रच रही थीं, साथ ही सर हेनरी की हत्या करवाने का भी प्रबन्ध कर रही थीं। पर अंग्रेज रेजिडेंट ने जिंदा (जिन्द कौर) के मामले का किसी कमीशन के द्वारा विचार क्यों नहीं कराया? जब केवल सन्देह पर ही कैद करना था, तो महारानी को बदनाम करने से क्या लाभ?

सच तो यह है, कि अंग्रेजो की गिद्ध दृष्टि पंजाब पर लग चुकी थी; पर अपने इस कार्य साधन के मार्ग में अंग्रेज लोग रानी जिंदा को काँटा समझते थे। इसलिये महारानी के नाबालिक लड़के दिलीपसिह को अंग्रेजों ने पहले ही अपने हाथ में कर लिया था। अंग्रेज रानी जिंदा को पंजाब में रखना नहीं चाहते थे, इसलिए एक दिन रानी जिंदा के देश निकाले पर अंग्रेजों ने दिलीप सिंह की मोहर लगा दी। वह आज्ञा पत्र जब शेखपुर में महारानी के पास पहुँचा, तब पहले उन्होंने अपने लड़के के हस्ताक्षर पहचाने, फिर उस पत्र को अपने सिर आँखों से लगाया। वह पंजाब छोड़ने के लिये तैयार हो गयीं। पंजाब–केसरी की वीरनारी को अपनी प्यारी जन्मभूमि सदा के लिये त्याग देनी पड़ी। पहले वे शेखपुर से फीरोजपुर लायी गयीं, तत्पश्चात् काशी में एक अंग्रेज अफसर के पहरे में रखी गयी। खूँखार शेर की तरह पंजाब ने अपनी महारानी की दुर्दशा देखी; पर उससे किया कुछ भी न गया। बालक दिलीपसिंह भी अपने बचपन के खेलों में लगे थे। माता के दुख निवारण के लिये वे कुछ भी न कर सके। अंग्रेज राजनीतिज्ञों ने रानी का कारावास करने में ऐसे कूट चक्रों से काम लिया, जिनकी ओर ध्यान देने से घृणा मालूम होती है।

महारानी जिंदा के साथ जो अनुचित व्यवहार किया गया, उससे पंजाब की आत्मा बहुत ही व्याकुल हुई। सिख खालसा सेनाएँ महारानी को माता की तरह मानती थीं, महारानी के देश निकाले से उन सेनाओं को बड़ा ही आघात पहुचा। इतना ही नहीं, पंजाब का एक-एक बच्चा अपने को अपमानित समझने लगा। उस समय सिख सेनापति शेरसिंह ने साफ शब्दों में यही कहा, "समस्त सिख और पंजाब ही नहीं; बल्कि समस्त भारतवासी भी समझ गये, कि अंग्रेजों ने स्वर्गीय महाराज रणजीतसिंह की विधवा रानी राजमाता जिंदा के साथ कैसी बेईमानी और कृतज्ञता का व्यवहार किया। संधि की शर्तों में रानी जिंदा को कैद करने की कोई बात नहीं है, अंग्रेजों ने यहाँ अपमान और अत्याचार किया, सिखों का धर्म-नाश किया, और रानी के कैद के साथ पंजाब का जितना वैभव था, वह सब जाता रहा।"

उस समय काबुल के अमीर दोस्त मुहम्मद खाँ को भी अंग्रेजों के द्वारा महारानीं जिंदा के कैद किया जाना बहुत बुरा लगा। उन्होंने कहा था, कि "इससे सिखों की आग भड़क उठेगी। अमीर ने अंग्रेज कप्तान एबट को जो पत्र भेजा, उसमें यह साफ लिखा था महाराज दिलीपसिंह की माता जिन्दा की कैद और देश-निकाले से सिखों की मनोवृत्तियाँ दिनोदिन बदलती जा रही हैं।" पर अंग्रेजो ने किसी की जरा भी परवाह न की। नाबालिग बच्चे दिलीपसिंह का ट्रस्टी बनकर अंग्रेजो ने पंजाब में कब्जा कर लिया। जब पंजाब में दूसरी बार लड़ाई छिड़ी, तो बड़े लाट लार्ड डलहौजी ने बैरकपुर में भाषण करते हुए कहा था, "मैं शान्ति चाहता हूँ! मैं शान्ति का उपासक हूँ! पर भारत के शत्रु यदि संग्राम चाहते हैं, तो उन्हें वही मिलेगा, और भयानक बदले के साथ मिलेगा।"

पंजाब के ब्रिटिश शासन में आते ही महाराज दिलीपसिंह भी अपने राज्य से बाहर निकाल दिये गये। फतेहगढ़ में उनके रहने का प्रबन्ध किया गया। उनकी निजी सम्पत्ति याने गहने कपड़े, जो बीसों लाख के थे, ले लिये और दिलीपसिंह तथा उनके रिश्तेदारों के लिये ४ से ५ लाख रुपये तक वार्षिक में पेन्शन नियत कर दी, पर बाद में यह पेंशन भी कम होते-होते केवल ८० हजार रुपये प्रति वर्ष मिला करती थी। जिस समय महाराज दिलीपसिंह गद्दी से उतारे गये, उस समय उनकी आयु केवल ग्यारह वर्ष की थी।

गद्दी से उतारने के बाद वे सर जान लाजिन नामक मास्टर के सपुर्द किये गये। सन् १८५३ में एक ईसाई पादरी ने महाराज दिलीपसिंह को ईसाई बना लिया। सोलह वर्ष का बालक दिलीप अपने लम्बे केश कटा कर ईसाई हो गया। एक वर्ष बाद ही अंग्रेजो ने जबदस्ती दिलीपसिंह को विलायत भिजवाया, पर उनकी इच्छा जाने की न थी। वे सन् १८५७ में भारत लौटना चाहते थे; पर सरकार ने उन्हें लौटने न दिया।

इंग्लैंड से महाराज दिलीपसिंह ने अपने देश वासियों के नाम एक पत्र भेजा, जिससे व्याकुल आवाज थीं। उस पत्र में लिखा था–प्यारे पंजाबवासियों! में फिर किस मुँह से पंजाब वापस आकर रहूँ? इच्छा थी, कि मुँह न दिखाता; पर 'वाहे गुरु सबके मालिक हैं। फिर अपनी जननी जन्मभूमि पंजाब में एक साधारण दरिद्र की तरह आकर रहूँ। में आता हूँ–'वाहे गुरु' की जो इच्छा होगी, वही होगा। खालसा भाइयो! मैं नालायक हूँ, मैंने बाप-दादों का पवित्र धर्म त्याग कर में ईसाई बना, मुझे क्षमा करो! जिस समय मुझे ईसाई बनाया गया, उस समय में बच्चा था, कुछ जानता भी नहीं था और न कुछ कर सकता था। मैंने अब फिर अपना सिख धर्म ग्रहण कर लिया है। मैं अब बाबा नानक के अनुशासन और गुरु गोविन्द सिंह के आज्ञानुसार चलूँगा, प्यारे पंजाबी खालसा भाइयों को देखने के लिये मेरा दिल बेचैन हो रहा है। पर मुझ पापी को स्वदेश के दर्शन कदाचित् न हो सके; क्योंकि अंग्रेज मुझे शायद ही वापस आने देंगे। मैंने अंग्रेजी शासन पर पूरा विश्वास किया था और अब उसका पूर्ण फल पा लिया। "वाहे गुरु" का खालसा! वाहे गुरु की फतह!

मैं, "आपके रक्त-मांस से बना-दिलीपसिंह।"

महाराज दिलीपसिंह ने ईसाई धर्म त्याग कर पुन: सिख धर्म ग्रहण कर लिया था और भारत लौट रहे थे; पर अंग्रेजो की आज्ञा से वे अदन में रोके गये और गिरफ्तार करके फिर इंग्लैंड भेज दिये गये।

पंजाब में ब्रिटिश शासन का दबदबा आरम्भ हो गया था। पंजाब के समस्त माल-खजाने के साथ महाराज रणजीतसिंह का कोहिनूर हीरा भी अंग्रेजों के हाथ लगा, जो अब इंग्लैंड-नरेश के मुकुट में लगा है।

जिनके लिये प्रभुभक्त खालसा सेना ने संग्राम किया, जिनके लिये हजारों लाखों का खून बहा, उनका परिणाम क्या हुआ? अन्त में अनेक परिवर्तनों के बाद महारानीं जिन्दा बुढ़ापे में अन्धी होकर बेटे को हृदय से लगाने के लिये सात समुद्र पार इंग्लैंड में गयी।

सन् १८६३ में पंजाब की राजमाता इंग्लैंड में एक साधारण स्त्री की तरह अपने प्राणप्रिय पुत्र दिलीप के घुटनों पर सिर रखकर मृत्यु को प्राप्त हुईं।

एक ऐसी माँ जिसे राज्य की रक्षा के लिए उसके मासूम बच्चे से दूर कर दिया गया। वो भी वह बच्चा जिसका उसकी प्यारी मां के अलावा इस दुनिया में कोई और सहारा भी न था। इसके बावजूद वह ब्रिटिश सरकार के खिलाफ मोर्चा लेती रहीं।

ये दर्द सहने वाली कोई और नहीं बल्कि पंजाब के महाराजा रणजीत सिंह की छोटी पत्नी रानी जिंदा कौर थीं। इन्होंने पति की मृत्यु के बाद पंजाब का शासन ही नहीं संभाला, बल्कि अंग्रेजों के खिलाफ कठोर नीतियां भी अपनाई।

वीरांगना झलकारीबाई

झांसी की रानी ने महिलाओं की एक अलग टुकड़ी **'दुर्गा दल'** बनाई हुई थी। इसका नेतृत्व कुश्ती, घुड़सवारी और धनुर्विद्या में माहिर झलकारीबाई के हाथों में था। झलकारीबाई ने कसम उठाई थी कि जब तक झांसी स्वतंत्र नहीं होगी, ना में श्रृंगार करूँगी और ना ही सिंदूर लगाऊँगी। अंग्रेजों ने जब झांसी का किला घेरा तो झलकारीबाई जोशो-खरोश के साथ लड़ी। उसका चेहरा और कद-काठी रानी लक्ष्मीबाई से काफी मिलती-जुलती थी, सो जब उसने रानी लक्ष्मीबाई को घिरते देखा तो उसने उन्हें महल से बाहर निकल जाने को कहा और दूसरी तरफ स्वयं घायल सिंहनी की तरह अंग्रेजों पर टूट पड़ी और शहीद हो गईं झलकारीबाई का जिक्र मराठी पुरोहित विष्णुराव गोडसे की कृति 'माझा प्रवास' में भी मिलता है। रानी लक्ष्मीबाई की सेना में जनाना फौजी इंचार्ज मोतीबाई और रानी के साथ चौबीस घंटे छाया की तरह रहने वाली सुंदर-सुंदर, काशीबाई, जूही, दुर्गाबाई भी दुर्गादल की ही सैनिक थीं। इन सभी ने अपने जान की बाजी लगाकर रानी लक्ष्मीबाई पर आंच नहीं आने दी और अंततोगत्वा वीरगति को प्राप्त हो गईं। कानपुर 1857 की क्रांति का प्रमुख गवाह रहा है। पेशे से तवायफ अजीजनबाई ने क्रांतिकारियों की संगत में आकर 1857 की क्रांति में भाग लिया।

कानपुर में नाना साहब के नेतृत्व में एक जून 1857 को जब तात्याटोपे, अजीमुल्ला खान, बालासाहब, सूबेदार टीका सिंह और शमसुद्दीन खान क्रांति की योजना बना रहे थे तो उनके साथ उस बैठक में अजीजनबाई भी मौजूद थी। क्रांतिकारियों की प्रेरणा से अजीजनबाई ने मस्तानी टोली के नाम से 400

महिलाओं की एक टोली बनाई जो मर्दाना भेष में रहती थी। एक तरफ ये अंग्रेजों से अपने हुस्न के दम पर राज उगलवातीं, वहीं नौजवानों को क्रांति में भाग लेने के लिये प्रेरित करती थीं। सतीचौरा घाट से बचकर बीबीघर में रखी गईं 125 अंग्रेज महिलाओं और बच्चों की रखवाली का कार्य अजीजनबाई की टोली के ही जिम्मे था। बिठूर के युद्ध में पराजित होने पर नाना साहब और तात्याटोपे तो पलायन कर गए थे, लेकिन अजीजनबाई पकड़ी गईं युद्धबंदी के रूप में उसे जनरल हैवलॉक के समक्ष पेश किया गया। जनरल हैवलॉक उसके सौन्दर्य पर रीझे बिना न रह सका और प्रस्ताव रखा कि यदि वह अपनी गलतियों को स्वीकार कर क्षमा माँग ले तो उसे माफ कर दिया जाएगा, किंतु अजीजन ने एक वीरांगना की भांति उसका प्रस्ताव ठुकरा दिया और पलट कर कहा कि माफी तो अंग्रेजों को माँगनी चाहिए, जिन्होंने इतने जुल्म ढाए हैं, इतने पर आग बबूला हैवलॉक ने अजीजनबाई को गोली मारने के आदेश दे दिए और क्षणभर में ही अजीजन के शरीर के चिथड़े उड़ गए। इतिहास में दर्ज है कि कानपुर के स्वाधीनता संग्राम में मस्तानीबाई की भूमिका भी कम नहीं है। बाजीराव पेशवा के लश्कर के साथ ही मस्तानीबाई बिठूर आई थी। अप्रतिम सौंदर्य की मलिका मस्तानीबाई अंग्रेजों का मनोरंजन करने के बहाने उनसे खुफिया जानकारी हासिल करके पेशवा को दिया करती थी। नाना साहब की मुँहबोली बेटी मेंनावती भी देशभक्ति से भरपूर थी। नाना साहब बिठूर से पलायन कर गए तो मेंनावती यहीं रह गईं जब अंग्रेज नाना साहब का पता पूछने पहुँचे तो मौके पर 17 वर्षीया मेंनावती ही मिली। नाना साहब का पता न बताने पर अंग्रेजों ने मेंनावती को जिंदा ही आग में झोंक दिया।

ऐसी ही न जाने कितनी दास्तान हैं जहाँ वीरांगनाओं ने अपने साहस और जीवटता के दमपर अंग्रेजों के छक्के छुड़ा दिए। मध्यप्रदेश में रामगढ़ की रानी अवंतीबाई ने 1857 के संग्राम के दौरान अंग्रेजों का प्रतिकार किया और घिर जाने पर आत्मसमर्पण करने की बजाय स्वयं को खत्म कर लिया। मध्य प्रदेश में ही जैतपुर की रानी ने अपनी रियासत की स्वतंत्रता की घोषणा कर दतिया के क्रांतिकारियों को लेकर अंग्रेजी सेना से मोर्चा लिया। तेजपुर की रानी भी इस संग्राम में जैतपुर की रानी की सहयोगी बनकर लड़ीं। मुजफ्फरनगर के

मुंडभर की महावीरी देवी ने 1857 के संग्राम में 22 महिलाओं के साथ मिलकर अंग्रेजों पर हमला किया।

झलकारी बाई का जन्म 22 नवम्बर 1830 को झांसी के पास के भोजला गाँव में एक निर्धन कोली परिवार में हुआ था। झलकारी बाई के पिता का नाम सदोवर सिंह और माता का नाम जमुना देवी था। जब झलकारी बाई बहुत छोटी थीं तब उनकी माँ की मृत्यु के हो गयी थी, और उसके पिता ने उन्हें एक लड़के की तरह पाला था। उन्हें घुड़सवारी और हथियारों का प्रयोग करने में प्रशिक्षित किया गया था। उन दिनों की सामाजिक परिस्थितियों के कारण उन्हें कोई औपचारिक शिक्षा तो प्राप्त नहीं हो पाई, लेकिन उन्होनें खुद को एक अच्छे योद्धा के रूप में विकसित किया था। झलकारी बचपन से ही बहुत साहसी और दृढ़ प्रतिज्ञ बालिका थी। झलकारी घर के काम के अलावा पशुओं का रख-रखाव और जंगल से लकड़ी इकट्ठा करने का काम भी करती थीं। एक बार जंगल में उसकी मुठभेड़ एक तेंदुए से हो गयी थी और झलकारी ने अपनी कुल्हाड़ी से उस तेंदुआ को मार डाला था। एक अन्य अवसर पर जब डकैतों के एक गिरोह ने गाँव के एक व्यवसायी पर हमला किया तब झलकारी ने अपनी बहादुरी से उन्हें पीछे हटने को मजबूर कर दिया था। उसकी इस बहादुरी से खुश होकर गाँव वालों ने उसका विवाह रानी लक्ष्मीबाई की सेना के एक सैनिक पूरन कोरी से करवा दिया, पूरन भी बहुत बहादुर था और पूरी सेना उसकी बहादुरी का लोहा मानती थी। एक बार गौरी पूजा के अवसर पर झलकारी गाँव की अन्य महिलाओं के साथ महारानी को सम्मान देने झाँसी के किले में गयीं, वहाँ रानी लक्ष्मीबाई उन्हें देख कर अवाक रह गयी क्योंकि झलकारी बिल्कुल रानी लक्ष्मीबाई की तरह दिखतीं थीं (दोनो के रूप में आलौकिक समानता थी)। अन्य औरतों से झलकारी की बहादुरी के किस्से सुनकर रानी लक्ष्मीबाई बहुत प्रभावित हुईं। रानी ने झलकारी को दुर्गा सेना में शामिल करने का आदेश दिया। झलकारी ने यहाँ अन्य महिलाओं के साथ बंदूक चलाना, तोप चलाना और तलवारबाजी की प्रशिक्षण लिया। यह वह समय था जब झांसी की सेना को किसी भी ब्रिटिश दुस्साहस का सामना करने के लिए मजबूत बनाया जा रहा था।

लार्ड डलहौजी की राज्य हड़पने की नीति के चलते, ब्रिटिशों ने नि:संतान लक्ष्मीबाई को उनका उत्तराधिकारी गोद लेने की अनुमति नहीं दी, क्योंकि वे ऐसा करके राज्य को अपने नियंत्रण में लाना चाहते थे। हालांकि, ब्रिटिश की इस कार्रवाई के विरोध में रानी के सारी सेना उसके सेनानायक और झांसी के लोग रानी के साथ लामबंद हो गये और उन्होने आत्मसमर्पण करने के बजाय ब्रिटिशों के खिलाफ हथियार उठाने का संकल्प लिया। अप्रैल 1857 के दौरान, लक्ष्मीबाई ने झांसी के किले के भीतर से, अपनी सेना का नेतृत्व किया और ब्रिटिश और उनके स्थानीय सहयोगियों द्वारा किये कई हमलों को नाकाम कर दिया। रानी के सेनानायकों में से एक दूल्हेराव ने उसे धोखा दिया और किले का एक संरक्षित द्वार ब्रिटिश सेना के लिए खोल दिया। जब किले का पतन निश्चित हो गया तो रानी के सेनापतियों और झलकारी बाई ने उन्हें कुछ सैनिकों के साथ किला छोड़कर भागने की सलाह दी। रानी अपने घोड़े पर बैठ अपने कुछ विश्वस्त सैनिकों के साथ झांसी से दूर निकल गईं।

वीरांगना झलकारी बाई का पति पूरन किले की रक्षा करते हुए शहीद हो गया लेकिन झलकारी वीरांगना ने बजाय अपने पति की मृत्यु का शोक मनाने के, ब्रिटिशों को धोखा देने की एक योजना बनाई। झलकारी ने लक्ष्मीबाई की तरह कपड़े पहने और झांसी की सेना की कमान अपने हाथ में ले ली। जिसके बाद वह किले के बाहर निकल ब्रिटिश जनरल ह्यूग रोज के शिविर में उससे मिलने पहुँची। ब्रिटिश शिविर में पहुँचने पर उसने चिल्लाकर कहा कि वो जनरल ह्यूग रोज से मिलना चाहती है। रोज और उसके सैनिक प्रसन्न थे कि न सिर्फ उन्होने झांसी पर कब्जा कर लिया है बल्कि जीवित रानी भी उनके कब्जे में है। जनरल हयूग रोज जो उसे रानी ही समझ रहा था, ने झलकारी बाई से पूछा कि उसके साथ क्या किया जाना चाहिए? तो उसने दृढ़ता के साथ कहा, मुझे फाँसी दो। जनरल ह्यूग रोज झलकारी का साहस और उसकी नेतृत्व क्षमता से बहुत प्रभावित हुआ और झलकारी बाई को रिहा कर दिया गया। इसके विपरीत कुछ इतिहासकार मानते हैं कि झलकारी इस युद्ध के दौरान वीरगति को प्राप्त हुईं एक बुंदेलखंड किंवदंती है कि झलकारी

के इस उत्तर से जनरल ह्यूग रोज दंग रह गया और उसने कहा कि "यदि भारत की 1% महिलायें भी उसके जैसी हो जायें तो ब्रिटिशों को जल्दी ही भारत छोड़ना होगा"।

जन कवि बिहारी लाल हरित ने 'वीरांगना झलकारी' काव्य की रचना की। हरित ने झलकारी की बहादुरी को निम्न प्रकार पंक्तिबद्ध किया है:–

लक्ष्मीबाई का रूप धार, झलकारी खड़ग संवार चली।
वीरांगना निर्भय लश्कर में, शस्त्र अस्त्र तन धार चली॥

राष्ट्रकवि मैथिलीशरण गुप्त ने झलकारी की बहादुरी को निम्न प्रकार पंक्तिबद्ध किया है:–

जा कर रण में ललकारी थी, वह तो झाँसी की झलकारी थी।
गोरों से लड़ना सिखा गई, है इतिहास में झलक रही,
वह भारत की ही नारी थी।

झाँसी की रानी लक्ष्मीबाई की नियमित सेना में, महिला शाखा दुर्गा दल की सेनापति थीं। वे लक्ष्मीबाई की हमशक्ल भी थीं इस कारण शत्रु को गुमराह करने के लिए वे रानी के वेश में भी युद्ध करती थीं। अपने अंतिम समय में भी वे रानी के वेश में युद्ध करते हुए वे अंग्रेजों के हाथों पकड़ी गयीं और रानी को किले से भाग निकलने का अवसर मिल गया। उन्होंने प्रथम स्वाधीनता संग्राम में झाँसी की रानी के साथ ब्रिटिश सेना के विरुद्ध अद्भुत वीरता से लड़ते हुए ब्रिटिश सेना के कई हमलों को विफल किया था। यदि लक्ष्मीबाई के सेनानायकों में से एक ने उनके साथ विश्वासघात न किया होता तो झांसी का किला ब्रिटिश सेना के लिए प्रायः अभेद्य था। झलकारी बाई की गाथा आज भी बुंदेलखंड की लोकगाथाओं और लोकगीतों में सुनी जा सकती है।

वीरांगना रानी ईश्वर कुमारी

हमारे लिए यह सौभाग्य की बात है कि भारत की पवित्र भूमि पर जहाँ एक और देशद्रोही और विश्वासघात करने वाले गद्दार पैदा हुए हैं। वहीं दूसरी ओर ऐसे लाल भी पैदा हुए हैं जिन्होंने हँसते-हँसते अपने देश की आजादी के लिए अपने जीवन तक का बलिदान कर दिया। इसी श्रृंखला में भारतीय स्वतंत्रता संग्राम में रानी ईश्वर कुमारी का यश एवं त्याग उल्लेखनीय है।

हमारे समाज में कुछ लोग ऐसे होते हैं, जो अन्याय को सहन कर लेते हैं। पर कुछ लोग ऐसे भी होते हैं जो अत्याचार का विरोध करने के लिए अपनी जान की बाजी तक लगा देते हैं। भगवान श्री कृष्ण ने गीता में लिखा है कि बहादुर युद्ध से नहीं घबराते उन्होंने कहा है, कि युद्ध में पराजित होने पर वर्ग तथा विजय प्राप्त होने पर ऐश्वर्य मिलता है। राष्ट्रकवि मैंथिलीशरण गुप्त ने लिखा है कि अधिकार खोकर बैठे रहना यह महादुष्कर्म है। न्यायार्थ अपने बंधु को भी दंड देना धर्म है। इसका अर्थ यह है कि हमें अपना कर्तव्य समझते हुए अन्याय का विरोध करना चाहिए।

ईश्वर कुमारी कौन थी?

राजेश्वरी कुमारी तुलसीपुर के राजा द्रिग नारायण सिंह की पत्नी थी. आपके पति की मृत्यु अंग्रेजो ने शोषण के कारण जेल में हत्या कर दी थी। अपने पति राजा द्रगराज सिंह की मृत्यु के बाद, ईश्वर कुमारी ने तुलसीपुर राज्य की बागडोर अपने हाथ में ले ली। जब सारे देश में 1857 की क्रांति की ज्वाला भड़क उठी तब रानी के कंपनी सरकार का विरोध किया। उसे कंपनी सरकार की तरफ से यह संदेश मिला कि या तो वह सरकार की अधीनता

स्वीकार कर ले अन्यथा उसका राज्य हड़प लिया जाएगा। यद्यपि रानी ईश्वर कुमारी के साधन अत्यंत सिमित थे तथापि उसने अंग्रेजों से लोहा लेने का निश्चय किया और अंग्रजों अंतिम समय तक लड़ाई करती रही।

ईश्वर कुमारी का जीवन परिचय

तुलसीपुर की रानी ईश्वर कुमारी देवी 1857-1858 ई. के दौरान स्वतंत्रता संग्राम की संयुक्त नेता थीं। स्वतंत्रता संग्राम के दौरान रानी को नायिका माना जाता था। जब राजा द्रिग नारायण सिंह लखनऊ किले में कैदी थे, तुलसीपुर की रानी सक्रिय रूप से साथ दे रही थी। बहराइच में स्वतंत्रता सेनानियों के साथ अपने पति और अपने देश को अंग्रेजों से मुक्त कराने के लिए स्वतंत्रता के लिए उनका योगदान उल्लेखनीय था। उसने स्वतंत्रता बलों की सहायता करने और अपनी स्थिति को मजबूत करने के लिए एक बड़ी ताकत इकट्ठी की थी।

वीरांगना ईश्वर कुमारी 1857 की क्रांति में क्यों कूदी

1857 ईस्वी तुलसीपुर गोरखपुर उत्तर प्रदेश में एक बहुत ही छोटा जनपद था। इस समय वहाँ राजा दृग नारायण सिंह शासन कर रहा था। उसने अंग्रेज सरकार के विरोध में आवाज बुलंद की है उसे नजर बंद कर दिया गया जहाँ उसकी मृत्यु हो गई। उसके बाद तुलसीपुर जनपद की रानी बनी। ब्रिटिश ईस्ट इंडिया कंपनी ने फूट डालो और राज करो नीति के आधार पर शासन का संचालन किया।

उसका शासन अन्याय तथा अत्याचार पर आधारित रहा। हमारे यहाँ कुछ राजा और नवाब इतने गद्दार थे, कि उन्होंने भ्रष्टाचार तथा अत्याचार का विरोध करने के लिए स्थान पर अंग्रेजों के पक्ष में तथा भारतीयों के विरोध में युद्ध में भाग लिया। इतना ही नहीं ऐसे देशद्रोहियों ने अंग्रेजो के तलवे तक सहलाने प्रारंभ कर दिए थे।

13 जनवरी 1859 ईसवी के एक दस्तावेज के अनुसार 1857 के गदर में राजा दृग नारायण सिंह की रानी ने इस अंग्रेजी राज्य के खिलाफ बहुत बड़े पैमाने पर विद्रोह किया था। शाही फरमान को मानने से रानी ने इंकार कर

दिया इसलिए उसका राज्य छीनकर बलरामपुर राज्य में मिला लिया गया था। रानी को हथियार डाल देने और अंग्रेजों की सत्ता स्वीकार करने के लिए प्रलोभन दिए गए तब उनका जब्त किया हुआ राज्य उन्हें वापस लौटाने का आश्वासन भी दिया गया। पर रानी ने आत्मसमर्पण के बजाय बेगम हजरत महल की तरह देश से बाहर निर्वासित जीवन बिताना स्वीकार किया। और अंग्रेजों के खिलाफ खुलकर मैंदान में आ गयी थी।

ईश्वर कुमारी जी का अंतिम समय

रानी राजेश्वरी कुमारी अपने अस्तित्व के लिए लड़ती रही। उसने कभी भी हार नहीं मानी कंपनी सरकार ने रानी पर अमानवीय अत्याचार किए। हम जब भी उन्हें याद करते हैं, तो हमारे रोंगटे खड़े हो जाते हैं। इस पर कुमारी यह समझ गई थी कि सीमित साधनो शस्त्रों तथा कम सैनिकों की सहायता से विशाल अंग्रेज सेना का मुकाबला अधिक समय तक नहीं किया जा सकता। इस वीरांगना ने शत्रुओं के हाथों मरने के स्थान पर स्वयं मर जाना अधिक श्रेयस्कर समझा। उसने मातृभूमि तुलसीपुर को नमन किया और उसे छोड़कर वह नेपाल के जंगलों में जाकर छुप गई ऐसा कहा जाता है।

कहा जाता है, अंग्रेजो से लड़ते और बचते हुए ईश्वर कुमारी जी नेपाल जा पहुँची। नेपाल जाने के बाद ईश्वर कुमारी की क्या गतिविधियाँ रही इस संबंध में कोई विशेष जानकारी प्राप्त नहीं होती। ऐसा कहा जाता है कि रानी ने नेपाल में ही इस दुनिया से चल बसी होंगी। इतिहास इस विषय पर मौन है अंग्रेज सेनापति भी रानी के शौर्य तथा उत्साह का लोहा मानते थे। निःसंदेह ईश्वर कुमारी भारतवर्ष की एक ऐसी वीरांगना हुई है जिस पर हम आज भी गर्व कर सकते हैं।

महारानी तपस्विनी

भारतीय वाङ्मय में बताया गया है कि जननी जन्मभूमि स्वर्ग से भी श्रेष्ठ है भगवान श्रीराम ने अवध को स्वर्ग से भी बढ़कर माना है। भारती मां को अपने सपूतों पर गर्व है जिन्होंने उसकी मर्यादा की रक्षा के लिए अपना सर्वस्व लुटा दिया। भारत के इतिहास में ऐसे कई लाल हुए हैं जिन्होंने अपनी जान से अधिक महत्व इस देश की आजादी को दिया यही कारण है कि कृतज्ञ भारत उन्हें हमेशा याद रखता है और आगे भी याद रखेगा। जिन महान विभूतियों ने जीवन पर्यंत अंग्रेज सरकार का विरोध किया महारानी तपस्विनी भी उनमें से एक थी।

महारानी तपस्विनी बाई का झांसी की रानी लक्ष्मीबाई से निकट का संबंध था। आशा रानी व्योहरा ने इस संबंध में लिखा है। महारानी तपस्विनी झांसी की रानी लक्ष्मीबाई की भतीजी और उनके एक सरदार पेशवा नारायण राव की पुत्री थी। वह एक बाल विधवा थी। उसके बचपन का नाम सुनन्दा था। बचपन से ही राष्ट्रप्रेम की भावना भरी हुई थी। वह विधवा होने पर भी निराशा पूर्ण तरीके से जीवन व्यतीत नहीं करती थी। वह हमेंशा ईश्वर की पूजा पाठ करती है, और शस्त्र और शास्त्रों का अभ्यास करती थी। वह धैर्य तथा साहस की प्रतिमूर्ति थी।

सुनन्दा चंडी की उपासक थी। धीरे-धीरे उसमें शक्ति का संचार होता गया वह घुड़सवारी करती थी। उसका शरीर सुडौल सुंदर एवं स्वस्थ था। चेहरा क्रांति का प्रतीक था उनके हृदय में देश की आजादी की ललक थी। किशोरी सुनन्दा अपने को शेरनी सरकार को हाथी समझती थी। और उसे

समाप्त करने पर तुली हुई थी। जैसे शेर हाथियों से नहीं डरता है, वैसे सुनन्दा भी अंग्रेजो से नहीं डरती थी। भारतीयों ने अंग्रेजों की दासता से मुक्ति पाने हेतु सर्व प्रथम प्रयास 1857 की क्रांति से शुरू किया था। जिसे प्रथम भारतीय स्वतंत्रता संग्राम भी कहा जाता है। वैसे महाराणा प्रताप तथा छत्रपति शिवाजी ने मुस्लिम शासन के विरुद्ध जमकर संघर्ष किया था। पर अंग्रेजी सरकार को नष्ट करने का पहला प्रयास 1857 में ही हुआ था। जिसमें न केवल क्रांतिकारियों ने अपितु भारतीय जनता ने भी खुलकर भाग लिया था। वास्तव में यह जनमानस का विद्रोह था। इसमें असंख्य लोग मारे गए उसको भयंकर यातनाएं दी गई उसको जिंदा अग्नि को भेंट चढ़ा दिया गया परंतु मातृभूमि इससे विचलित नहीं हुई।

अपने पिता नारायण राव की मृत्यु के बाद सुनंदा ने सव्य जागीर की देखभाल करना प्रारंभ कर दिया था। उसने कुछ सिपाही भर्ती किए, सुनंदा लोगों को अंग्रेजों के विरुद्ध भड़काती थी। और उन्हें क्रांति की प्रेरणा देती थी। जब अंग्रेजों को सुनंदा की गतिविधियों के बारे में जानकारी प्राप्त हुई। तो उन्होंने सुनंदा को एक किले में नजरबंद कर दिया। अंग्रेजी सरकार का मानना था कि इस कार्रवाई से यह महिला शांत हो जाएगी परंतु ऐसा कुछ नहीं हुआ।

अंग्रेज सरकार ने सुनंदा को नजरबंदी से रिहा कर दिया यहाँ से वह घर लौटने के स्थान पर नैमिषारण्य चली गई। और वहाँ रहकर संत गौरी शंकर के निर्देशन में शिव तथा शक्ति की आराधना करने लगी। सरकार ने समझा कि सुनंदा सन्यासी बन गई है। अब उससे अंग्रेंजो को कोई भय नहीं है।

सुनंदा को यहाँ के लोग माता तपस्विनी के नाम से संबोधित करने लगे। रानी तपस्विनी अपने प्रवचनो के माध्यम से आध्यात्मिक ज्ञान देती थी। सभी वर्गों के लोग उनके शिष्य थे। रानी तपस्विनी अपने प्रवचनों के माध्यम से जनता में क्रांति का संदेश फैलाती थी। जिस प्रकार बाँसुरिया बाबा भोजपुर के लोगों को क्रांति में भाग देने के लिए प्रेरित करते थे।

ठीक उसी प्रकार रानी तपस्विनी भी अंग्रेजी सरकार का विरोध करने एवं जनता को क्रांति करने की प्रेरणा देती थी। रानी के शिष्य साधु के रूप में विशेष प्रचार करते थे। वे कहते थे "अंग्रेज तुम्हारा देश हड़प कर ही संतुष्ट

नहीं हो रहे, वे तुम्हारा धर्म भी भ्रष्ट करना चाहते है"। धीरे-धीरे सभी को इसाई बना लेंगे। तुम्हे गंगा मैया की सौगंध माता तपस्विनी की सौगंध, जाग उठो और अंग्रेजों को देश से बाहर निकालने के लिए तैयार हो जाओ।

अट्ठारह सौ सत्तावन ईसवी की क्रांति का बिगुल जब बजा तब रानी तपस्विनी ने इस क्रांति में सक्रिय रूप से भाग लिया। उनके प्रभाव के कारण अनेक लोगों ने इस क्रांति में अहम भूमिका निभाई। रानी ने स्वय घोड़े पर चढ़कर युद्ध में भाग लिया। परंतु उसकी छोटी सी सेना अंग्रेजों की विशाल तथा संगठित सेना के समक्ष अधिक समय तक टिक नहीं सकी। इसके अतिरिक्त कुछ भारतीय गद्दारों ने भी उसके साथ विश्वासघात कर दिया था। अंग्रेजी सरकार ने रानी को पकड़ने के लिए कई बार कोशिश करी। परंतु गाँव वालों की पूरी मदद से ब्रिटिश सरकार को अपने उद्देश्य में सफलता प्राप्त नहीं हुई।

रानी तपस्विनी ने यह महसूस कर लिया था की युद्ध के माध्यम से अंग्रेजों को पराजित करना आसान कार्य नहीं है। अंग्रेजों ने भी 1858 तक इस क्रांति का दामन थाम लिया था। अतः रानी तपस्विनी नाना सहाब के साथ नेपाल चली गई। पर वहाँ जाकर की रानी शांति से नहीं बैठी। रानी ने वहाँ अनेक मंदिरों का निर्माण करवाया। वहाँ से छिपे रूप में भारतीयों को क्रांति का संदेश भिजवाती थी। और उन्हें विश्वास दिलाती थी कि घबराए नहीं एक दिन अंग्रेजी शासन पूर्ण रूप से नष्ट हो जाएगा।

1857 की क्रांति से प्रेरित होकर कुछ विदेशी भारतीयों ने भी विदेशों में रहकर भारत की आजादी के लिए आंदोलन चलाए। इनमें से रासबिहारी बोस ने जापान में तथा श्यामजी कृष्ण वर्मा ने इंग्लैंड तथा अन्य स्थानों पर भारतीयों के पक्ष में एक मजबूत आंदोलन का आरंभ कर दिया। महारानी तपस्विनी ने अंग्रेजों द्वारा भारत पर किए जा रहे अत्याचारों से नेपाल की जनता को अवगत कराया। रानी वहाँ पर राष्ट्रीयता की भावना का प्रसार कर रही थी। पर नेपाल के नरेश (राणा) अंग्रेजों के मित्र थे अतः उसे इच्छित सफलता प्राप्त नहीं हो सकी।

रानी तपस्विनी क्रांति का प्रचार करते करते नेपाल से कोलकाता पहुँची। रानी के साथियों द्वारा लगातार गद्दारी करने की वजह से रानी निराश हो गई थी। उनका शरीर चिंता से दिन प्रतिदिन कमजोर होता गया। धोखेबाज एवं देशद्रोही भारतीयों से वह घबरा गई। अंत में 1907 ईस्वी में भारत की महान विदुषी, देशभक्त नारी कलकत्ता में इस संसार से चल बसी। 1905 ईस्वी में जब बंगाल विभाजन के विरोध आंदोलन प्रारंभ हुआ था। तब रानी तपस्विनी ने उस में सक्रिय रूप से भूमिका निभाई थी। त्याग और बलिदान की प्रतिमूर्ति रानी तपस्विनी पर हमें गर्व है।

भारत का दुर्भाग्य रहा है कि हर युग में यहाँ जयचंद तथा मीर जाफर जैसे देशद्रोही एवं विश्वासघाती तथा गद्दार होते रहे हैं। जो अपने स्वार्थ पूर्ति हेतु राष्ट्र का अहित करने से नहीं चूकते थे। आज भी कुछ लोग ऐसे हैं जो विदेशों से मिलकर हमारी राष्ट्रीय एकता तथा अखंडता को नष्ट करने के प्रयास में लगे हुए हैं। देशभक्त भारतीयों को ऐसी तत्व का डटकर विरोध करना चाहिए।

रानी द्रौपदी बाई

रानी द्रौपदी बाई निःसंदेह भारत की एक प्रसिद्ध वीरांगना हो गई है जिनके बारे में बहुत कम लोगों को जानकारी है लेकिन इतिहास में रानी द्रौपदी बाई का भी महत्वपूर्ण स्थान है। इन्होंने कभी भी सरकार की खुशामद नहीं की। एक छोटी सी रियासत धार की रानी द्रौपदी बाई ने अपने कर्म से यह सिद्ध कर दिया कि भारतीय ललनाओं की धमनियों में भी रणचंडी और दुर्गा का रक्त ही प्रवाहित होता है। रानी द्रौपदी बाई धार क्षेत्र की क्रांति की सूत्रधार थी। ब्रितानी उनसे भयभीत थे। धार मध्य भारत का एक छोटा-सा राज्य था। 22 मई 1857 को धार के राजा का देहावसान हो गया। आनन्दराव बाल साहब को उन्होंने मरने के एक दिन पहले गोद लिया। वे उनके छोटे भाई थे। राजा की बड़ी रानी द्रौपदी बाई ने ही राज्य भार सँभाला, कारण आनन्दराव बाला साहब, नाबालिग थे।

अन्य राजवंशों के विपरीत ब्रितानियों ने धार के अल्पवयस्क राजा आनन्दराव को मान्यता प्रदान कर दी। उन्हें आशा थी कि ऐसा करने से धार राज्य उनका विरोध नहीं कर सकता, लेकिन रानी द्रौपदी के हृदय में तो क्रांति की ज्वाला धधक रही थी। रानी ने कार्य-भार सँभालते ही समस्त धार क्षेत्र में क्रांति की लपटें प्रचंड रूप से फैलने लगीं।

रानी द्रौपदी बाई ने रामचंद्र बापूजी को अपना दीवान नियुक्त किया। बापूजी ने सदा उनका समर्थन किया इन दोनों ने 1857 की क्रांति में ब्रितानियों का विरोध किया। क्रांतिकारियों की हर संभव सहायता रानी ने की। सेना में अरब, अफगान आदि सभी वर्ग के लोगों को नियुक्त किया। अँग्रेज नहीं चाहत

थे कि रानी देशी वेतन भोगी सैनिकों की नियुक्ति करें। रानी ने उनकी इच्छा की कोई चिंता न की। रानी के भाई भीम राव भोंसले भी देशभक्त थे। धार के सैनिकों ने अमझेरा राज्य के सैनिकों के साथ मिलकर सरदार पुर पर आक्रमण कर दिया रानी के भाई भीम राव ने क्रांतिकारियों का स्वागत किया। रानी ने लूट में लाए गए तीन तोपों को भी अपने राजमहल में रख लिया। 31 अगस्त को धार के कालें पर क्रांतिकारियों का अधिकार हो गया। क्रांतिकारियों को रानी की ओर से पूर्ण समर्थन दिया गया था। अँग्रेज कर्नल ड्यूरेड ने रानी के कार्यों का विरोध करते हुए लिखा कि आगे की समस्त कार्यवाई का उत्तरदायित्व उन पर होगा।

धार की राजमाता द्रौपदी बाई एवं राज दरबार द्वारा विद्रोह को प्रेरणा दिए जाने के कारण कर्नल ड्यूरेंड बहुत चिंतित हो गए। उन्हें भय था कि समस्त माल्वान् क्षेत्र में शीघ्र क्रांति फैल सकती है। नाना साहब भी उसके आस-पास ही जमें हुए थे। जुलाई 1857 से अक्टूबर 1857 तक धार के किले पर क्रांतिकातियों के बीच एक समझौता हो गया। क्रांतिकारियों के नेता गुलखान, बादशाह खान, सआदत खान स्वयं रानी द्रौपदी बाई के दरबार में आए। क्रांतिकारी अँग्रेजों के दरबार में आए। क्रांतिकारी अँग्रेजों को बहुत परेशान किया करते थे। वे उनके डाक लूट लेते। उनके घरों में आग लगा दी।

ब्रिटिश सैनिकों ने 22 अक्टूबर 1857 को धार का किला घेर लिया। यह किला मैंदान से 30 फुट ऊँचाई पर लाल पत्थर से बना था। किले के चारों ओर 14 गोल तथा दो चौकोर बुर्ज बने हुए थे। क्रांतिकारियों ने उनका डटकर मुकाबला किया। ब्रितनियों को आशा थी कि वे शीघ्र आत्म सर्मपण कर देंगे पर ऐसा न हुआ। 24 से 30 अक्टूबर तक संघर्ष चलता रहा। किले की दीवार में दरार पड़ने के कारण ब्रितानी सैनिक किले में घुस गए। क्रांतिकारी सैनिक गुप्त रास्ते से निकल भागे।

कर्नल ड्यूरेन्ड तो पहले से ही रानी का विरोधी था। उसने किले को ध्वस्त कर दिया। धार राज्य को जब्त कर लिया गया। दीवान रामचंद्र बापू को बंदी बना दिया गया। 1860 में धार का राज्य पुनः अल्पवयस्क राजा को वयस्कता प्राप्त करने पर सौंप दिया गया। रानी द्रौपदी बाई धार क्षेत्र के

क्रांतिकारियों को प्रेरणा देती रही। उन्होंने बहादुरी के साथ शक्तिशाली ब्रिटिश सरकार का विरोध किया। यह अपने आप में कम नहीं थी निःसंदेह रानी द्रौपदी बाई एक प्रमुख क्रांति की अग्रदूत रही है।

इस तरह रानी द्रौपदी जीवन पर्यंत धार क्षेत्र के लोगों को क्रांति की प्रेरणा देती रही! और अंग्रेजों का विरोध करती रही! वो सदा स्वतंत्र विचारधारा की समर्थक रही अंग्रेज उनसे डरते थे वो उनसे कभी नहीं डरी!

1. छोटे से धार क्षेत्र की
थी वो अद्‌भुत रानी
हार नहीं मानी जीवन भर
दे गई अमर कुर्बानी!

2. अंग्रेज सदा डरते थे उनसे
थी उनकी शान निराली
रानी को खुश सदा रखने
उनकी बात सदा मानी!

3. पर रानी भयभीत निडर
अंग्रेजों की बात ना माने
क्रांतिकारियों को पूर्ण समर्थन
अंग्रेजों की खिलाफत कर माने!

4. निःसंतान द्रौपदी पति ने
छोटे भाई को गोद लिया
अवयस्क था भाई रानी ने
राज भार सब संभाल लिया!

5. आनंद राव अभी बालक थे
राज नहीं कर सकते थे

रानी द्रौपदी ने आगे बढ़ कर
सब राज भार संभाले थे

6. बड़ी सुभट वीर थी रानी
क्रांति वीर कहाती थी
मध्य भारत के धार क्षेत्र की
वो क्रांति की नई चेतना थी!

7. 22 मई सन 1857 को
पति का देहांत हुआ
रानी ने सेना सुदृढ़ बनाई थी
क्रांति कारियों का साथ दिया!

8. रानी के सीने की भीतर
क्रांति ज्वाला धधकती थी
जब से रानी ने राज संभाला
क्राँति प्रचण्ड रूप फैलती थी!

9. रानी ने विश्वास पात्र
रामचंद्र बाबू को दीवान किया
स्वामी भक्त दीवान रहे वो
रानी का हरदम साथ दिया!

10. सेना में रानी ने सैनिक
अरब अफगानी नियुक्त किये
तनखा पर रखा था उनको
जो अंग्रेजों को बहुत खले!

वीरांगना शिवदेवी तोमर और जयदेवी तोमर

शिवदेवी तोमर: अंग्रेज फौज के दमन का बदला लेने वाली 16 वर्षीया किशोरी पश्चिमी उत्तर प्रदेश के बड़ौत की 16 वर्षीय वीरांगना शिवदेवी तोमर तथा उनकी छोटी बहन जयदेवी तोमर की पावन स्मृति को श्रद्धा सुमन अर्पित कर रहा हूँ, जिन्होंने अंग्रेजी सेना के दमन का प्रतिशोध लेने के लिए अपने प्राण न्यौछावर कर दिए।

10 मई 1857 को हिन्दुस्तानी सैनिकों ने मेंरठ कैंट में अंग्रेजों के खिलाफ विद्रोह कर दिया। शीघ्र ही इस विद्रोह की आग आसपास के गाँवों, शहरों तक में फैल गईं बड़ौत के शाहमल जाट ने इलाके पर घेरा डाल दिया और खुदमुख्तार आजादी घोषित कर दी। कहा जाता है कि 18 जुलाई 1857 को अंग्रेज फौज बड़ौत पहुँची और हमला कर दिया। भीषण युद्ध में शाहमल जाट वीरगति को प्राप्त हुए। हमले में अंग्रेजों ने क्रूरता की हदें पार कर दीं। अनुमान के अनुसार 30 स्वतन्त्रता सेनानियों को पकड़ लिया गया और पेड़ पर लटका कर फांसी दे दी गईं गाँव को बुरी तरह लूटा गया, तबाह बरबाद कर दिया गया। कहा यह भी जाता है कि अंग्रेजों ने गाँव का रसद पानी बंद कर दिया, अनाज, जानवरों, फसलों और संपत्ति पर अंग्रेजों ने कब्जा कर लिया।

16 वर्षीय शिवदेवी तोमर ने अपनी आँखों के सामने अपने गाँव वालों पर ये भीषण अत्याचार देखे। प्रतिशोध की भावना स्वाभाविक थी। वो और

उनकी मित्र किशन देवी ने क्षेत्र के कुछ नौजवानों को एकत्र किया, बदला लेने का निर्णय लिया गया।

उन्होंने बड़ौत में तैनात अंग्रेजी टुकड़ी पर जोरदार हमला किया। अचानक हुए आक्रमण से अंग्रेज सैनिक घबड़ा कर भागे। विभिन्न स्रोतों के अनुसार हमले का नेतृत्व शिवदेवी तोमर ने स्वयं किया और कई अंग्रेज सैनिकों को मौत के घाट उतार दिया। बेहतर हथियार होने के बावजूद अंग्रेज सैनिक हमले का सामना न कर सके। शिवदेवी तोमर की टुकड़ी का हमला इतना तेज था कि अंग्रेज बड़ौत छोड़ कर भाग खड़े हुए। कहा जाता है कि हमले में शिवदेवी तोमर स्वयं गंभीर रूप से घायल हो गईं। जब गाँव वाले उनके घावों का उपचार कर ही रहे थे तभी अंग्रेज टुकड़ी वापस लौटी और उसने उस घायल युवा वीरांगना पर एक के बाद एक कई गोलियाँ दाग दीं। युवा वीरांगना ने मातृभूमि की स्वाधीनता के लिए शहादत का वरण किया और अपना सर्वस्व न्यौछावर कर दिया।

लेकिन शिवदेवी तोमर की शहादत व्यर्थ नहीं गईं कहा जाता है कि उनकी 14 वर्षीय छोटी बहन जयदेवी तोमर ने अपनी बहन की मृत्यु का बदला लेने की शपथ ली। उन्होंने गाँव के युवाओं को ललकारा और अगल बगल के गावों के युवाओं का दल बना कर, लखनऊ तक अंग्रेज टुकड़ी का पीछा किया।

रास्ते में उन्होंने बुलंदशहर, मेरठ, अलीगढ़, एटा, मैनपुरी, इटावा की जनता को भी अंग्रेजों के खिलाफ विद्रोह करने के लिए ललकारा। लखनऊ पहुँचने पर यह दल, कई दिनों तक बिना किसी रसद, बिना किसी सहायता के, अंग्रेज टुकड़ी की तलाश में भटकता रहा। अंततः उन्हें वह अंग्रेज सैनिक टुकड़ी मिल ही गईं कहा जाता है जयदेवी तोमर ने अपनी तलवार से टुकड़ी के अंग्रेज अधिकारी का सर कलम कर दिया। शेष दल ने अंग्रेज सैनिकों पर हमला कर दिया। जिस बंगले में अंग्रेज ठहरे हुए थे, उसे आग लगा दी गईं इस संघर्ष में स्वयं जयदेवी तोमर को वीरगति प्राप्त हुईं बाद में स्थानीय नागरिकों ने लखनऊ में ही सम्मानपूर्वक उनकी अन्त्येष्टि की।

कस्तूरबा गाँधी

कस्तूरबा गाँधी (1869–1944), महात्मा गाँधी की पत्नी जो भारत में बा के नाम से विख्यात है। कस्तूरबा गाँधी का जन्म 11 अप्रैल सन् 1869 ई. में काठियावाड़ के पोरबंदर नगर में हुआ था। इस प्रकार कस्तूरबा गाँधी आयु में गाँधी जी से 6 मास बड़ी थीं। कस्तूरबा गाँधी के पिता 'गोकुलदास मकनजी' साधारण स्थिति के व्यापारी थे। गोकुलदास मकनजी की कस्तूरबा तीसरी संतान थीं। उस जमाने में कोई लड़कियों को पढ़ाता तो था नहीं, विवाह भी अल्पआयु में ही कर दिया जाता था। इसलिए कस्तूरबा भी बचपन में निरक्षर थीं और सात साल की अवस्था में 6 साल के मोहनदास के साथ उनकी सगाई कर दी गईं तेरह साल की आयु में उन दोनों का विवाह हो गया।

पति–पत्नी 1888 ई. तक लगभग साथ–साथ ही रहे किंतु बापू के इंग्लैंड प्रवास के बाद से लगभग अगले बारह वर्ष तक दोनों प्राय: अलग–अलग से रहे। इंग्लैंड प्रवास से लौटने के बाद शीघ्र ही बापू अफ्रीका जाना पड़ा। जब 1896 में वे भारत आए तब बा को अपने साथ ले गए। तब से बापू के पद का अनुगमन करती रहीं। उन्होंने उनकी तरह ही अपने जीवन को सादा बना लिया। वे बापू के धार्मिक एवं देशसेवा के महाव्रतों में सदैव उनके साथ रहीं। यही उनके सारे जीवन का सार है। बापू के अनेक उपवासों में बा प्राय: उनके साथ रहीं। और उनकी सार सँभाल करती रहीं। जब 1932 में हरिजनों के प्रश्न को लेकर बापू ने यरवदा जेल में आमरण उपवास आरंभ किया उस समय बा साबरमती जेल में थीं। उस समय वे बहुत बेचैन हो उठीं और उन्हें तभी चैन मिला जब वे यरवदा जेल भेजी दी गईं।

धर्म के संस्कार बा में गहरे बैठे हुए थे। वे किसी भी अवस्था में मांस और शराब लेकर मानुस देह भ्रष्ट करने को तैयार न थीं। अफ्रीका में कठिन बीमारी की अवस्था में भी उन्होंने मांस का शोरबा पीना अस्वीकार कर दिया और आजीवन इस बात पर दृढ़ रहीं।

दक्षिण अफ्रीका में 1913 में एक ऐसा कानून पास हुआ जिससे इसाई मत के अनुसार किए गए और विवाह विभाग के अधिकारी के यहाँ दर्ज किए गए विवाह के अतिरिक्त अन्य विवाहों की मान्यता आग्रहय की गई थी। दूसरे शब्दों में हिंदू, मुसलमान, पारसी आदि लोगों के विवाह अवैध करार दिए गए और ऐसी विवाहित स्त्रियों की स्थिति पत्नी की न होकर रखैल सरीखी बन गईं। बापू ने इस कानून को रद्द कराने का बहुत प्रयास किया। पर जब वे सफल न हुए तब उन्होंने सत्याग्रह करने का निश्चय किया और उसमें सम्मिलित होने के लिये स्त्रियों का भी आह्वान किया। पर इस बात की चर्चा उन्होंने अन्य स्त्रियों से तो की किंतु बा से नहीं की। वे नहीं चाहते थे कि बा उनके कहने से सत्याग्रहियों में जाएँ और फिर बाद में कठिनाइयों में पड़कर विषम परिस्थिति उपस्थित करें। वे चाहते थे कि वे स्वेच्छानुसार जाएँ और जाएँ तो दृढ़ रहें। जब बा ने देखा कि बापू ने उनसे सत्याग्रह में भाग लेने की कोई चर्चा नहीं की तो बड़ी दु:खी हुई और बापू को उपालंभ दिया। फिर वे स्वेच्छानुसार सत्याग्रह में सम्मिलित हुई और तीन अन्य महिलाओं के साथ जेल गईं। जेल में जो भोजन मिला वह अखाद्य था अत: उन्होंने फलाहार करने का निश्चय किया। किंतु जब उनके इस अनुरोध पर कोई ध्यान नहीं दिया गया तो उन्होंने उपवास करना आरंभ कर दिया। निदान पाँचवें दिन अधिकारियों को झुकना पड़ा। किंतु जो फल दिए गए वह पूरे भोजन के लिये पर्याप्त न थे। अत: बा को तीन महीने जेल में आधे पेट भोजन पर रहना पड़ा। जब वे जेल से छूटीं तो उनका शरीर ठठरी मात्र रह गया था।

दक्षिण अफ्रीका में जेल जाने के सिवा कदाचित् वहाँ के किसी सार्वजनिक काम में भाग नहीं लिया किंतु भारत आने के बाद बापू ने जितने भी काम उठाए, उन सबमें उन्होंने एक अनुभवी सैनिक की भाँति हाथ बँटाया। चंपारन के सत्याग्रह के समय बा भी तिहरवा ग्राम में रहकर गाँवों में घूमती

और दवा वितरण करती रहीं। उनके इस काम में गोरों को राजनीति की बू आई। उन्होंने बा की अनुपस्थिति में उनकी झोपड़ी जलवा दी। बा की उस झोपड़ी में बच्चे पढ़ते थे। अपनी यह पाठशाला एक दिन के लिए भी बंद करना उन्हें पसंद न था अतः उन्होंने सारी रात जागकर घास का एक दूसरा झोपड़ा खड़ा किया। इसी प्रकार खेड़ा सत्याग्रह के समय बा स्त्रियों में घूम घूमकर उन्हें उत्साहित करती रही।

1922 में जब बापू गिरफ्तार किए गए और उन्हें छह साल की सजा हुई उस समय उन्होंने जो वक्तव्य दिया वह उन्हें वीरांगना के रूप में प्रतिष्ठित करता है। उन्होंने गाँधी जी के गिरफ्तारी के विरोध में विदेशी कपड़ों के त्याग के लिए लोगों का आह्वान किया। बापू का संदेश सुनाने नौजवानों की तरह गुजरात के गाँवों में घूमती फिरीं। 1930 में दांडी कूच और धरासणा के धावे के दिनों में बापू के जेल जाने पर बा एक प्रकार से बापू के अभाव की पूर्ति करती रहीं। वे पुलिस के अत्याचारों से पीड़ित जनता की सहायता करती, धैर्य बँधाती फिरीं। 1932 और 1933 का अधिकांश समय उनका जेल में ही बीता।

1939 में राजकोट के ठाकुर साहब ने प्रजा को कतिपय अधिकार देना स्वीकार किया था किंतु बाद में मुकर गए। जनता ने इसके विरुद्ध अपना विरोध प्रकट करने के लिये सत्याग्रह करने का निश्चय किया। बा ने जब यह सुना तो उन्हें लगा कि राजकोट उनका अपना घर है। वहाँ होने वाले सत्याग्रह में भाग लेना उनका कर्तव्य है। उन्होंने इसके लिये बापू की अनुमति प्राप्त की और वे राजकोट पहुँचते ही सविनय अवज्ञा के अभियोग में नजरबंद कर ली गईं। पहले उन्हें एक एकांत सूनसान में बसे गाँव में रखा गया जहाँ का वातावरण उनके तनिक भी अनुकूल न था। जनता ने आंदोलन किया कि उनका स्वास्थ्य ठीक नहीं है, उन्हें चिकित्सा की सुविधा से दूर रखना अमानुषिक है। फलतः वे राजकोट से 10-15 मील दूर एक राजमहल में रखी गयीं। बा के जाने के कुछ समय बाद बापू ने भी सत्याग्रह में भाग लेने का निश्चय किया और वहाँ पहुँचकर उपवास आरंभ किया। जब बा को इसकी

खबर मिली तो उन्होंने एक समय ही भोजन करने का निश्चय किया। बापू के उपवास के समय वे सदैव ही ऐसा करती थीं।

दो-तीन दिन बाद ही राजकोट सरकार ने यह बुलावा देकर कि वे बापू से मिलना चाहें तो जा सकती हैं, उन्हें बापू के पास भेज दिया। किंतु जब शाम को कोई उन्हें नजरबंदी के स्थान पर वापस ले जाने नहीं आया तब पता चला कि इस छलावे से उन्हें रिहा किया गया है। बापू को यह सहन न था। उन्होंने बा को एक बजे रात को जेल वापस भेजा। राजकोट सरकार की हिम्मत न हुई कि वह सारी रात उन्हें सड़क पर रहने दे। वे वापस राजमहल ले जाई गयीं और उसके बाद दूसरे दिन वे बाकायदा रिहा की गयीं।

9 अगस्त 1942 को बापू आदि के गिरफ्तार हो जाने पर बा ने, शिवाजी पार्क (बंबई) में, जहाँ स्वयं बापू भाषण देने वाले थे, सभा में भाषण करने का निश्चय किया किंतु पार्क के द्वार पर पहुँचने पर गिरफ्तार कर ली गईं। दो दिन बाद वे पूना के आगा खाँ महल में भेज दी गईं। बापू गिरफ्तार कर पहले ही वहाँ भेजे जा चुके थे। उस समय वे अस्वस्थ थीं। 15 अगस्त को जब एकाएक महादेव देसाई ने महाप्रयाण किया तो वे बार बार यही कहती रहीं महादेव क्यों गया; मैं क्यों नहीं? बाद में महादेव देसाई का चितास्थान उनके लिए शंकर महादेव का मंदिर सा बन गया। वे नित्य वहाँ जाती, समाधि की प्रदक्षिणा कर उसे नमस्कार करतीं। वे उसपर दीप भी जलवातीं।

गिरफ्तारी की रात को उनका जो स्वास्थ्य बिगड़ा वह फिर संतोषजनक रूप से सुधरा नहीं और अंततोगत्वा उन्होंने 22 फरवरी 1944 को अपना ऐहिक समाप्त किया। उनकी मृत्यु के उपरांत राष्ट्र ने महिला कल्याण के निमित्त एक करोड़ रुपया एकत्र करा।

सन्दर्भ पड़ा, उसे आसान बनाने के लिए पग पग पर बापू का साथ एक महिला ने दिया। ये महिला कोई और नहीं बल्कि महात्मा गाँधी की पत्नी कस्तूरबा गाँधी थीं। अगर गाँधी जी देश के हर नागरिक के लिए बापू हैं तो कस्तूरबा सबके लिए बा हैं। बा कि ये उपाधि उन्हें सिर्फ महात्मा गाँधी की पत्नी होने के कारण नहीं मिली, बल्कि कस्तूरबा गाँधी ने भी आजाद भारत के लिए सपना देखा था। वह जेल गईं। जेल में बंद कैदियों की दशा देख एक

मां की तरह तड़पी। बच्चों की तरह भारतीय कैदियों की देखभाल की और बा का दर्जा प्राप्त किया। 11 अप्रैल 1869 को जन्मी कस्तूरबा गाँधी की आज जयंती है। कस्तूरबा गाँधी की जयंती पर जाने उनके जीवन से जुड़ी रोचक बातें।

कस्तूरबा गाँधी एक व्यापारी परिवार की बेटी थीं। उनका जन्म गुजरात के काठियावाड़ जिले में हुआ था। जब वह मात्र 13 साल की थीं तो उनकी शादी मोहनदास करमचंद गाँधी से कर दी गईं गाँधी जी के पिता और कस्तूरबा का परिवार करीबी दोस्त थे। कस्तूरबा महात्मा गाँधी से उम्र में बड़ी थीं। जब दोनों की शादी हुई तो मोहनदास और कस्तूरबा दोनों ही बच्चे थे। लेकिन जब मोहनदास समझदार हुए तो उनके बाल विवाह के विरोध में हो गए।

कई किताबों के मुताबिक, कस्तूरबा के प्रति मोहनदास का रवैया भी अच्छा नहीं था। शादी के बाद जहाँ कस्तूरबा की पढ़ाई बंद हो गई, वहीं मोहनदास ने विदेश में जाकर शिक्षा हासिल की। हालांकि गाँधीजी कस्तूरबा को घर पर ही पढ़ाया करते थे। कहा जाता है कि जब गाँधी जी विलायत पढ़ने गए तो कस्तूरबा गाँधी के गहने बेचकर पैसे जुटाए गए थे।

विदेश से लौटकर गाँधी जी ने देश की आजादी के लिए संघर्ष शुरू किया। कस्तूरबा ने उनका साथ दिया। गाँधी जी उपवास करते, धरना प्रदर्शन करते तो कस्तूरबा उनकी देखभाल करते। गाँधी जी जेल गए तो कस्तूरबा भी जेल गईं। गाँधी जी जो करते वह सबके सामने था लेकिन कस्तूरबा उनके पीछे रहकर उन्हें घर गृहस्थी छोड़ केवल देश सेवा में लगे रहने के लिए मजबूती देतीं।

कस्तूरबा गाँधी ने केवल पत्नी धर्म को पूरा करते हुए गाँधी जी का साथ ही नहीं दिया लेकिन खुद भी एक स्वतंत्रता संग्राम सेनानी की तरह कार्य किया। दक्षिण अफ्रीका में भारतीयों के साथ हो रहे अत्याचार के खिलाफ गाँधी जी ने आंदोलन छेड़ा था। उस समय कस्तूरबा गाँधी भी जेल गईं वहीं कैदियों के साथ होने वाले अत्याचार को उन्हें देखा। वह एक मां की तरह कैदियों का दुख दर्द बांटती थीं। प्रार्थना करना सिखाती थी। यहाँ से ही लोग उन्हें 'बा' कहने लगे।

राजकुमारी अमृत कौर

राजकुमारी अमृत कौर भारत की एक प्रख्यात गाँधीवादी, स्वतंत्रता सेनानी और एक सामाजिक कार्यकर्ता थीं। अमृत कौर देश की स्वतंत्रता के बाद भारतीय मंत्रिमण्डल में दस साल तक स्वास्थ्य अंग्रेज अफसर के एक तंज ने राजकुमारी अमृत कौर को बनाया दुनिया की धाकड़ महिला अमृत कौर स्वतंत्रता सेनानी के साथ देश की पहली केंद्रीय स्वास्थ्य मंत्री व पहली महिला कैबिनेट मंत्री रही हैं। उनके मुताबिक अमृत कौर के स्वतंत्रता सेनानी बनने के पीछे कोई इत्तेफाक नहीं बल्कि एक घटना है। ऑक्सफोर्ड यूनिवर्सिटी से पढ़कर जब वे वापस आईं तो उस साल 1909 में अंग्रेजों ने शिमला के वाइस रिगल लॉज (अब राष्ट्रपति निवास कहा जाता है) में एक पार्टी रखी। राजकुमारी अमृत कौर का जन्म 2 फरवरी, 1889 को लखनऊ, उत्तर प्रदेश में हुआ था। उनके पिता राजा हरनाम सिंह और माता का नाम रानी हरनाम सिंह थीं उनके पिता कपूरथला, पंजाब के राजा थे। राजा हरनाम सिंह की आठ संतानें थीं, जिनमें राजकुमारी अमृत कौर अपने सात भाईयों में अकेली बहिन थीं। अमृत कौर के पिता ने ईसाई धर्म स्वीकार कर लिया था। सरकार ने उन्हें अवध की रियासतो का मैंनेजर बनाकर अवध भेजा था।

राजकुमारी अमृत कौर की शुरू से लेकर आखिर तक की शिक्षा इंग्लैण्ड में हुई थी।

अंग्रेजों ने उनके पिता राजा सर हरनाम सिंह के परिवार को आमंत्रित किया। पार्टी में वह और उनकी बेटी राजकुमारी अमृत कौर भी पहुँची थीं। उस समय उनकी उम्र 20 साल रही होगी। पार्टी के दौरान एक अंग्रेज अफसर ने

उन्हें अपने साथ डांस के लिए आमंत्रित किया लेकिन अमृत कौर ने मना कर दिया। उनके इनकार को अंग्रेज अफसर ने अपनी बेइज्जती समझी और गुस्से में आ गया। उसने कहा कि भारतीयों को कभी आजादी नहीं देनी चाहिए, वे बिगड़ैल हो चुके हैं। अपने देशवासियों के लिए ऐसी बात सुनकर वे बेहद आहत हुईं। इसके बाद उन्होंने राजसी शान शौकत को ठुकराकर स्वतंत्रता संग्राम के आंदोलन में कूदने का फैसला लिया।

स्वतंत्रता सेनानी बनने से पहले गाँधी जी ने ली थी परीक्षा

जलियांवाला बाग नरसंहार के बाद महात्मा गाँधी अमृतसर का दौरा करने के बाद जालंधर पहुँचे। वहाँ पर अमृत कौर की उनसे मुलाकात हुई और उन्होंने उनके साथ जुड़ने की इच्छा जताई। गाँधी जी जानते थे कि वह एक राजघराने से है, नाजों से पली-बढ़ी है। आंदोलन के साथ जुड़ना उनके लिए मुश्किल हो सकता है। गाँधी जी उन्हें सेवाग्राम आश्रम ले आए और उन्हें आश्रम में रहने वाले हरिजन की सेवा करना, टायलेट साफ करने का काम दिया गया। पहनने के लिए खादी के कपड़े दिए गए। इस काम को अमृत कौर ने बहुत अच्छी तरह से निभाया और गाँधी जी की परीक्षा में भी सफल हुईं।

गाँधी से जुड़ने के बाद वे आंदोलन में बढ़चढ़ कर हिस्सा लेने लगीं। उन्होंने सरोजनी नायडू के साथ मिलकर ऑल इंडिया वूमेंन कांफ्रेंस और आई इंडिया वूमेंन कांग्रेस की स्थापना की। साल 1942 में अंग्रेजों ने उन पर देशद्रोह का मुकदमा दर्ज कर जेल में डाल दिया। अंबाला जेल में रहने के दौरान उनकी तबीयत काफी बिगड़ गईं अंग्रेजों ने उन्हें जेल से निकालकर शिमला के मेंनोर्विल हवेली में तीन साल के लिए हाउस अरेस्ट कर दिया।

डॉक्टर नहीं बन पाई, मगर देश की पहली स्वास्थ्य मंत्री बनीं।

अमृत कौर के सात भाई थे। इनमें से एक आर्मी डॉक्टर थे। अमृत भी डॉक्टर बनना चाहती थीं लेकिन वे इसकी पढ़ाई नहीं कर सकीं। देश आजाद होने के बाद जब भारतीय सरकार का गठन तो उन्हें देश की पहली केंद्रीय स्वास्थ्य मंत्री बनाया गया। एम्स की स्थापना का श्रेय उन्हीं को ही जाता है। उस समय बजट नहीं था तो उन्होंने देश के बाहर के उद्योगपतियों से मदद की गुहार लगाई। पैसा मिला और एम्स की स्थापना हुई एम्स में उनके नाम का

ओपीडी ब्लॉक है। एम्स के डॉक्टरों के लिए उन्होंने अपना शिमला वाला घर रेस्ट हाउस के लिए दान में दिया था।

राजनीतिक सफर

राजकुमारी अमृत कौर पहली भारतीय महिला थीं, जिन्हें केंद्रीय मंत्री बनने का मौका मिला था। पंडित जवाहरलाल नेहरू के नेतृत्व में गठित पहले मंत्रिमंडल में वे शामिल थीं। उन्होंने स्वास्थ्य मंत्री के पद का कार्यभार 1957 तक सँभाला। 'अखिल भारतीय आयुर्विज्ञान संस्थान' की स्थापना में उनकी मुख्य भूमिका रही थी।

अपने राजनीतिक कैरियर के दौरान राजकुमारी अमृता कौर ने कई बड़े पदों पर काम किया। स्वास्थ्य के क्षेत्र में उनकी उपलब्धियाँ उल्लेखनीय रहीं।

1950 में उन्हें 'विश्व स्वास्थ्य संगठन' का अध्यक्ष बनाया गया। यह सम्मान हासिल करने वाली वह एशियायी पहली महिला थीं। डब्ल्यूएचओ के पहले पच्चीस वर्षों में सिर्फ दो महिलाएँ इस पद पर नियुक्त की गई थीं।

नई दिल्ली में 'अखिल भारतीय आयुर्विज्ञान संस्थान' की स्थापना में भी उनकी महत्त्वपूर्ण भूमिका रही। वह इसकी पहली अध्यक्ष भी बनायी गयीं। इस संस्थान की स्थापना के लिए उन्होंने न्यूजीलैंड, ऑस्ट्रेलिया, पश्चिम जर्मनी, स्वीडन और अमरीका से भी मदद हासिल की थी। उन्होंने और उनके एक भाई ने शिमला में अपनी पैतृक सम्पत्ति और मकान को संस्थान के कर्मचारियों और नर्सों के लिए "होलिडे होम" के रूप में दान कर दिया था।

कल्याणकारी कार्य

राजकुमारी अमृत कौर ने महिलाओं और हरिजनों के उद्धार के लिए भी कई कल्याणकारी कार्य किए। वे बाल विवाह और पर्दा प्रथा के सख्त खिलाफ थीं और लड़कियों की शिक्षा में इन्हे बडी बाधा मानती थीं। उनका कहना था कि शिक्षा को निःशुल्क और अनिवार्य बनाया जाना चाहिए। राजकुमारी अमृत कौर ने महिलाओं की दयनीय स्थिति को देखकर ही 1927 में 'अखिल भारतीय महिला सम्मेलन' की स्थापना की। वह 1930 में इसकी सचिव और 1933 में अध्यक्ष बनीं। उन्होंने 'ऑल इंडिया वूमेंन्स एजुकेशन फंड एसोसिएशन

के अध्यक्ष के रूप में भी कार्य किया और नई दिल्ली के 'लेडी इर्विन कॉलेज' की कार्यकारी समिति की सदस्य भी रहीं। ब्रिटिश सरकार ने उन्हें शिक्षा सलाहकार बोर्ड' का सदस्य भी बनाया था, जिससे उन्होंने 'भारत छोड़ो आंदोलन' के दौरान इस्तीफा दे दिया था। उन्हें 1945 में लंदन और 1946 में पेरिस के यूनेस्को सम्मेलन में भारतीय सदस्य के रूप में भेजा गया था। वह 'अखिल भारतीय बुनकर संघ' के न्यासी बोर्ड की सदस्य भी रहीं।

योगदान

उनके पिता के गोपाल कृष्ण गोखले से बहुत ही अच्छे मेंत्रीपूर्ण सम्बन्ध थे। इस परिचय का प्रभाव राजकुमारी अमृत कौर पर भी पड़ा था। वे देश के सामाजिक और राजनीतिक जीवन में सक्रिय रूप से भाग लेने लगी थीं। जल्द ही अमृत कौर का सम्पर्क राष्ट्रपिता महात्मा गाँधी से हुआ। यह सम्पर्क अंत तक बना रहा। उन्होंने 16 वर्षों तक गाँधीजी के सचिव के रूप में भी काम किया। गाँधीजी के नेतृत्व में 1930 में जब 'दांडी मार्च' की शुरुआत हुई, तब राजकुमारी अमृतकौर ने उनके साथ यात्रा की और जेल की सजा भी काटी। 1934 से वह गाँधीजी के आश्रम में ही रहने लगीं। और उन्हें 'भारत छोड़ो आन्दोलन' के दौरान भी जेल हुईं।

अमृत कौर 'भारतीय राष्ट्रीय कांग्रेस' की प्रतिनिधि के तौर पर 1937 में पश्चिमोत्तर सीमांत प्रांत के बन्नू गईं ब्रिटिश सरकार को यह बात नागवार गुजरी और उसने राजद्रोह का आरोप लगाकर उन्हें जेल में बंद कर दिया। उन्होंने सभी को मताधिकार दिए जाने की भी वकालत की और भारतीय मताधिकार और संवैधानिक सुधार के लिए गठित 'लोथियन समिति' तथा ब्रिटिश पार्लियामेंट की संवैधानिक सुधारों के लिए बनी संयुक्त चयन समिति के सामने भी अपना पक्ष रखा था।

राजकुमारी अमृत कौर का निधन: 2 अक्टूबर, 1964 को राजकुमारी अमृत कौर का निधन हुआ।

दुर्गा भाभी

दुर्गा भाभी का जन्म सात अक्टूबर 1902 को शहजादपुर ग्राम अब कौशाम्बी जिला में पंडित बांके बिहारी के यहाँ हुआ। इनके पिता इलाहाबाद कलेक्ट्रेट में नाजिर थे और इनके बाबा महेश प्रसाद भट्ट जालौन जिला में थानेदार के पद पर तैनात थे। इनके दादा पं. शिवशंकर शहजादपुर में जमींदार थे जिन्होंने बचपन से ही दुर्गा भाभी के सभी बातों को पूर्ण करते थे।

दस वर्ष की अल्प आयु में ही इनका विवाह लाहौर के भगवती चरण बोहरा के साथ हो गया। इनके ससुर शिवचरण जी रेलवे में ऊंचे पद पर तैनात थे। अंग्रेज सरकार ने उन्हें राय साहब का खिताब दिया था। भगवती चरण बोहरा राय साहब का पुत्र होने के बावजूद अंग्रेजों की दासता से देश को मुक्त कराना चाहते थे। वे क्रांतिकारी संगठन के प्रचार सचिव थे। वर्ष 1920 में पिता जी की मृत्यु के पश्चात् भगवती चरण वोहरा खुलकर क्रांति में आ गए और उनकी पत्नी दुर्गा भाभी ने भी पूर्ण रूप से सहयोग किया। सन् 1923 में भगवती चरण वोहरा ने नेशनल कालेज बीए की परीक्षा उत्तीर्ण की और दुर्गा भाभी ने प्रभाकर की डिग्री हासिल की। दुर्गा भाभी का मायका व ससुराल दोनों पक्ष संपन्न था। ससुर शिवचरण जी ने दुर्गा भाभी को 40 हजार व पिता बांके बिहारी ने पाँच हजार रुपये संकट के दिनों में काम आने के लिए दिए थे लेकिन इस दंपती ने इन पैसों का उपयोग क्रांतिकारियों के साथ मिलकर देश को आजाद कराने में उपयोग किया। मार्च 1926 में भगवती चरण वोहरा व भगत सिंह ने संयुक्त रूप से नौजवान भारत सभा का प्रारूप तैयार किया और रामचंद्र कपूर के साथ मिलकर इसकी स्थापना की। सैकड़ों नौजवानों ने

देश को आजाद कराने के लिए अपने प्राणों का बलिदान वेदी पर चढ़ाने की शपथ ली।

अपने क्रांतिकारी जीवन में दुर्गा भाभी ने खतरा मोल लेकर कई बड़े काम किये। उनमें सबसे बड़ा काम था लाहौर में लाला लाजपतराय पर लाठी बरसाने वाले सांडर्स पर गोली चलाने के बाद भगतसिंह को कोलकाता पहुचाना। पुलिस भगतसिंह के पीछे पड़ी हुयी थी। उन्होंने अपने केश कटवाए, कोट-पेंट और हैट पहनकर यूरोपीय बने और दुर्गा भाभी अपने छोटे बच्चे के साथ उनकी पत्नी का रूप धारण करके प्रथम श्रेणी के दर्जे में अंग्रेजो की आँखों में धूल झोंककर लाहौर से निकल गयी।

राजगुरु ने मैले-कुचेले कपड़े पहनकर कुली का वेश धारण कर लिया। इस प्रकार पुलिस उस समय भगतसिंह को गिरफ्तार नहीं कर पाई। यदि पुलिस को इस योजना का पता लग जाता तो दुर्गा भाभी पर क्या बीतती, इसकी कल्पना भी नहीं की जा सकती। केन्द्रीय असेंबली में बम फेंकने के बाद जब भगतसिंह गिरफ्तार हो गये तो दुर्गा भाभी आदि ने उन्हें जेल से निकालने की योजना बनाई। इसमें इस्तेमाल करने के लिय जो बम बनाये गये उनके परीक्षण में 28 मई 1930 को भगवती चरण बोहरा की मृत्यु हो गयी।

दुर्गा भाभी पर विपत्ति का पहाड़ टूट पड़ा। उनकी सम्पति जब्त कर ली गयी। फिर भी उन्होंने अपनी मुहीम जारी रखी और मुम्बई के पुलिस कमिश्नर को मारने की योजना बनाई किन्तु इसमें सफलता नहीं मिली। पुलिस ने उन्हें गिरफ्तार कर लिया लेकिन प्रमाण न मिलने पर अधिक दिन तक जेल में नहीं रख सके। चंद्रशेखर आजाद की शहादत के बाद जब क्रांतिकारी दल नेतृत्वविहीन हो गया तो दुर्गा भाभी ने पहले गाजियाबाद और 1937 से 1982 तक लखनऊ में शिक्षण केंद्र चलाया।

9 अक्टूबर, 1950 को दुर्गा भाभी ने गवर्नर हैली पर गोली चला दी थी जिसमें गवर्नर हैली तो बच गया लेकिन सैनिक अधिकारी टेलर घायल हो गया। मुंबई के पुलिस कमिश्नर को भी दुर्गा भाभी ने गोली मारी थी जिसके परिणाम स्वरूप अंग्रेज पुलिस इनके पीछे पड़ गईं मुंबई के एक फ्लैट से दुर्गा भाभी व साथी यशपाल को गिरफ्तार कर लिया गया। दुर्गा भाभी का काम

साथी क्रांतिकारियों के लिए राजस्थान से पिस्तौल लाना व ले जाना था। चंद्रशेखर आजाद ने अंग्रेजों से लड़ते वक्त जिस पिस्तौल से खुद को गोली मारी थी उसे दुर्गा भाभी ने ही लाकर उनको दी थी। उस समय भी दुर्गा भाभी उनके साथ ही थीं। उन्होंने पिस्तौल चलाने की ट्रेनिंग लाहौर व कानपुर में ली थी।

क्रांतिकारी भगवतीचरण बोहरा के साथ विवाह हो जाने के बाद दुर्गा भाभी शीघ्र ही वे अपने पति के कार्यों में सहयोग देने लगी थीं। उनका घर क्रांतिकारियों का आश्रयस्थल था। वे सभी का आदर करतीं, स्नेहपूर्वक उनका सेवा सत्कार करतीं। इसलिए सभी क्रांतिकारी उन्हें 'भाभी' कहने लगे थे और यही उनका नाम प्रसिद्ध हो गया। अपने क्रांतिकारी जीवन में दुर्गा भाभी ने खतरा मोल लेकर कई बड़े काम किये। उनमें सबसे बड़ा काम था-लाहौर में लाला लाजपत राय पर लाठी बरसाने वाले सांडर्स पर गोली चलाने के बाद भगतसिंह को कोलकाता पहुँचाना।

19 दिसम्बर, 1928 का दिन था। भगतसिंह और सुखदेव सांडर्स को गोली मारने के दो दिन बाद सीधे दुर्गा भाभी के घर पहुँचे। भगतसिंह जिस नए रूप में थे, उसमें दुर्गा उन्हें पहचान नहीं पाईं। भगतसिंह ने अपने बाल कटा लिए थे, हालांकि दुर्गा इस बात से खुश नहीं थीं कि स्कॉट बच गया; क्योंकि इससे पहले हुई एक मीटिंग में दुर्गा भाभी ने खुद स्कॉट को मारने का ऑपरेशन अपने हाथ में लेने की गुजारिश की थी, लेकिन बाकी क्रांतिकारियों ने उन्हें रोक लिया था। लाला लाजपत राय पर हुए लाठीचार्ज और उसके चलते हुई मौत को लेकर उनके दिल में काफी गुस्सा भरा हुआ था। इधर लाहौर के चप्पे-चप्पे पर पुलिस तैनात थी। दुर्गा ने उन्हें कोलकाता निकलने की सलाह दी। उस वक्त कांग्रेस का अधिवेशन कोलकाता में चल रहा था और भगवतीचरण बोहरा भी उसमें भाग लेने गए थे। इस प्रकार दुर्गा भाभी का प्रत्यक्ष और अप्रत्यक्ष दोनों ही रूपों में योगदान रहता था।

इस प्रकार दुर्गा भाभी का योगदान भारतीय इतिहास में सदैव चिरस्मरणीय रहेगा।

दुर्गाबाई देशमुख

आंध्र प्रदेश से स्वाधीनता समर में सर्वप्रथम कूदने वाली महिला दुर्गाबाई का जन्म 15 जुलाई 1909 में राजमंड्री जिले के काकीनाडा नामक स्थान पर हुआ था। इनकी माता श्रीमती कृष्णवेनम्मा तथा पिता श्री रामाराव थे। पिताजी का देहांत तो जल्दी ही हो गया था; पर माता जी की कांग्रेस में सक्रियता से दुर्गाबाई के मन पर बचपन से ही देशप्रेम एवं समाजसेवा के संस्कार पड़े।

दुर्गाबाई देशमुख ने आन्ध्र महिला सभा, विश्वविद्यालय महिला संघ, नारी निकेतन जैसी कई संस्थाओं के माध्यम से महिलाओं के उत्थान के लिए अथक प्रयत्न किये। दुर्गाबाई ब्लाइंड रिलीफ एसोसिएशन की अध्यक्ष थीं। उस क्षमता में, उसने नेत्रहीनों के लिए एक स्कूल छात्रावास और एक प्रकाश इंजीनियरिंग कार्यशाला की स्थापना की।

वह ब्रिटिश राज से आजादी के लिए भारत के संघर्ष में महात्मा गाँधी की अनुयायी थीं। उसने कभी आभूषण या सौंदर्य प्रसाधन नहीं पहने थे, और वह एक सत्याग्रही थी। वह एक प्रमुख समाज सुधारक थीं, जिन्होंने सविनय अवज्ञा आंदोलन के दौरान गाँधी के नेतृत्व वाले नमक सत्याग्रह गतिविधियों में भाग लिया था। आंदोलन में महिला सत्याग्रहियों के आयोजन में उनका महत्वपूर्ण योगदान था। इसने ब्रिटिश राज अधिकारियों को 1930 से 1933 के बीच तीन बार जेल में डाला।

जेल से छूटने के बाद, दुर्गाबाई ने अपनी पढ़ाई जारी रखी। उन्होंने 1930 के दशक में आंध्र विश्वविद्यालय से राजनीति विज्ञान में बी. ए. और अपना एम. ए. समाप्त किया। उन्होंने 1942 में मद्रास विश्वविद्यालय से कानून की

डिग्री प्राप्त की और मद्रास उच्च न्यायालय में एक वकील के रूप में अभ्यास शुरू किया।

1946 में दुर्गाबाई मद्रास प्रांत से भारत की संविधान सभा की सदस्य चुनी गईं वह संविधान सभा में अध्यक्षों के पैनल में अकेली महिला थीं। वह कई सामाजिक कल्याण कानूनों के अधिनियमित में सहायक थी। 1948 में उन्होंने आंध्र एजूकेशन सोसायटी (ए.ई.एस.) की स्थापना की, जो तेलुगु बच्चों की शैक्षिक आवश्यकताओं की पूर्ति के लिए थी।

वह 1952 में संसद के लिए निर्वाचित होने में विफल रही, और बाद में उन्हें योजना आयोग का सदस्य नामित किया गया। उस भूमिका में, उन्हें सामाजिक कल्याण पर एक राष्ट्रीय नीति के लिए समर्थन मिलना चाहिए। इस नीति के परिणामस्वरूप 1953 में एक केंद्रीय समाज कल्याण बोर्ड की स्थापना हुई बोर्ड के पहले अध्यक्ष के रूप में, उसने अपने कार्यक्रमों को चलाने के लिए बड़ी संख्या में स्वयंसेवी संगठनों को संगठित किया, जिनका उद्देश्य शिक्षा, प्रशिक्षण और जरूरतमंद महिलाओं, बच्चों के पुनर्वास के उद्देश्य से था।

1953 में उन्होंने भारत के तत्कालीन वित्त मंत्री चिंतामन देशमुख से विवाह किया, जो जवाहर लाल नेहरू के करीबी थे।

वह 1958 में भारत सरकार द्वारा स्थापित राष्ट्रीय महिला शिक्षा परिषद की पहली अध्यक्ष थीं। 1959 में समिति ने अपनी सिफारिशें इस प्रकार प्रस्तुत कीं:

"केंद्र और राज्य सरकारों को लड़कियों की शिक्षा को प्राथमिकता देनी चाहिए।"

"केंद्रीय शिक्षा मंत्रालय में, महिला शिक्षा विभाग बनाया जाना चाहिए।"

लड़कियों की उचित शिक्षा के लिए, प्रत्येक राज्य में महिला शिक्षा निदेशक की नियुक्ति की जानी चाहिए।

"सह-शिक्षा को शिक्षा के उच्च स्तर पर उचित रूप से व्यवस्थित किया जाना चाहिए"।

"विश्वविद्यालय अनुदान आयोग को लड़कियों की शिक्षा के लिए अलग से एक निश्चित राशि निर्दिष्ट करनी चाहिए"।

"विकास के पहले चरण में, आठवीं कक्षा तक की लड़कियों के लिए मुफ्त शिक्षा का प्रावधान किया जाना चाहिए"।

"वैकल्पिक विषयों के विकल्प में सुविधाएँ लड़कियों के लिए उपलब्ध कराई जानी चाहिए"।

"लड़कियों को उदार आधार पर प्रशिक्षण सुविधाएँ मिलनी चाहिए"।

"लड़कियों की शिक्षा को ग्रामीण क्षेत्रों में उचित प्रोत्साहन दिया जाना चाहिए"।

"विभिन्न सेवाओं में बड़ी संख्या में सीटें उनके लिए आरक्षित होनी चाहिए"।

"वयस्क महिलाओं की शिक्षा के विकास के लिए कार्यक्रम ठीक से शुरू और प्रोत्साहित किया जाना चाहिए"।

"अपनी विरासत को पूरा करने के लिए, आंध्र विश्वविद्यालय, विशाखापत्तनम ने अपने महिला अध्ययन विभाग को डॉ दुर्गाबाई देशमुख महिला अध्ययन केंद्र के रूप में नामित किया है"।

1962 में उन्होंने गरीब लोगों की सेवा के उद्देश्य से एक नर्सिंग होम की शुरुआत की, जो आज विकसित होकर दुर्गाबाई देशमुख हॉस्पिटल के नाम से जाना जाता है। 1963 में, उन्हें वर्ल्ड फूड कांग्रेस में भारतीय प्रतिनिधिमंडल के सदस्य के रूप में वाशिंगटन डी.सी. भेजा गया।

उनके योगदान का सम्मान करते हुए भारत सरकार द्वारा उन्हें पद्मभूषण से सम्मानित किया गया और 9 मई 1981 को उनकी मृत्यु श्रीकाकुलम जिले के नरसनपेटा में हुई।

अमृता शेरगिल

अमृता शेरगिल एक सुप्रसिद्ध भारतीय महिला चित्रकार थीं जिन्हें 20वीं शताब्दी के भारत का एक महत्वपूर्ण महिला चित्रकार माना जाता है। उनकी कला के विरासत को 'बंगाल पुनर्जागरण' के दौरान हुई उपलब्धियों के समकक्ष रखा जाता है। उन्हें भारत का सबसे महंगा महिला चित्रकार भी माना जाता है। 20वीं सदी की इस प्रतिभावान चित्रकार को भारतीय पुरातात्विक सर्वेक्षण ने सन 1976 और 1979 में भारत के नौ सर्वश्रेष्ठ कलाकारों की सूची में शामिल किया। सिख पिता और हंगरी मूल की मां मेरी एंटोनी गोट्समन की यह पुत्री मात्र 8 वर्ष की आयु में पियानो-वायलिन बजाने के साथ-साथ कैनवस पर भी हाथ आजमाने लगी थी।

अमृता शेरगिल का जन्म 30 जनवरी 1913 को हंगरी की राजधानी बुडापेस्ट में हुआ था। उनके पिता का नाम उमराव सिंह शेरगिल मजीठिया और माता का नाम एंटोनी गोट्समन था। उनके पिता संस्कृत-फारसी के विद्वान व नौकरशाह थे जबकि अमृता की माता हंगरी मूल की यहूदी ओपेरा गायिका थीं। अमृता अपने माता-पिता की दो संतानों में सबसे बड़ी थीं। उनकी छोटी बहन का नाम इंदिरा शेरगिल (बाद में सुन्दरम) था। उनका ज्यादातर बचपन बुडापेस्ट में ही बीता। वे मशहूर इन्दोलोजिस्ट एर्विन बकते की भांजी थीं। बकते ने अमृता के कार्य का समीक्षा किया और आगे बढ़ने में मदद की। बकते ने ही अमृता को अपने चित्रकारी के लिए नौकरों-चाकरों को मॉडल्स के रूप में लेने के लिए प्रोत्साहित किया।

सन 1921 में अमृता शेरगिल का परिवार शिमला (समर हिल) आ गया। अमृता ने जल्द ही पियानो ओर वायलीन सीखना प्रारंभ कर दिया और मात्र 9 वर्ष की उम्र में ही अपनी बहन इंदिरा के साथ मिलकर उन्होंने शिमला के गैएटी थिएटर में संगीत कार्यक्रम पेश करना और नाटकों में भाग लेना प्रारंभ कर दिया। सन 1923 में अमृता की मां एंटोनी एक इतालवी मूर्तिकार के संपर्क में आयीं जो शिमला में ही रहता था और जब वह सन 1924 में इटली वापस जा रहा था तब एंटोनी अपनी बेटी अमृता को लेकर उसके साथ इटली चली गयी जहाँ उसका दाखिला फ्लोरेंस के एक आर्ट स्कूल में करा दिया। अमृता इस आर्ट स्कूल में ज्यादा समय तक नहीं रहीं और जल्द ही भारत लौट आई पर वहाँ पर उन्हें महान इतालवी चित्रकारों के कार्यों के बारे में जानकारी हासिल हुईं।

16 वर्ष की उम्र में अमृता अपनी मां के साथ चित्रकारी सीखने पेरिस चली गयीं। पेरिस में उन्होंने कई प्रसिद्ध कलाकारों जैसे पिएरे वैलंट और लुसिएँ साइमन और संस्थानों से चित्रकारी सीखी। अपने शिक्षक लुसिएँ साइमन, चित्रकार मित्रों और अपने प्रेमी बोरिस तेजलिस्की के प्रभाव में आकर उन्होंने यूरोपीय चित्रकारों से प्रेरणा ली। उनकी शुरूआती पेंटिंग्स में यूरोपीय प्रभाव साफ झलकता है। सन 1932 में उन्होंने अपनी पहली सबसे महत्वपूर्ण कृति 'यंग गर्ल्स' प्रस्तुत की जिसके परिणामस्वरूप उन्हें सन 1933 में पेरिस के ग्रैंड सालों का एसोसिएट चुन लिया गया। यह सम्मान पाने वाली वे पहली एशियाई और सबसे कम उम्र की कलाकार थीं।

सन 1934 में उनके मन में भारत लौटने की तीव्र लालसा उत्पन्न हुई वापस आकर उन्होंने अपने आप को भारत की परंपरागत कला की खोज में लगा दिया और अपनी मृत्यु तक यह कार्य करती रहीं। इसी दौरान उन्हें ब्रिटिश पत्रकार और लेखक मेंल्कम मग्गरिज से प्रेम हो गया। वे कुछ समय तक शिमला के अपने पुस्तैनी घर में रहीं और सन 1936 के आस-पास भारतीय कला की खोज में यात्रा के लिए निकल पड़ीं। इस कार्य में उनकी मदद कार्ल खंडालावाला ने की। वे मुगल और पहाड़ी चित्रकारी से बहुत प्रभावित हुईं और अजंता के गुफाओं की चित्रकारी ने भी उन्हें बहुत प्रभावित किया।

सन 1937 में उन्होंने दक्षिण भारत की यात्रा की और अपनी दक्षिण भारतीय रचना त्रय-'ब्राइड्स टॉयलेट', 'ब्रह्मचारीज' और 'साउथ इंडियन विल्लेजर्स गोइंग टू मार्केट'–प्रस्तुत की। इन रचनाओं में उनकी भारतीय विषयों से सहानुभूति और संवेदना साफ झलकती है। यह वो समय था जब उनकी कला में पूर्ण परिवर्तन हो चुका था–यह परिवर्तन था भारतीय विषय और उनकी अभिव्यक्ति।

सन 1938 में डॉ विक्टर एगन के साथ विवाह के पश्चात अमृता गोरखपुर के सराया स्थित अपने पैतृक स्थान चली गयीं और वहीं रहकर चित्रकारी करने लगीं। इस दौरान उन्होंने जो कार्य किया उसका प्रभाव भारतीय कला पर उतना ही पड़ा जितना कि रविंद्रनाथ टैगोर और जामिनी रॉय के कार्यों का। रविंद्रनाथ और अबनिन्द्रनाथ की कला ने अमृता शेरगिल को भी प्रभावित किया था जिसका उदाहरण है अमृता द्वारा किया गया महिलाओं का चित्रण।

सराया प्रवास के दौरान उन्होंने अपने जीवन के कुछ महत्वपूर्ण पेंटिंग्स पर कार्य किया और ग्रामीण परिवेश का भी चित्रण किया। 'विलेज सीन', 'इन द लेडीज एन्क्लोसर' और 'सिएस्टा' आदि पेंटिंग्स इन विषयों को भली-भांति चित्रित करती हैं। 'इन द लेडीज एन्क्लोसर' और 'सिएस्टा' जैसी पेंटिंग्स उनके 'मिनिएचर' पद्धति को दर्शाती हैं जबकि 'विलेज सीन' पर पहाड़ी स्कूल का प्रभाव साफ-साफ दीखता है।

हालाँकि कार्ल खंडालावाला और चार्ल्स फब्री जैसे कला समीक्षकों ने उन्हें 20वीं सदी का महानतम चित्रकार माना पर उनकी पेंटिंग्स को खरीदने वाले बहुत कम ही थे। उन्होंने अपनी पेंटिंग्स हैदराबाद के नवाब सलार जंग और मैसूर के महाराजा को भी दिखाया पर महाराज मैसूर ने उनके पेंटिंग्स के मुकाबले रवि वर्मा के पेंटिंग्स को पसंद किया।

हालांकि अमृता शेरगिल का सम्बन्ध ब्रिटिश राज से था पर वे कांग्रेस की समर्थक थीं। वे गरीब, व्यथित और वंचित समाज से हमदर्दी रखती थी जो उनके कला में भी झलकता है। वे गाँधीजी के दर्शन व जीवन शैली से भी बहुत प्रभावित थीं।

सितम्बर 1941 में अमृता लाहौर चली गयीं जो उस समय एक बड़ा साँसकृतिक और कला केंद्र था। वे लाहौर में 23, गंगा राम मेंन्शन, द मॉल, में रहती थीं।

सन 1941 में अमृता शेरगिल बहुत बीमार हो गयीं और कोमा में चली गयीं। 6 दिसम्बर 1941 को उनकी मृत्यु लाहौर में हो गयी। उनकी मृत्यु का सही कारण तो आजतक नहीं पता चल पाया पर ऐसा माना जाता है कि असफल गर्भपात उनकी मृत्यु का कारण बना।

कमलादेवी चट्टोपाध्याय

कमलादेवी भारत के स्वतंत्रता इतिहास से जुड़ा हुए एक प्रसिद्ध चेहरा हैं और इन्होंने भारत को आजाद करवाने के अलावा, और भी कई तरह के योगदान देश को दिए हैं। ये एक जानी मानी स्वतंत्रता सेनानी होने के साथ-साथ एक समाज सुधारक भी थीं। इन्होंने भारतीय हस्तकला क्षेत्र में भी अपना काफी योगदान दिया था।

कमलादेवी चट्टोपाध्याय का ताल्लुक भारत के कर्नाटक राज्य से था और इन्होंने इसी राज्य में साल 1903 में जन्म लिया था। इस राज्य से ही इन्होंने अपनी शुरुआती शिक्षा हासिल की थी। जिसके बाद इन्होंने चेन्नई के क्वीन मेरी कॉलेज में दाखिला ले लिया था और यहाँ से अपनी आगे की शिक्षा जारी रखी थी। इस कॉलेज से अपनी पढ़ाई करने के अलावा इन्होंने लंदन के भी एक कॉलेज से अर्थशास्त्र के विषय में पढ़ाई कर रखी थी।

कमलादेवी चट्टोपाध्याय अपने माता-पिता की सबसे छोटी बेटी थी। इनसे पहले इनके माता-पिता के कुल तीन बच्चे थे। इनके पिता का नाम अनन्तया धारेश्वर था, जो कि एक सरकारी अफसर हुआ करते थे। वहीं इनकी माता का नाम गिरिजा था और वो भी काफी पढ़ी लिखी थी। कहा जाता है कि कमलादेवी की जिंदगी पर उनकी मां की गहरी छाप थी।

कमलादेवी चट्टोपाध्याय जब अपनी शिक्षा हासिल कर रही थी, उसी वक्त इनके परिवार वालों ने इनका विवाह करवा दिया था। साल 1917 में जब इनका विवाह हुआ था तो उस वक्त इनकी आयु केवल 14 वर्ष की थी।

इनके पहले पति का नाम कृष्णा राव था। लेकिन इनके पति की मृत्यु शादी के दो साल बाद ही हो गई थी।

कमलादेवी जब 20 साल की थी तब इन्होंने दूसरा विवाह किया था और जिस व्यक्ति से इन्होंने ये दूसरा विवाह किया था, उसका नाम हरेन्द्रनाथ चट्टोपाध्याय था। जो कि एक महान कवि होने के साथ-साथ नाटककार भी हुए करते थे। इस विवाह से इन्हें एक बेटा भी हुआ था जिसका नाम इन्होंने रामकृष्ण चट्टोपाध्याय रखा था।

लंदन में जाकर की पढ़ाई–दूसरी शादी करने के कुछ सालों बाद ही कमलादेवी अपने पति के साथ लंदन चले गई थी और यहाँ पर रहते हुए इन्होंने समाजशास्त्र में डिप्लोमा भी किया था। इन्होंने ये डिप्लोमा जिमलोम बेडफोर्ड कॉलेज से किया था।

पति को दिया तलाक–कमला देवी के पति ने हमेंशा से ही इनका साथ हर तरह की परिस्थिति में दिया था. लेकिन कमलादेवी की ये शादी 32 साल तक ही चल सकी थी और इन्होंने अपने पति से अलग होने का फैसला ले लिया था।

असहयोग आंदोलन में लिया हिस्सा–कमलादेवी असहयोग आंदोलन का भी हिस्सा रही थी और इस आंदोलन में हिस्सा लेने के लिए ये लंदन से वापस भारत आई थी। दरअसल ये लंदन में अपने पति के साथ रह रही थी, तभी इनको इस आंदोलन के शुरू होने की खबर मिली और खबर मिलते ही ये भारत आ गई थी।

साल 1923 में भारत आने के बाद इन्होंने इस आंदोलन में भाग लेने के साथ-साथ, सेवा दल नामक एक संगठन में भी हिस्सा लिया था। ये संगठन सामाजिक उन्नति के लिए कार्य करता था। कमलादेवी ने इस संगठन के लक्ष्यों को हासिल करने का कार्य किया था और इनकी इसी मेंहनत को देखते हुए इन्हें जल्द ही इस संगठन के महिला वर्ग का प्रभारी नियुक्त कर लिया गया. इन्होंने इस संगठन में रहते हुए हमारे देश की महिलाओं को इस संगठन के साथ जुड़ने का कार्य किया और उन्हें प्रशिक्षत भी किया।

नमक सत्याग्रह आंदोलन का भी रही हिस्सा—साल 1930 में जब नमक को लेकर हमारे देश में आंदोलन शुरू हुआ था, तो कमलादेवी उस आंदोलन का भी हिस्सा रही थी। इस आंदोलन को इन्होंने महात्मा गाँधी के साथ मिलकर कामयाब बनाया था। इतना ही नहीं इन्होंने खुद से नमक भी बनाया था।

विधान सभा का कार्य देखा—साल 1926 तक कमलादेवी ने देश में हो रहे कई आंदोलनों में भाग लिया था और इसी दौरान इनको मद्रास प्रांतीय विधान सभा का कार्य संभालने का मौका मिला था, जिसके साथ ही ये हमारे देश की पहली ऐसी महिला बन गई थी, जिन्होंने विधान सभा का कार्यालय चलाया था।

अखिल भारतीय महिला सम्मेंलन की बनी अध्यक्ष—कमलादेवी को साल 1926 में एक और अहम भूमिका सौंपी गई थी और इन्हें अखिल भारतीय महिला सम्मेंलन का अध्यक्ष बना दिया गया था। इस सम्मेंलन की जिम्मेंदारी मिलते ही कमलादेवी ने महिलाओं के हित के लिए और कल्याण के लिए कई कार्यक्रमों को शुरू किया था।

लेडी इरविन कॉलेज की स्थापना में भी है कमलादेवी का हाथ—दिल्ली के लेडी इरविन कॉलेज की स्थापना के पीछे, अन्य लोगों के साथ-साथ कमलादेवी का भी हाथ था। साल 1932 में स्थापित हुए इस कॉलेज को महिलाओं के लिए बनाया गया था। ताकि हमारे देश की महिलाएँ आसानी से शिक्षा हासिल कर सकें।

कला के क्षेत्र में दिया योगदान—कमला देवी द्वारा कला के क्षेत्र में भी काफी योगदान दिया गया था और इनके इसी योगदान के चलते हमारे देश में कला से जुड़ी कई संस्थाएँ बनाई गई थी। इन्हीं संस्थाओं में से कुछ संस्थाओं के नाम इस प्रकार हैं—राष्ट्रीय स्कूल ऑफ ड्रामा, नाटक इंस्टीट्यूट ऑफ कथक और कोरियोग्राफी, संगीत नाटक अकादमी और इत्यादि।

अखिल भारतीय हस्तशिल्प बोर्ड की स्थापना—कमलादेवी को हस्तशिल्प से भी काफी लगाव था और हमारे देश में तरह-तरह की हस्तशिल्प को बचाए रखने के लिए, इन्होंने अखिल भारतीय हस्तशिल्प बोर्ड की स्थापना में

महत्वपूर्ण भूमिका निभाई थी। इतना ही नहीं ये इस बोर्ड की पहली अध्यक्ष भी बनाई गई थी।

भारत की आजादी के लिए किया विश्व दौरा–भारत को आजाद करवाने के लिए कमलादेवी ने एक विश्व दौरा भी किया था और अपने इस दौरे के दौरान इन्होंने भारत के हालातों को दुनिया के सामने रखा था। ताकि हमारे देश की आजादी के लिए ब्रिटिश पर दवाब बनाया जा सके।

फरीदाबाद को किया स्थापित–जब भारत को आजादी मिली थी, तो उस वक्त पाकिस्तान से कई संख्या में लोग हमारे देश में आए थे। इन लोगों के पास ना तो घर था, ना खाने के लिए खाना। ऐसी स्थिति में इन लोगों की मदद कमलादेवी जी ने की थी और इन्होंने उस समय इन लोगों के रहने के लिए फरीदाबाद शहर को बनाया था। इस शहर में करीब 50 हजार से अधिक शरणार्थियों का पुनर्वास किया गया था।

कमलादेवी को अभिनय करने का भी काफी शौक था और इन्होंने कन्नड़ की कुछ फिल्मों में कार्य भी किया था। इनके द्वारा की गई कुछ फिल्म के नाम और जानकारी इस प्रकार हैं–

'मृच्छकक्तिका' नामक फिल्म साल 1931 में रिलीज हुई थी और इस फिल्म के जरिए ही कमलादेवी ने फिल्म जगत में अपना पहला कदम रखा था। इस फिल्म के बाद जो अगली फिल्म इन्होंने की थी उसका नाम तानसेन था और ये फिल्म साल 1943 में रिलीज हुई थी।

साल 1943 में इनकी जो अगली फिल्म रिलीज हुई थी, उसका नाम शंकर पार्वती था और इस फिल्म में भी कमलादेवी ने एक छोटा-सा अभिनय किया था। इन फिल्मों के अलावा इन्हें धन्ना भगत नाम फिल्म में भी कार्य किया था।

कमलादेवी को लिखने का भी काफी शौक हुआ करता था और इन्होंने अपने जीवनकाल के दौरान कई सारी पुस्तकें लिखीं थी। इनके द्वारा जो पहली किताब लिखी गई थी उसका नाम 'द अवेकनिंग ऑफ इंडियन वीमेंन' था और ये किताब साल 1939 में प्रकाशित हुई थी। इस किताब के अलावा

इन्होंने, जापान इट्स वीकनेस एंड स्ट्रेंथ, अंकल सैम एम्पायर, इन वॉर टॉर्न चीन, ट्रडीशन्स ऑफ इंडियन फोक डांस, द ग्लोरी ऑफ इंडिया हैंडीक्राफ्ट्स और इत्यादि किताबें भी लिखी थी. इसके अलावा अन्य कई लेखकों ने कमलादेवी के जीवन के ऊपर कई किताबें भी लिख रखी हैं।

कगला देवी के योगदान के लिए इन्हें भारत सरकार द्वारा सम्मानित भी किया गया था और साल 1995 में इन्हें सरकार ने सम्मानित करते हुए पद्म भूषण दिया था. इसके अलावा साल 1987 में भी इनको हमारे देश की सरकार की और से पद्म विभूषण भी दिया गया था। साल 1966 में इन्हें रमन मेंगसेसे इनाम भी दिया गया था और ये इनाम इन्हें सामुदायिक नेतृत्व के लिए मिला था।

इसके अलावा साल 1974 में इन्हें संगीत नाटक अकादमी फैलोशिप भी दी गई थी। कमलादेवी के कार्यों के लिए इन्हें देसीकोट्टमा इनाम भी दिया गया था। ये इनाम शांतिनिकेतन का उच्चतम पुरस्कार है।

भारत सरकार ने कमलादेवी के सम्मान में इनके नाम से एक पुरस्कार भी बनाया है और इस पुरस्कार का नाम 'कमलादेवी चट्टोपाध्याय राष्ट्रीय पुरस्कार है। ये पुरस्कार वीमेंन हैंडलूम वीवर्स और हैंडीक्राफ्ट्स क्राफ्ट्समेंन को दिया जाता है. इस पुरस्कार को देने की घोषणा साल 2017 में की गई थी। यूनेस्को ने भी हस्तशिल्प क्षेत्र में इनके दिए गए योगदान को सम्मानित करते हुए इन्हें साल 1977 में इनाम दिया था।

कमला देवी ने अपनी अंतिम साँस महाराष्ट्र राज्य के मुंबई शहर में ली थी और 29 अक्टूबर 1988 में इस दुनिया से विदाई ले ली थी। जिस वक्त इनकी मृत्यु हुई थी उस वक्त इनकी आयु 85 वर्ष की थी। कमलादेवी एक साहसी महिला थी जिन्होंने समाज के बनाए गए नियमों के विरुद्ध जाकर अपना जीवन जिया था। उस समय में दूसरी शादी को समाज में अपराध माना जाता था। लेकिन इन्होंने समाज की इस छोटी सी सोच को नजरअंदाज करते हुए दूसरा विवाह किया. इतना ही नहीं कमला देवी की कोशिशों की वजह से ही आज हमारे देश में हस्तकला को बढ़ावा मिल सका है।

इनके जन्म दिवस के दिन यानी 3 अप्रैल को इन्हें याद करते हुए गूगल ने अपने होमपेज को इनके नाम किया और डूडल में इनकी तस्वीर के साथ संगीत और हस्तकाल को दिखाया गया। इस तस्वीर के जरिए गूगल ने कमलादेवी के उन योगदान की एक झलक दिखाने की कोशिश की जो इन्होंने हमारे देश को दिए हैं।

राष्ट्रमाता मूलमती

मूलमती नारीवादी आंदोलन से दो-चार नहीं हुई थीं, पर अपने जीवन में नारीवादी नियमों को लागू कर देती थीं। ऐसी साहसी मूलमती ने ही बिस्मिल को उनके बनाए रास्ते पर चलने के लिए प्रेरित किया।

माँ मूलमती के लिए रामप्रसाद बिस्मिल ने लिखा, "यदि मुझे ऐसी माता नहीं मिलती तो मैं भी अति साधारण मनुष्यों के भांति संसार चक्र में फंस कर जीवन निर्वाह करता।"

जब पूरी दुनिया माँ दिवस को भरपूर उत्साह और श्रद्धा से मना रही है, जब सामाजिक मीडिया के दरों दीवारों पर माँ शब्द की विशालता और अवदान को ले कर विभिन्न प्रकार की कोट्स, तस्वीरें और चर्चाएँ जारी हो रही हैं, तब में बड़ी विनम्रता के साथ एक महान माँ की सच्ची कहानी आप सब के समक्ष उपस्थित करने के लिए यह लेख लिख रही हूँ।

रामप्रसाद बिस्मिल एक बेमिसाल क्रांतिकारी और कवि थे, जिनका परिचय पाठकों को शायद नए सिरे से देने की जरूरत मुझे नहीं है। वे 'हिंदुस्तान रिपब्लिकन एसोसिएशन' नाम के क्रांतिकारी संगठन के प्रतिष्ठाता थे और 'मैंनपुरी षडयन्त्र केस' और 'काकोरी रेल डकैती केस' के मुख्य अभियुक्त थे, जिनके लिए उन्हें अंग्रेजी हुकूमत से फांसी की सजा मिली। गोरखपुर जेल में अपने आखिरी दिनों में रामप्रसाद बिस्मिल ने एक असामान्य आत्मकथा लिखी, जिसमें उन्होंने अपनी माँ मूलमती देवी की एक गौरवमयी छवि अंकन की थी।

मूलमती देवी का विवाह ग्यारह साल की उम्र में रामप्रसाद के पिता मुरलीधर से हुआ था। अध्ययन में गहरी रुचि के चलते उन्होंने बड़ी कठिनाई से खुद पढ़ना-लिखना सीखा। रामप्रसाद के जन्म के बाद मूलमती ने और पाँच पुत्री और तीन पुत्रों को जना। उनकी सासु माँ चाहती थीं कि कुल रीत के अनुसार पुत्रियों को तत्काल मार दिया जाएँ पर मूलमती ने इस दुराचार का विरोध किया और बेटियों को अच्छे पोषण और सुरक्षा दे कर हर प्रतिकूलता के बीच भी जिंदा रखा। उन्होंने ही अपनी सभी बच्चों को प्रारम्भिक शिक्षा दी और कभी भी अपने पुत्रों और कन्यायों में फर्क नहीं समझा। मूलमती देवी यकीनन बीसवीं शताब्दी के नारीवादी सिद्धान्तों से परिचित नहीं थी, पर पूरा जीवन उन्होंने सही और सच का साथ गहरे प्रत्यय से दिया। उनकी ऐसी उदार और दृढ़ मानसिकता ही रामप्रसाद के महान आदर्शवाद और देश प्रेम की दिशा बनी।

रामप्रसाद बिस्मिल किशोरावस्था में आर्य समाज के सदस्य बने। वहीं से उन में देश प्रेम जागृत हुआ और उन्होंने भारत के स्वतंत्रता संग्राम को अपना जीवन समर्पण करने का निश्चय कर लिया। पर उनका चुना हुआ पथ क्रांति का कठोर साहसी पथ था। मूलमती ने, जो एक निर्भीक तथा स्वदेशानुरागी व्यक्तिव थीं, शुरुआत से ही अपने बेटे के फैसलों और कार्यों का खुल कर समर्थन किया। इसके बदले उन्हें अक्सर अपने पति और ससुरालवालों से डांट-फटकार-दंड मिले, पर वो अपने आदर्शों से न हटीं।

अपने क्रांतिकारी बेटे को उसका पहला रिवॉल्वर खरीदने के पैसे उन्होंने ने ही दिए, पर इस शपथ के बदले कि रामप्रसाद कभी अपने अस्त्र का दुरुपयोग अपने शत्रु पर भी नहीं करेंगे। रामप्रसाद के तमाम क्रांतिकारी पुस्तकों को छापने का मूलधन भी मूलमती ने अपने जमाई हुई पूंजी से दिया।

अपने घोर संग्रामी जीवन में रामप्रसाद जब भी किसी कारण हताश या गुमराह हो जाते तो मूलमती के सदाचार, धैर्य और देश प्रेम उन्हें फिर से लड़ने की प्रेरणा देता था। संकट में अटल और निर्भय रहने की मानसिकता, रामप्रसाद बिस्मिल को अपनी माँ से ही प्राप्त हुईं।

आत्मकथा में रामप्रसाद लिखते हैं, "यदि मुझे ऐसी माता नहीं मिलती तो मैं भी अति साधारण मनुष्यों के भांति संसार चक्र में फंस कर जीवन निर्वाह करता। मेरे क्रांतिकारी जीवन में उन्होंने मुझे ऐसी सहायता की है, जैसे मेंजिनी (इटली के महान क्रांतिकारी) की माँ ने उनकी की थी तब।"

रामप्रसाद के राजनैतिक कार्यक्रम और गिरफ्तारी के चलते उनके परिवार को ब्रिटिश राज के प्रबल पीड़न का सामना करना पड़ा था। फिर भी उनकी माता हर सम्भव तरीके से अपने क्रांतिकारी बेटे को आर्थिक और दूसरी सहायता प्रदान करती रही।

19 दिसम्बर, 1927 को रामप्रसाद बिस्मिल को फांसी लगने वाली थी। उसके पहले दिन मूलमती अपने बेटे के साथ अंतिम मुलाकात करने जेल पहुँची। वे बेटे के लिए खाना पका कर साथ लायी थीं। उनसे मिलते ही रामप्रसाद रो पड़े, पर माँ मूलमती अविचल थीं। उन्होंने अपने बेटे से कहा कि ऐसे महान सन्तान के लिए उन्हें बेहद गर्व महसूस होती है, जिसने देश मातृका के लिए अपना पूरा जीवन दान किया, तो फांसी के फंदे से रामप्रसाद को नहीं डरना चाहिए। उत्तर में रामप्रसाद बोले कि वो मौत से डर कर नहीं, अपने माँ से फिर कभी न मिल पाने की वेदना से रो रहे हैं। उस दिन रामप्रसाद की लिखी आत्मकथा की पांडुलिपि उस माँ ने टिफिन बॉक्स में छुपा कर जेल से निकाल ली। बाद में उसे पुस्तक आकार में प्रकाशित किया गया।

रामप्रसाद बिस्मिल के बलिदान के बाद उनके शहर में ब्रिटिश अपशासन के खिलाफ आयोजित एक सभा में मूलमती देवी अपने एक मात्र जीवित, पुत्र दस साल के सुशील चन्द्र के साथ उपस्थित थीं। वहाँ जनता के बीच बिस्मिल और उन जैसे सरफरोश नौजवानों के निष्ठा और त्याग के बारे में बोलते हुए मूलमती देवी ने बालक सुशील चन्द्र को भी देश के स्वंत्रता संग्राम में अर्पण करने का वादा किया था।

ऐसी वीरांगना माताओं से बनी है हमारी मातृभूमि। ऐसी ही माँओं के बेटों ने अंग्रेजों से लड़ कर छीनी थी आजादी हमारी। ऐसी माँओं को आज का आजाद भारत भूल गया है तो क्या? मातृ दिवस के अवसर पर मूलमती देवी जैसी माँओं को एक बार याद करके प्रणाम तो किया ही जा सकता है।

मातंगिनी हजारा

मातंगिनी हाजरा का जन्म पूर्वी बंगाल (वर्तमान बांग्लादेश) मिदनापुर जिले के होगला ग्राम में एक अत्यन्त निर्धन परिवार में हुआ था। गरीबी के कारण 12 वर्ष की अवस्था में ही उनका विवाह ग्राम अलीनान के 62 वर्षीय विधुर त्रिलोचन हाजरा से कर दिया गया। इस पर भी दुर्भाग्य उनके पीछे पड़ा रहा। छह वर्ष बाद वह नि:सन्तान ही विधवा हो गयीं। पति की पहली पत्नी से उत्पन्न पुत्र उससे बहुत घृणा करता था। अत: मातंगिनी एक अलग झोपड़ी में रहकर मजदूरी से जीवनयापन करने लगीं। गाँव वालों के दु:ख-सुख में सदा सहभागी रहने के कारण वे पूरे गाँव में माँ के समान पूज्य हो गयीं।

1932 में गान्धी जी के नेतृत्व में देश भर में स्वाधीनता आन्दोलन चला। वन्देमातरम् का घोष करते हुए जुलूस प्रतिदिन निकलते थे। जब ऐसा एक जुलूस मातंगिनी के घर के पास से निकला, तो उसने बंगाली परम्परा के अनुसार शंख ध्वनि से उसका स्वागत किया और जुलूस के साथ चल दी। तामलुक के कृष्णगंज बाजार में पहुँचकर एक सभा हुई वहाँ मातंगिनी ने सबके साथ स्वाधीनता संग्राम में तन, मन, धन से संघर्ष करने की शपथ ली।

मातंगिनी को अफीम की लत थी; पर अब इसके बदले उनके सिर पर स्वाधीनता का नशा सवार हो गया। 17 जनवरी, 1933 को 'करबन्दी आन्दोलन' को दबाने के लिए बंगाल के तत्कालीन गर्वनर एण्डरसन। तामलुक आये, तो उनके विरोध में प्रदर्शन हुआ। वीरांगना मातंगिनी हाजरा सबसे आगे काला झण्डा लिये डटी थीं। वह ब्रिटिश शासन के विरोध में नारे लगाते हुई

दरबार तक पहुँच गयीं। इस पर पुलिस ने उन्हें गिरफ्तार कर लिया और छह माह का सश्रम कारावास देकर मुर्शिदाबाद जेल में बन्द कर दिया।

तामलुक में थामी भारत छोड़ो आंदोलन की कमान

उसके बाद उन्होंने चौकीदारी कर रोको प्रदर्शन में हिस्सा लिया. काला झंडा लेकर सबसे आगे चलने लगीं, बदले में मिली 6 महीने की जेल. जेल से बाहर आकर उन्होंने एक चरखा ले लिया और खादी पहनने लगीं. लोग उन्हें 'बूढ़ी गाँधी' के नाम से पुकारने लगे. 1942 में गाँधीजी ने 'भारत छोड़ो आंदोलन' का ऐलान कर दिया और नारा दिया 'करो या मरो'. मातंगिनी हाजरा ने मान लिया था कि अब आजादी का वक्त करीब आ गया है. उन्होंने तामलुक में भारत छोड़ो आंदोलन की कमान संभाल ली, जबकि उनकी उम्र 72 पार कर चुकी थी. तय किया गया कि मिदनापुर के सभी सरकारी ऑफिसों और थानों पर तिरंगा फहरा कर अंग्रेजी राज खत्म कर दिया जाए।

गोली लगती रही लेकिन तिरंगा न गिरने दिया

29 सितम्बर 1942 का दिन था, कुल 6000 लोगों का जुलूस था, इसमें ज्यादातर महिलाएँ थीं. वो जुलूस तामलुक थाने की तरफ बढ़ने लगा, पुलिस ने चेतावनी दी, लोग पीछे हटने लगे. मातंगिनी बीच से निकलीं और सबके आगे आ गईं. उनके दाएँ हाथ में तिरंगा था और कहा 'मैं फहराऊँगी तिरंगा', आज कोई मुझे कोई नहीं रोक सकता. वंदेमातरम के उदघोष के साथ वो आगे बढ़ीं. पुलिस की चेतावनी पर भी वो नहीं रुकीं तो एक गोली उनके दाएँ हाथ पर मारी गई, वो घायल तो हुईं, लेकिन तिरंगे को नहीं गिरने दिया।

अंग्रेजों ने मातंगिनी हाजरा के माथे पर मारी गोली

घायल कराहती मातिंगिनी ने तिरंगा दूसरे हाथ में ले लिया और फिर आगे बढ़ने लगीं. देशभक्ति का जुनून 72 साल की मातंगिनी हाजरा पर इस कदर हावी था कि पहली गोली लगते ही बोली 'वंदेमातरम', पुलिस ने फिर दूसरे हाथ पर भी गोली मारी, वो फिर बोलीं 'वंदेमातरम', लेकिन किसी तरह झंडे को सम्भाले रखा, गिरने नहीं दिया, वंदेमातरम बोलती रहीं, झंडा ऊँचा किए रहीं और थाने की तरफ बढ़ती रहीं। तब एक पुलिस ऑफिसर ने तीसरी

गोली चलाई, सीधे उस भारत माता के माथे पर बीचों बीच वो नीचे तो गिरी लेकिन झंडा जमीन पर नहीं गिरने दिया, अपने सीने पर रखा और जोर से फिर बोला.. वंदे...मातरम, भारत माता की जय. इस तरह एक अज्ञात नारी 'भारत माता' के चरणों में शहीद हो गईं।

मातंगिनी की हत्या से आक्रोशित लोगों ने सरकारी दफ्तरों पर किया कब्जा

उनकी मौत के बाद लोग काफी आक्रोशित हो गए, उनका सम्मान उस इलाके में उस वक्त गाँधीजी से किसी मायने में कम नहीं था। सबने सोचा जब एक बूढ़ी महिला इतनी हिम्मत देश के लिए दिखा सकती है, तो हम क्यों नहीं। लोगों ने सभी सरकारी दफ्तरों पर कब्जा कर लिया और वहाँ अपनी खुद की सरकार घोषित कर दी। पाँच साल पहले ही अपने इलाके को अंग्रेजों से आजाद घोषित कर दिया और दो साल बाद गाँधीजी की अपील पर ही उन लोगों ने सरकारी दफ्तरों से अपना कब्जा छोड़ा। गाँधीजी भी उस महिला का अदम्य साहस सुनकर हैरान थे। वो इस बात से खुश भी थे कि बदन पर गोलियाँ खाते रहने के बावजूद मातंगिनी ने लोगों को हिंसा के लिए भड़काने की कोशिश कतई नहीं की। उनके अहिंसा के सिद्धांत को डिगने नहीं दिया।

भीकाजी कामा

श्रीमती भीखाजी जी रूस्तम कामा (मेंडम कामा) हिन्दुस्तानी उच्चारण (24 सितंबर 1861-13 अगस्त 1936) तक भारतीय मूल की पारसी नागरिक थीं जिन्होंने लन्दन, जर्मनी तथा अमेंरिका का भ्रमण कर भारत की स्वतंत्रता के पक्ष में माहौल बनाया। वे जर्मनी के स्टटगार्ट नगर में 22 अगस्त 1907 में हुई सातवीं अंतर्राष्ट्रीय कांग्रेस में भारत का प्रथम तिरंगा राष्ट्रध्वज फहराने के लिए सुविख्यात हैं। उस समय तिरंगा वैसा नहीं था जैसा आज है।

उनके द्वारा पेरिस से प्रकाशित "वन्देमातरम्" पत्र प्रवासी भारतीयों में काफी लोकप्रिय हुआ। 1907 में जर्मनी के स्टटगार्ट में हुयी अन्तर्राष्ट्रीय सोशलिस्ट कांग्रेस में मेंडम भीकाजी कामा ने कहा कि –"भारत में ब्रिटिश शासन जारी रहना मानवता के नाम पर कलंक है। एक महान देश भारत के हितों को इससे भारी क्षति पहुँच रही है।" उन्होंने लोगों से भारत को दासता से मुक्ति दिलाने में सहयोग की अपील की और भारतवासियों का आह्वान किया कि–"आगे बढ़ो, हम हिन्दुस्तानी हैं और हिन्दुस्तान हिन्दुस्तानियों का है।" यही नहीं मेंडम भीकाजी कामा ने इस कांफ्रेंस में 'वन्देमातरम्' अंकित भारत का प्रथम तिरंगा राष्ट्रध्वज फहरा कर अंग्रेजों को कड़ी चुनौती दी। मेडम भीकाजी कामा लन्दन में दादा भाई नौरोजी की प्राइवेट सेक्रेटरी भी रहीं।

धनी परिवार में जन्म लेने के बावजूद इस साहसी महिला ने आदर्श और दृढ़ संकल्प के बल पर निरापद तथा सुखी जीवनवाले वातावरण को तिलांजलि दे दी और शक्ति के चरमोत्कर्ष पर पहुँचे साम्राज्य के विरुद्ध क्रांतिकारी कार्यों से उपजे खतरों तथा कठिनाइयों का सामना किया। श्रीमती

कामा का बहुत बड़ा योगदान साम्राज्यवाद के विरुद्ध विश्व जनमत जाग्रत करना तथा विदेशी शासन से मुक्ति के लिए भारत की इच्छा को दावे के साथ प्रस्तुत करना था। भारत की स्वाधीनता के लिए लड़ते हुए उन्होंने लंबी अवधि तक निर्वासित जीवन बिताया था।

तथ्यों के मुताबिक भीकाजी हालांकि अहिँसा में विश्वास रखती थीं लेकिन उन्होंने अन्यायपूर्ण हिँसा के विरोध का आह्वान भी किया था। उन्होंने स्वराज के लिए आवाज उठाई और नारा दिया–आगे बढ़ो, हम भारत के लिए हैं और भारत भारतीयों के लिए है।

भीकाजी कामा का जन्म 24 सितम्बर 1861 को बम्बई में एक पारसी परिवार में हुआ था। उनमें लोगों की मदद और सेवा करने की भावना कूट-कूट कर भरी थी। वर्ष 1896 में मुम्बई में प्लेग फैलने के बाद भीकाजी ने इसके मरीजों की सेवा की थी। बाद में वह खुद भी इस बीमारी की चपेट में आ गई थीं। इलाज के बाद वह ठीक हो गई थीं लेकिन उन्हें आराम और आगे के इलाज के लिए यूरोप जाने की सलाह दी गई थी। वर्ष 1902 में वह इसी सिलसिले में लंदन गईं और वहाँ भी उन्होंने भारतीय स्वाधीनता संघर्ष के लिए काम जारी रखा।

भीकाजी कामा ने 22 अगस्त 1907 को जर्मनी में हुई इंटरनेशनल सोशलिस्ट कांफ्रेंस में भारतीय स्वतंत्रता के ध्वजभारत का प्रथम तिरंगा राष्ट्रध्वज को बुलंद किया था। उस सम्मेलन में उन्होंने भारत को अंग्रेजी शासन से मुक्त करने की अपील की थी। उनके तैयार किए गए झंडे से काफी मिलते-जुलते डिजायन को बाद में भारत के ध्वज के रूप में अपनाया गया। राणाजी और कामाजी द्वारा निर्मित यह भारत का प्रथम तिरंगा राष्ट्रध्वज आज भी गुजरात के भावनगर स्थित सरदारसिंह राणा के पौत्र और भाजपा नेता राजुभाई राणा (राजेन्द्रसिंह राणा) के घर सुरक्षित रखा गया है।

वह अपने क्रांतिकारी विचार अपने समाचार-पत्र 'वंदेमातरम्' तथा 'तलवार' में प्रकट करती थीं। श्रीमती कामा की लड़ाई दुनिया-भर के साम्रज्यवाद के विरुद्ध थी। वह भारत के स्वाधीनता आंदोलन के महत्त्व को खूब समझती थीं, जिसका लक्ष्य संपूर्ण पृथ्वी से साम्राज्यवाद के प्रभुत्व को

समाप्त करना था। उनके सहयोगी उन्हें 'भारतीय क्रांति की माता' मानते थे; जबकि अंग्रेज उन्हें कुख्यात् महिला, खतरनाक क्रांतिकारी, अराजकतावादी क्रांतिकारी, ब्रिटिश विरोधी तथा असंगत कहते थे। यूरोप के समाजवादी समुदाय में श्रीमती कामा का पर्याप्त प्रभाव था। यह उस समय स्पष्ट हुआ जब उन्होंने यूरोपीय पत्रकारों को अपने देश-भक्तों के बचाव के लिए आमंत्रित किया। वह 'भारतीय राष्ट्रीयता की महान पुजारिन' के नाम से विख्यात थीं। फ्रांसीसी अखबारों में उनका चित्र जोन ऑफ आर्क के साथ आया। यह इस तथ्य की भावपूर्ण अभिव्यक्ति थी कि श्रीमती कामा का यूरोप के राष्ट्रीय तथा लोकतांत्रिक समाज में विशिष्ट स्थान था।

भीकाजी द्वारा लहराए गए झंडे में देश के विभिन्न धर्मों की भावनाओं और संस्कृति को समेटने की कोशिश की गई थी। उसमें इस्लाम, हिंदुत्व और बौद्ध मत को प्रदर्शित करने के लिए हरा, पीला और लाल रंग इस्तेमाल किया गया था। साथ ही उसमें बीच में देवनागरी लिपि में वंदे मातरम लिखा हुआ था।

विशेष: भीखाजी रूस्तम कामा, 'भारतीय क्रांति की माता'

"यह भारतीय स्वतंत्रता का ध्वज है। इसका जन्म हो चुका है। हिन्दुस्तान के युवा वीर सपूतों के रक्त से यह पहले ही पवित्र हो चुका है। यहाँ उपस्थित सभी महानुभावों से मेरा निवेदन है कि सब खड़े होकर हिन्दुस्तान की आजादी के इस ध्वज की वंदना करें।" यह भावुक अपील 1907 ई. में स्टुटगार्ड (जर्मनी) में 'अंतर्राष्ट्रीय समाजवाद सम्मेलन' में मेंडम कामा ने तिरंगा झण्डा फहराते समय की। अपील का असर इतना था कि वहाँ मौजूद सभी लोग खड़े होकर ताली बजाने लगे थे।

भीखाजी जी रूस्तम कामा अथवा मैंडम कामा का नाम भारतीय इतिहास में अमर है। जब-जब भारत की आजादी की गाथाएँ गाई जाएँगी तब-तब भीखाजी जी कामा का नाम आएगा। वैसे तो भीखाजी जी रूस्तम कामा भारतीय मूल की फ्रांसीसी नागरिक थीं लेकिन भारत की आजादी में उनका योगदान किसी भारतीय से कम नहीं था। दुनिया के विभिन्न देशों में जाकर

भारत के स्वतंत्रता के पक्ष में माहौल बनाने का कार्य भीखाजी जी रूस्तम कामा ने किया।

मैंडम कामा ने जर्मनी के स्टटगार्ट शहर में 22 अगस्त 1907 में सातवीं अंतर्राष्ट्रीय कांग्रेस के दौरान भारतीय तिरंगा फहराया। उन्होंने इस तिरंगे में भारत के विभिन्न समुदायों इत्यादि को दर्शाया था। उनका तिरंगा आज के तिरंगे जैसा नहीं था। भीखाजी कामा का जन्म 24 सितम्बर 1861 को बम्बई में एक पारसी परिवार में हुआ था। मैंडम कामा के पिता प्रसिद्ध व्यापारी थे। भाखाजी का विवाह 1885 में एक पारसी समाज सुधारक रुस्तम जी कामा से हुआ था।

देश–दुनिया में भारत की आजादी के लिए समर्थन जुटाने में भीखाजी कामा ने कोई कसर नहीं छोड़ी थी। उन्होंने लन्दन, जर्मनी तथा अमेंरिका का भ्रमण कर भारत की स्वतंत्रता के पक्ष में माहौल बनाया था। वर्ष 1896 में मुम्बई में प्लेग फैलने के बाद भीकाजी ने इसके मरीजों की सेवा की थी।

बाद में वह खुद भी इस बीमारी की चपेट में आ गई थीं। इलाज के बाद वह ठीक हो गई थीं लेकिन उन्हें आराम और आगे के इलाज के लिए यूरोप जाने की सलाह दी गईं वर्ष 1906 में उन्होंने लन्दन में रहना शुरू किया जहाँ उनकी मुलाकात प्रसिद्ध भारतीय क्रांतिकारी श्यामजी कृष्ण वर्मा, हरदयाल और वीर सावरकर से हुईं।

लंदन में रहते हुए वह दादाभाई नौरोजी की निची सचिव भी थीं। दादाभाई नौरोजी ब्रिटिश हाउस ऑफ कॉमन्स का चुनाव लड़ने वाले पहले एशियाई थे। जब वो हॉलैंड में थी, उस दौरान उन्होंने अपने साथियों के साथ मिलकंर क्रांतिकारी रचनाएं प्रकाशित करायी थी और उनको लोगों तक पहुँचाया भी।

वे जब फ्रांस में थी तब ब्रिटिश सरकार ने उनको वापस बुलाने की माँग की थी पर फ्रांस की सरकार ने उस माँग को खारिज कर दिया था। इसके पश्चात ब्रिटिश सरकार ने उनकी भारतीय संपत्ति जब्त कर ली और भीखाजी कामा के भारत आने पर रोक लगा दी। उनके सहयोगी उन्हें भारतीय क्रांति की

माता मानते थे, जबकि अंग्रेज उन्हें कुख्यात् महिला, खतरनाक क्रांतिकारी, अराजकतावादी क्रांतिकारी, ब्रिटिश विरोधी तथा असंगत कहते थे।

भीखाजी ने वर्ष 1905 में अपने सहयोगियों विनायक दामोदर सावरकर और श्यामजी कृष्ण वर्मा की मदद से भारत के ध्वज का पहला डिजाइन तैयार किया। भीखाजी द्वारा लहराए गए झंडे में देश के विभिन्न धर्मों की भावनाओं और संस्कृति को समेटने की कोशिश की गई थी। यह अब के तिरंगे से बिल्कुल अलग था।

भीखाजी कामा द्वारा तैयार किए गए झंडे में इस्लाम, हिंदुत्व और बौद्ध मत को प्रदर्शित करने के लिए हरा, पीला और लाल रंग इस्तेमाल किया गया था। साथ ही उसमें बीच में देवनागरी लिपि में 'वंदे मातरम' लिखा हुआ था।

आजादी की लड़ाई के साथ-साथ भीका जी ने लिंग समानता के लिए भी कार्य किया था। भीखाजी कामा का नाम भारतीय इतिहास के पन्नों में स्वर्ण अक्षरों से लिखा जाता है। उनके सम्मान में भारत में कई स्थानों और गलियों का नाम उनके नाम पर रखा गया है। 26 जनवरी 1962 में भारतीय डाक उनके समर्पण और योगदान के लिए उनके नाम का डाक टिकट जारी किया था।

भारतीय तटरक्षक सेना में जहाजों का नाम भी उनके नाम पर रखा गया था। देश की सेवा और स्वतंत्रता के लिए सब कुछ कुर्बान कर देने वाली इस महान महिला की मृत्यु 1936 में मुम्बई के पारसी जनरल अस्पताल में हुयी। किताबों में लिखा है कि भीकाजी कामा के आखिरी शब्द थे, 'वंदे मातरम्'।

वीरांगना प्रीतिलता वड्डेदार

अंग्रेजों के खिलाफ क्रांति की अमर मिसाल प्रीतिलता वड्डेदार: महज 21 साल की उम्र में देश के लिए वीरांगना प्रीतिलता वड्डेयर ने एक यूरोपीय क्लब पर हमला किया और कैद से बचने के लिए आत्महत्या कर ली। कल्पना दत्त को सूर्यसेन के साथ ही गिरफ्तार कर 1933 में आजीवन कारावास की सजा सुनाई गई और 5 साल के लिए अंडमान की काल कोठरी में कैद कर दिया गया। दिसम्बर 1931 में कोमिल्ला की दो स्कूली छात्राओं शांति घोष और सुनीति चौधरी ने जिला कलेक्टर को दिनदहाड़े गोली मार दी और काला पानी की सजा हुई बीना दास ने छह फरवरी 1932 को कलकत्ता विश्वविद्यालय के दीक्षांत समारोह में उपाधि ग्रहण करने के समय गवर्नर पर बहुत नजदीक से गोली चलाकर अंग्रेजी हुकूमत को चुनौती दी। सुहासिनी अली तथा रेणुसेन ने भी अपनी क्रांतिकारी गतिविधियों से 1930-34 के मध्य बंगाल में धूम मचा दी थी। चंद्रशेखर आजाद के अनुरोध पर 'द' फिलॉसफी ऑफ बम दस्तावेज तैयार करने वाले क्रांतिकारी भगवतीचरण वोहरा की पत्नी 'दुर्गा भाभी' नाम से मशहूर दुर्गा देवी वोहरा ने भगत सिंह को लाहौर जिले से छुड़ाने का प्रयास किया। अंग्रेज अफसर सांडर्स को मारने के बाद सन 1928 में जब भगत सिंह और राजगुरु लाहौर से कलकत्ता के लिए निकले, तो कोई उन्हें पहचान न सके, इसलिए दुर्गा भाभी की सलाह पर एक सुनियोजित रणनीति के तहत भगत सिंह उनके पति, दुर्गा भाभी उनकी पत्नी और राजगुरु नौकर बनकर वहाँ से निकल लिए।

दिया सर्वोच्च बलिदान- चिटगाँव स्थित शस्त्रागार में 18 अप्रैल 1930 छापा मारा गया और उस दौरान प्रीतिलता वड्डेदार ने सफलतापूर्वक टेलीफोन लाइनों, टेलीग्राफ कार्यालय को नष्ट कर दिया। वह सूर्य सेन और क्रांतिकारी भारत का इतिहास ऐसे कई उदाहरणों से भरा पड़ा है, जिसमें देश के स्वतंत्रता सेनानियों ने अंग्रेजी शासन के खिलाफ अदम्य साहस, वीरता, धैर्य और दृढ़ संकल्प का प्रदर्शन किया। ऐसे कुछ ही स्वतंत्रता संग्राम सेनानियों को इतिहास की पाठ्यपुस्तकों में स्थान दिया गया, जबकि अधिकतर को उचित पहचान नहीं मिल सकी। इसके कारण मातृभूमि की रक्षा के लिए अपने प्राणों को न्यौछावर करने वाले वीर स्वतंत्रता सेनानी भी गुमनामी में चले गए। ऐसा ही मामला बंगाल की पहली महिला बलिदानी प्रीतिलता वड्डेदार का रहा है। उन्होंने 23 सितंबर 1932 को सर्वोच्च बलिदान दिया था।

चिटगाँव (वर्तमान बांग्लादेश) में 5 मई 1911 को जगबंधु वड्डेदार और प्रतिभा देवी के घर जन्मी प्रीतिलता बचपन से ही मेधावी छात्रा थीं। उनके पिता नगरपालिका में क्लर्क थे। आय कम होने के कारण परिवार का मुश्किल से गुजारा चलता था। भले ही परिवार की आर्थिक हालत सही नहीं थी, लेकिन जगबंधु वड्डेदार ने अपनी बेटी को अच्छी शिक्षा दी। वह अक्सर बेटी प्रीतिलता से कहते थे, "मेरी उम्मीदें तुमसे जुड़ी हुई हैं। प्रीतिलता ने पहली बार चिटगाँव के खस्तागीर बालिका विद्यालय में एक छात्रा के तौर पर अपनी विलक्षण बुद्धि का प्रदर्शन किया था।"

प्रीतिलता ने 1927 में अपनी मैट्रिक और 1929 में इंटरमीडिएट की परीक्षा दी। वह ढाका बोर्ड में नंबर वन आई थीं। इंटर के बाद प्रीतिलता ने दर्शनशास्त्र में स्नातक करने के लिए कोलकाता के बेथ्यून कॉलेज में एडमिशन लिया। यह वही समय था जब उनके पिता की नौकरी चली गई और घर की सारी जिम्मेदारी प्रीतिलता के कंधों पर आ गईं हालाँकि, कठिनाइयों के बावजूद उन्होंने अपनी शिक्षा जारी रखी, लेकिन ब्रिटिश अधिकारियों ने उनकी डिग्री रोक दी। बाद में मरणोपरांत 22 मार्च 2012 को कोलकाता विश्वविद्यालय ने उन्हें डिग्री प्रदान किया।

ग्रेजुएशन की पढ़ाई पूरी करने के बाद प्रीतिलता चिटगाँव वापस आ गईं और वो नंदनकरण अपर्णाचरण स्कूल नामक एक हाई स्कूल की हैडमिस्ट्रेस बन गईं। ईडन कॉलेज से जब वो इंटरमीडिएट कर रही थीं तो उसी दौरान प्रीतिलता ने क्रांतिकारी गतिविधियों में गहरी दिलचस्पी लेनी शुरू कर दी थी। बाद में वो स्वतंत्रता सेनानी लीला नाग के दीपाली संघ में में शामिल हो गईं। 1930 का दशक था जब बंगाल ने गाँधी के अहिँसा के विचारों का परित्याग कर दिया। इसके बाद वहाँ अंग्रेजी हुकूमत के खिलाफ हथियारबंद लड़ाई को बढ़ावा देने वाले क्रांतिकारी संगठनों ने अपनी जगह ले ली।

उन्हीं दिनों में मास्टरदा सूर्य सेन और निर्मल सेन की मुलाकात उनके एक क्रांतिकारी भाई ने प्रीतिलता वड्डेदार से करवाई। ये उन दिनों की बात थी जब महिलाओं को क्रांतिकारी समूहों में शामिल किया जाना दुर्लभ था। लेकिन मास्टरदा ने प्रीतिलता को न केवल अपने संगठन में शामिल किया, बल्कि उन्हें लड़ने और हमलों का नेतृत्व करने के लिए भी प्रशिक्षित किया। हालाँकि, सूर्य सेन द्वारा चलाए जा रहे जुगंतर समूह के ढलघाट शिविर में प्रीतिलता के शामिल होने से साथी क्रांतिकारी नेता बिनोद बिहारी चौधरी नाराज हो गए। लेकिन सेन को इस बात का पता था कि बिना किसी के शक के एक महिला हथियारों को ले जा सकती है।

यही कारण था कि शुरू में संगठन में उनका इस्तेमाल केवल ब्रिटिश अधिकारियों को चकमा देने के लिए किया गया था। लेकिन बाद में उनके रैंक को बढ़ा दिया गया। चिटगाँव स्थित शस्त्रागार में 18 अप्रैल 1930 छापा मारा गया और उस दौरान प्रीतिलता वड्डेदार ने सफलतापूर्वक टेलीफोन लाइनों, टेलीग्राफ कार्यालय को नष्ट कर दिया। वह सूर्य सेन और क्रांतिकारी रामकृष्ण बिस्वास से भी प्रभावित थीं। क्रांतिकारी रामकृष्ण विश्वास उस दौरान रेल अधिकारी तारिणी मुखर्जी की गलती से हत्या करने के आरोप में अलीपुर सेंट्रल जेल में सजा काट रहे थे। दरअसल, वो चिटगाँव के पुलिस महानिरीक्षक क्रेग की हत्या करना चाहते थे, लेकिन गलती से रेल अधिकारी की हत्या हो गई।

चकमा देने की कला में माहिर प्रीतिलता वड्डेदार बिना किसी शक के करीब 40 बार जेल में बिस्वास से मिली थीं। प्रीतिलता आसानी से उनकी बड़ी बहन बनकर जेल में चली जाती थीं। वर्ष 1931 में अंग्रेजों ने बिस्वास को फाँसी दे दी। उस घटना ने प्रीतिलता के क्रांतिकारी विचारों को और अधिक बल दिया। स्वतंत्रता सेनानी कल्पना दत्ता ने अपनी पुस्तक 'चटगाँव आर्मरी रेडर्स रिमिनिसेंस' में प्रीतिलता वड्डेदार के साथ अपने अनुभव साझा किए।

किताब में कल्पना दत्ता ने खुलासा किया था कि किस तरह से दुर्गा पूजा के दौरान प्रीतिलता बकरे की बलि देने के लिए तैयार नहीं थीं तो उनके साथी क्रांतिकारियों ने सशस्त्र संघर्ष में उनकी क्षमता पर सवाल उठाया। उन लोगों ने प्रीतिलता से सवाल किया था, "आप देश की आजादी भी अहिंसक तरीके से लड़ना चाहती हैं या क्या?" इस पर उन्होंने जवाब दिया, "जब में देश की आजादी के लिए अपनी जान देने के लिए तैयार हूँ, तो जरूरत पड़ने पर किसी की जान लेने में में जरा भी नहीं हिचकिचाऊँगी।" यह घटना उनके दिल में जल रही देशभक्ति की आग और उनके दृढ़ संकल्प को दिखाती थी।

13 जून 1932 का दिन था और प्रीतिलता वड्डेदार सूर्य सेन से मिलने गईं थीं, उसी दौरान उनके ठिकाने को ब्रिटिश सैनिकों ने घेर लिया। दोनों तरफ से लड़ाई शुरू हो गईं उस दिन प्रीतिलता बाल-बाल बच गईं और वहाँ से निकलने में सफल रहीं। प्रीतिलता की गतिविधियों को लेकर ब्रिटिश अधिकारी भी सतर्क हो गए और उन्होंने उन्हें 'मोस्ट वांटेड' क्रांतिकारियों की लिस्ट में डाल दिया। इसके बाद सूर्य सेन ने प्रीतिलता को अंडरग्राउंड रहने का निर्देश दिया और संगठन दूसरी योजनाओं पर काम करने लगा। दरअसल, मास्टरदा पहाड़ताली यूरोपियन क्लब नाम के एक नस्लवादी और श्वेत वर्चस्ववादी क्लब को निशाना बनाना चाहते थे। भारतीयों से ये इतनी नफरत करता था कि क्लब के बाहर नोटिस बोर्ड पर लिखा गया था, 'कुत्तों और भारतीयों को इजाजत नहीं है।'

23 सितंबर 1932 का दिन था, जब प्रीतिलता वड्डेदार समेत कई अन्य क्रांतिकारियों को पहाड़ताली यूरोपियन क्लब पर हमला कर उसे नष्ट करने का

जिम्मा सौंपा गया। इसके तहत प्रीतिलता को 40 लोगों के ग्रुप का लीडर बनाया गया। मिशन को अंजाम देने के लिए प्रीतिलता ने खुद पंजाबी का रूप धरा और उनके बाकी के साथियों ने शर्ट और लुंगी पहनी थी। रात के करीब 10:45 बजे क्रांतिकारियों ने क्लब को चारों ओर से घेरकर उसमें आग लगा दी। इस दौरान एक महिला और चार पुरुषों की भी मौत हो गईं इस बीच क्लब के अंदर तैनात पुलिस अधिकारियों ने भी जवाबी हमले किए।

गोली लगने से प्रीतिलता घायल हो गईं। अंग्रेजों की पकड़ में आने से बचने के लिए उन्होंने पोटेशियम सायनाइड की गोली खा ली। 21 वर्ष की अल्पायु में उनके दिए गए बलिदान ने बंगाल में दूसरे क्रांतिकारियों के लिए प्रेरणा का काम किया। कल्पना दत्ता ने अपनी पुस्तक में बताया कि कैसे प्रीतिलता वड्डेदार को पोटेशियम सायनाइड कैप्सूल देने के सूर्य सेन खिलाफ थे।

मास्टरदा ने उस घटना को लेकर बताया, "मैं आत्महत्या में विश्वास नहीं करता। लेकिन जब वह अंतिम विदाई देने आई तो उन्होंने मुझसे जबरन पोटेशियम सायनाइड ले लिया। वह बहुत जल्दबाजी में थीं और युद्ध के दौरान फँस जाने की स्थिति में इसकी आवश्यकता के बारे में अच्छे तर्क कर रही थीं। में उसके आगे टिक नहीं सका। मैंने उसे दिया।"

अपने बलिदान के जरिए प्रीतिलता वड्डेदार ने बंगाल की महिलाओं को संदेश दिया कि देश को अंग्रेजों की गुलामी से मुक्त कराने के लिए वे पुरुषों के साथ कंधे से कंधा मिलाकर चल सकती हैं। अपनी किताब में कल्पना दत्ता बताती हैं कि कैसे प्रीतिलता वड्डेदार को हुए नुकसान के कारण उनके माता-पिता तबाह हो गए थे। वह बताती हैं, "चिटगाँव के लोग प्रीति या उनके महान बलिदान को नहीं भूले हैं। वे उनके पिता की ओर इशारा कर किसी भी अजनबी को बताते हैं—ये उस पहली लड़की के पिता हैं, जिसने हमारे देश के लिए अपनी जान दी।"

उषा मेहता

उषा मेहता एक गाँधीवादी और भारतीय स्वतंत्रता सेनानी थीं। उन्हें 1942 में महात्मा गाँधी द्वारा शुरू किए गए भारत छोड़ो आंदोलन के दौरान एक भूमिगत रेडियो स्थापित करने के लिए याद किया जाता है। इस रेडियो को 'सीक्रेट कांग्रेस रेडियो' नाम दिया गया था जो ब्रिटिश शासन में भारत के महान नेताओं की गुप्त सूचनाओं को आम जनता और भारतीय कैदियों तक पहुँचाने का काम करता था। 1998 में उन्हें भारत सरकार द्वारा भारत के दूसरे सर्वोच्च नागरिक पुरस्कार 'पद्म विभूषण' से सम्मानित किया गया था।

उषा मेहता ने महात्मा गाँधी को पहली बार वर्ष 1925 में देख था उस समय वह पाँच साल की थी।

ऊषा ने चरखा कताई में भी भाग लिया और एक अभियान के लिए अपने गाँव की यात्रा पर महात्मा गाँधी द्वारा दिए गए व्याख्यानों को ध्यान से सुना। 1928 में जब वह आठ साल की थी तब उन्होंने महात्मा गाँधी के नेतृत्व में विभिन्न विरोध प्रदर्शनों में भाग लिया और साइमन कमीशन के खिलाफ 'ब्रिटिश राज: साइमन गो बैक' के नारे लगाए। उषा ने एक मीडिया हाउस से बातचीत में अपने बचपन की यादों का खुलासा किया। उन्होंने कहा–

"मुझे एक छोटे बच्चे के रूप में कानून तोड़ने और राष्ट्र के लिए कुछ करने का संतोष था।"

जल्द ही भारत में ब्रिटिश सरकार के खिलाफ कई विरोधों को उषा मेहता ने अपने गाँव की अन्य छोटी लड़कियों के साथ प्रचार किया। विरोध की एक घटना में उनके हाथ में भारतीय झंडा था, जिसे पुलिस ने धक्का

दिया, और वह लाठीचार्ज के बीच गिर गईं उन्होंने अन्य बच्चों के साथ घटना की शिकायत अपने नेताओं से की। नेताओं ने आगामी विरोध प्रदर्शनों के लिए उन्हें तिरंगे के कपड़े देने का फैसला किया। उषा इन बच्चों के साथ ब्रिटिश राज के खिलाफ अगले अभियानों में तिरंगे (केसरिया, सफेद और हरे) पोशाक में विरोध करते हुए दिखाई दीं। बच्चे चिल्लाते दिखे–

"पुलिसकर्मियों, आप अपनी लाठी और डंडों को लहरा सकते हैं, लेकिन आप हमारे झंडे को नहीं गिरा सकते।"

प्रारंभ में उषा मेहता के पिता स्वतंत्रता संग्राम अभियानों और विरोध प्रदर्शनों में उनकी भागीदारी से सहमत नहीं थे। 1930 में जब उनके पिता एक न्यायाधीश के रूप में सेवानिवृत्त हुए, तो उषा का परिवार भारत के स्वतंत्रता संग्राम में भाग लेने के लिए गुजरात से बॉम्बे चला गया। विरोध प्रदर्शन में भाग लेने पर प्रतिबंध उनके पिता द्वारा उनकी शिफ्ट के तुरंत बाद हटा दिया गया था। उषा ने 1932 में भारत छोड़ो आंदोलन में भाग लेना शुरू किया।

जब उषा ने 1932 में आंदोलन में भाग लिया, तो उन्होंने गाँधी के "नमक मार्च" आंदोलन के एक हिस्से के रूप में नमक के छोटे पैकेट बेचना शुरू कर दिया था। नमक मार्च का आयोजन महात्मा गाँधी द्वारा भारत में भारतीय नमक कंपनियों पर एकाधिकार और नियमन के लिए किया गया था।

उन्होंने भारतीय कैदियों और उनके रिश्तेदारों को गुप्त सूचना, बुलेटिन और प्रकाशन बांटना भी शुरू कर दिया था।

भारतीय राष्ट्रीय कांग्रेस और महात्मा गाँधी ने 8 अगस्त 1942 को भारत छोड़ो आंदोलन की घोषणा की। महात्मा गाँधी ने इस दिन बॉम्बे, जो अब मुंबई के गोवालिया टैंक मैदान में ब्रिटिश विरोधी भाषण की घोषणा की। हालाँकि महात्मा गाँधी और अन्य प्रमुख नेताओं को 8 अगस्त 1942 से पहले अंग्रेजों द्वारा गुप्त रूप से गिरफ्तार कर लिया गया था ताकि वह जनसभा को संबोधित न कर सकें।

1942 में उषा मेहता ने कानून में अपनी आगे की पढ़ाई जारी रखने का फैसला किया, लेकिन उन्होंने महात्मा गाँधी के नेतृत्व वाले भारत छोड़ो आंदोलन में भाग लेने के लिए अपनी पढ़ाई बीच में ही छोड़ दी।

14 अगस्त 1942 को उषा और अन्य स्वतंत्रता सेनानियों ने भारत छोड़ो आंदोलन के नेताओं की गुप्त सूचनाओं को आम जनता तक प्रसारित करने के लिए एक गुप्त कांग्रेस रेडियो की स्थापना की। रेडियो 27 अगस्त 1942 को ऑन एयर हुआ। इस गुप्त रेडियो पर उषा मेहता द्वारा बोले गए पहले शब्द थे।

रेडियो उपकरण लॉन्च करने और प्रदान करने के लिए उषा मेहता के साथी विट्ठलभाई झावेरी, चंद्रकांत झावेरी, बाबूभाई ठक्कर और नंका मोटवानी शामिल हुए थे। डॉ राम मनोहर लोहिया, अच्युतराव पटवर्धन और पुरुषोत्तम त्रिकमदास ऐसे नेता थे जिन्होंने 1942 में गुप्त कांग्रेस रेडियो की स्थापना में उषा मेहता की मदद की थी।

इस गुप्त कांग्रेस रेडियो पर महात्मा गाँधी और अन्य प्रसिद्ध नेताओं की महत्वपूर्ण घोषणाओं को आम जनता तक पहुँचाया जाता था। गिरफ्तारी से बचने के लिए रेडियो के आयोजकों द्वारा रेडियो का स्थान प्रतिदिन बदला जाता था। प्रारंभ में गुप्त रेडियो दिन में दो बार सूचना प्रसारित करता था। इस्तेमाल की जाने वाली भाषाएं हिंदी और अंग्रेजी थीं।

इस गुप्त रेडियो से गुप्त सूचना को केवल तीन बार प्रसारण किया गया था। पहला प्रसारण चटगाँव में ब्रिटिश सेना पर एक जापानी हवाई हमले से संबंधित था जो अब बांग्लादेश में है। दूसरा प्रसारण फरवरी और मार्च 1943 के बीच हुआ जहाँ उन्होंने जमशेदपुर स्ट्राइक का प्रसारण किया था। इस रेडियो पर यह जानकारी तब दी गई जब टाटा आयरन एंड स्टील कंपनी में मजदूर तेरह दिनों की हड़ताल पर थे। जनवरी 1944 में एक सप्ताह के लिए तीसरी गुप्त सूचना प्रसारित की गई यह अष्टी और चिमूर दंगों से संबंधित था जहाँ पुलिस ने लोगों को खुलेआम गोली मार दी थी और कई कांग्रेस नेताओं को गिरफ्तार कर लिया था।

उषा मेहता के ऊपर भारतीय आंदोलनकारियों को ब्रिटिश सरकार की गुप्त जानकारी लीक करने का आरोप लगा था। एक मीडिया हाउस से बातचीत में उषा ने सीक्रेट रेडियो का हिस्सा बनने के लिए इसे 'बेहतरीन पल' बताया।

उषा मेहता ने एक मीडिया हाउस के साथ एक साक्षात्कार में बताया कि गुप्त रेडियो ने भारत छोड़ो आंदोलन के बीच भारत के आंदोलनकारियों को महत्वपूर्ण सूचना प्रसारित करने की हिम्मत की, जब किसी भी अखबार ने ऐसा करने की हिम्मत नहीं की। उन्होंने खुलासा किया–

"जब अखबारों ने मौजूदा परिस्थितियों में इन विषयों को छूने की हिम्मत नहीं की यह केवल कांग्रेस रेडियो ही था जो आदेशों की अवहेलना कर सकता था और लोगों को बता सकता था कि वास्तव में क्या हो रहा था।"

एक भारतीय तकनीशियन ने गुप्त रेडियो के बारे में अधिकारियों को जानकारी दी। 12 नवंबर 1942 को उषा मेंहता और उनके साथियों को पुलिस ने गिरफ्तार कर लिया और उन्हें छह महीने तक पुलिस की हिरासत में रखा गया। इस दौरान भारतीय पुलिस और सीआईडी ने उनसे पूछताछ की। उन्हें अलग कारावास में रखा था।

अपने कारावास और अदालती सत्रों के दौरान उन्होंने चुप रहने और अदालत कक्ष में किसी भी सवाल का जवाब नहीं देने का फैसला किया। अदालत के सत्र के बाद उन्हें पुणे की यरवदा जेल में चार साल कैद रखा। उसी दौरान वह कुछ समय के लिए अस्वस्थ हो गई थीं और उन्हें सर जे जे अस्पताल, बॉम्बे, अब मुंबई में भर्ती कराया गया था। अस्पताल में भर्ती कराने के बाद उनके स्वास्थ्य में धीरे-धीरे सुधार हुआ और अस्पताल में उनकी निगरानी के लिए गार्ड रखे गए थे। ठीक होने के बाद उन्हें फिर से पुणे की यरवदा जेल भेज दिया गया।

मार्च 1946 में अंतरिम सरकार में तत्कालीन गृह मंत्री मोरारजी देसाई के आदेश पर उन्हें जेल से रिहा कर दिया गया। उषा पहली राजनीतिक कैदी थीं जिन्हें बॉम्बे जेल से रिहा किया गया था।

20 अप्रैल 1946 को गुप्त रेडियो स्टेशन का समाचार लेख 'ब्लिट्ज' समाचार पत्र द्वारा उषा मेहता की तस्वीर के साथ प्रकाशित किया गया था।

बीबीसी के साथ एक साक्षात्कार में उन्होंने एक बार उन उपकरणों का खुलासा किया जिन्हें पुलिस ने उनके भूमिगत रेडियो स्टेशन से जब्त किया था। उन्होंने कहा–

"उन्होंने कांग्रेस पार्टी के सत्र की तस्वीरें और साउंड फिल्मों वाले उपकरण और 22 मामले जब्त किए।"

वर्ष 1946 में जब उन्हें जेल से रिहा किया गया, तो उनका स्वास्थ्य किसी भी सामाजिक और राजनीतिक कार्य में भाग लेने के लिए पर्याप्त रूप से फिट नहीं था, यहाँ तक कि वह 1947 में भारत की स्वतंत्रता के आधिकारिक समारोह में भी शामिल नहीं हो पाई थीं।

जल्द ही उन्होंने गाँधी के राजनीतिक और सामाजिक विचारों पर एक शोध प्रबंध प्रस्तुत किया और बॉम्बे विश्वविद्यालय में पीएचडी विद्वान के रूप में अपनी उच्च शिक्षा जारी रखी। पीएचडी पूरी करने के बाद उन्होंने 30 साल तक बॉम्बे विश्वविद्यालय में सहायक प्रोफेसर, व्याख्याता और प्रोफेसर के रूप में काम किया। उन्हें बॉम्बे विश्वविद्यालय में नागरिक शास्त्र और राजनीति विभाग के प्रमुख के रूप में भी नियुक्त किया गया था। उषा मेहता 1980 में बॉम्बे यूनिवर्सिटी से सेवानिवृत्त हुईं।

रेडिफ के साथ एक साक्षात्कार में उषा से स्वतंत्र भारत के साथ उनकी अपेक्षाओं के बारे में पूछा गया। उन्होंने उत्तर दिया–हमारी उम्मीदें पूरी नहीं हुई हैं। कुल मिलाकर हमारे सपने सच नहीं हुए हैं। एक या दो दिशाओं को छोड़कर, मुझे नहीं लगता कि हम उस तरह से आगे बढ़े हैं जैसे गाँधी जी चाहते थे। उनके सपनों का भारत वह था जहाँ न्यूनतम बेरोजगारी थी।

"जहाँ लोगों को जीविका कमाने के लिए किसी न किसी शिल्प के साथ आपूर्ति की जाती थी। समुदाय, जाति या धर्म के आधार पर कोई अंतर नहीं होगा।"

वर्ष 1947 में भारत को स्वतंत्रता मिलने के बाद उषा मेहता ने सामाजिक-राजनीतिक आंदोलनों के अपने अनुभवों के आधार पर अंग्रेजी और गुजराती भाषाओं में किताबें और लेख लिखना शुरू किया। उनके द्वारा लिखी

गई कुछ पुस्तकों के नाम–1981 में 1977–80 का प्रयोग, महिला और पुरुष मतदाता 1991 में महिलाओं की मुक्ति में गाँधी का योगदान, विश्व की कालजयी महिला, 2000 में अंतर निरंतर, महात्मा गाँधी और मानवतावाद, दक्षिण भारत के नृत्य आदि।

उषा मेहता को नई दिल्ली में गाँधी स्मारक निधि और गाँधी शांति प्रतिष्ठान की अध्यक्षता करने के लिए सम्मानित किया गया। भारतीय विद्या भवन के आंतरिक मामलों की भी निगरानी उषा मेहता करती थीं। वह भारत सरकार द्वारा भारत की स्वतंत्रता की 50वीं वर्षगांठ पर विभिन्न स्वतंत्रता दिवस समारोहों के कार्यक्रमों से जुड़ी थीं।

अपने जीवन के अंतिम वर्ष में वह भारत के सामाजिक, आर्थिक और राजनीतिक विकास के तरीकों से नाखुश रहीं। उषा ने 'इंडिया टुडे' से बातचीत में कहा–

निश्चित रूप से यह वह स्वतंत्रता नहीं है जिसके लिए हमने लड़ाई लड़ी थी। एक बार जब लोग सत्ता के पदों पर आसीन हो जाते थे, तो सड़ांध शुरू हो जाती थी। हमें नहीं पता था कि सड़ांध इतनी जल्दी डूब जाएगी। "भारत एक लोकतंत्र के रूप में जीवित रहा है और यहाँ तक कि एक अच्छा औद्योगिक आधार भी बनाया है। फिर भी, यह हमारे सपनों का भारत नहीं है।"

भारतीय स्वतंत्रता आंदोलन के एक कार्यकर्ता राम मनोहर लोहिया ने उषा मेहता को गाँधीवादी विचारों में उनके महान उत्साह और योगदान पर एक नोट लिखा था। नोट–

"मैं आपको व्यक्तिगत रूप से नहीं जानता, लेकिन में आपके साहस और उत्साह की प्रशंसा करता हूँ और महात्मा गाँधी द्वारा जलाई गई यज्ञ की अग्नि में अपनी शक्ति का योगदान करने की आपकी इच्छा की प्रशंसा करता हूँ।"

उषा मेहता का जीवन सादा और मितव्ययी था। वह कार के बजाय बस से यात्रा करती थी। वह चाय और रोटी पर गुजारा करती थी। वह सुबह 4 बजे उठकर देर रात तक काम करती थी।

"उषा मेहता को 'करो या मरो' से प्रेरित किया गया था। हम या तो भारत को आजाद कराएंगे या उस प्रयास में मर जाएँगे" महात्मा गाँधी का नारा जो उन्होंने 8 अगस्त 1942 को भारत में ब्रिटिश सरकार के खिलाफ बोला था।

बॉलीवुड के निर्माता और निर्देशक करण जौहर उषा मेहता के जीवन के अनुभवों और भारत के स्वतंत्रता संग्राम पर आधारित फिल्म बनाने जा रहे हैं।

बेटर इंडिया मीडिया हाउस के साथ एक साक्षात्कार में उन्होंने खुलासा किया कि वह भारत में बढ़ते भ्रष्टाचार से हैरान थीं। उन्होंने कहा–

"क्या हमारे महान नेताओं ने इस तरह के भारत के लिए अपनी जान कुर्बान कर दी? यह अफसोस की बात है कि राजनीतिक कार्यकर्ताओं की नई पीढ़ी और नेता गाँधीवादी विचारों का बहुत कम सम्मान कर रहे हैं, जिनमें प्रमुख अहिँसा थी। यदि हम अपने तौर-तरीकों में सुधार नहीं करते हैं, तो हम खुद को पहले वर्ग में वापस पा सकते हैं।"

उषा मेहता को एक सामाजिक मंच द्वारा मुख्य अतिथि के रूप में आमंत्रित किया गया था और उन्हें एक स्मृति चिन्ह प्राप्त करते हुए क्लिक किया गया था।

उषा मेहता के अनुसार उन्हें भविष्य में भारत में विघटन की आशंका थी। रेडिफ से बातचीत में उन्होंने व्यक्त किया–

जब तक कुछ एकजुट करने वाली ताकतें कड़ी मेंहनत करती हैं तथा और हैं, मैं देखता कि देश पूरी तरह से विभाजित और बर्बाद हो गया है। राष्ट्रीय भावना का संचार करना होगा। यदि नैतिक मूल्यों का ह्रास होने वाला है और हम ऐसे ही चलते रहे तो पूर्ण अराजकता और विनाश होगा। अंतरराष्ट्रीय क्षेत्र में कहा जाता है कि तीसरे युद्ध की स्थिति में न कोई विजेता होगा और न ही कोई पराजित होगा, पूरी दुनिया नष्ट हो जाएगी। इसी तरह मुझे लगता है कि अगर हम अभी नहीं जागे तो एक राष्ट्र के रूप में भारत निश्चित रूप से बर्बाद हो जाएगा।

उषा मेहता अपने खराब स्वास्थ्य के बावजूद अगस्त 2000 में अगस्त क्रांति मेंदान में भारत छोड़ो आंदोलन की वर्षगांठ के समारोह में शामिल हुईं।

सेलिब्रेशन डे के दिन वह बुखार से पीड़ित थी। 11 अगस्त 2000 को 80 वर्ष की आयु में उनका शांतिपूर्वक निधन हो गया।

कनकलता बरुआ

भारत की आजादी के लिए स्वतंत्रता संग्राम में शामिल लोगों की कतार बहुत लंबी है। इसमें कम उम्र के क्रांतिकारियों में सबसे पहला नाम भगत सिंह का आता हैं। कनकलता बरुआ, उन वीरांगनाओं में से हैं, जिन्होंने मात्र 18 वर्ष की उम्र में त्याग व बलिदान से इस बात को साबित कर दिया कि देशभक्ति और देश के लिए शहादत देने की कोई उम्र नहीं होती।

20 सितंबर 1942 को तेजपुर की कचहरी पर तिरंगा झंडा फहराने की कोशिश में भीड़ पर जब गोलियाँ दागी गईं, तब कनकलता बरुआ भी शहीद हो गईं।

असम के कृष्णकांत बरुआ के घर में 22 दिसंबर 1924 को कनकलता का जन्म हुआ था। पाँच वर्ष की उम्र में उनकी माँ, कर्णेश्वरी का निधन हो गया। पिता ने दूसरा विवाह किया मगर कुछ वर्षों बाद पिता कृष्णकांत और दूसरी माँ का भी देहांत हो गया।

अल्पायु में माँ-पिता के गुजर जाने के बाद कनकलता की नानी ने उनका पालन-पोषण किया। कनकलता घर-गृहस्थी के कामों में भी हाथ बंटाती और पढ़ाई भी करती। असम के प्रसिद्ध कवि ज्योति प्रसाद अग्रवाल, जिनके असमिया भाषा में लिखे गीत घर-घर में लोकप्रिय थे, कनकलता इन गीतों से काफी प्रभावित और प्रेरित रहती थीं। इन गीतों ने कनललता के बाल मन में राष्ट्रभक्ति का बीज अंकुरित किया।

मई 1931 में असम के गमेरी गाँव में विद्यार्थियों के सहयोग से रैयत सभा आयोजित की गई, जिसकी अध्यक्षता ज्योति प्रसाद अग्रवाल कर रहे थे।

कनकलता मात्र 7 साल की उम्र में अपने मामा देवेन्द्र नाथ और यदुराम के साथ उसमें शामिल हुईं। बाद में इस सभा में भाग लेने वालों को राष्ट्रद्रोह के आरोप में बंदी बना लिया गया, जिसकी आग असम के चारों तरफ फैल गईं मुबंई में जब 8 अगस्त 1942 को "अंग्रेजों भारत छोड़ो" प्रस्ताव परित हुआ, तब यह देश के कोने-कोने में फैल गया। असम के शीर्ष नेताओं को जेल में डाल दिया गया।

ज्योति प्रसाद अग्रवाल ने तब नेतृत्व संभालते हुए एक गुप्त सभा की, जिसमें 29 सितंबर 1942 को तेजपुर की कचहरी पर तिरंगा फहराने का निर्णय लिया गया। कनकलता की उम्र उस समय विवाह के योग्य हो चुकी थी। कनक ने विवाह की अपेक्षा भारत की आजादी को अधिक महत्वपूर्ण समका क्योंकि उनको अपनी मंजिल मिल चुकी थी। आत्म बलिदानी जत्था थाने के करीब पहुँचा, जिसके पीछे जुलूस के नारे गूंज रहे थे। उस जुलूस के सदस्यों में कचहरी पर झंडा फहराने की होड़ सी मची हुई थी। थाना प्रभारी ने कहा, "एक इंच भी आगे बढ़े तो गोलियों से उड़ा दिए जाओगे।" कनकलता जैसे ही तिरंगा लेकर आगे बढ़ीं, वैसे ही जुलूस पर गोलियों की बौछार कर दी गईं पहली गोली कनकलता की छाती पर लगी जिसे बोगी कछारी नाम के सिपाही ने चलाई थी। दूसरी गोली मुकंद कालोती को लगी, जिसकी तत्काल मृत्यु हो गईं इन दोनों की मृत्यु के बाद भी गोलियाँ चलती रहीं।

परिणामतः हेमकांत बरुआ, खर्गेश्वर बरुआ, सुनीश्वर राजखोवा और भोला बरदलै गंभीर रूप से घायल हो गए। उन युवकों के मन में स्वतंत्रता की अखंड ज्योति प्रज्वलित थी, जिसके कारण गोलियों की परवाह ना करते हुए वे आगे बढ़ते गए। कनकलता गोली लगने पर गिर पड़ीं, किंतु उनके हाथों का तिरंगा झुका नहीं। उनकी साहस व बलिदान देखकर युवकों का जोश और भी बढ़ गया। कनकलता के हाथ से तिरंगा लेकर गोलियों के सामने सीना तानकर वीर बलिदानी युवक आगे बढ़ते गए। एक के बाद एक गिरते गए, किंतु झंडे को ना तो झुकने दिया और ना ही गिरने दिया। उसे एक के बाद दूसरे हाथ में थामते गए और अंत में रामपति राजखोवा ने थाने पर झंडा फहरा दिया।

शहीद मुकंद काकोती के शव को तेजपुर नगर पालिका के कर्मचारियों ने गुप्त रूप से दाह-संस्कार कर दिया। तमाम स्वतंत्रता सेनानी, कनकलता के शव को अपने कंधे पर उठाकर उनके घर तक ले गए। उनका अंतिम संस्कार बरंगबड़ी में ही किया गया।

कनकलता बरुआ का बलिदान और देश के लिए उनका संघर्ष इस रूप में याद किया जाना चाहिए कि देश के लिए देशभक्ति और अपना सब कुछ न्यौछावर करने के लिए ना तो उम्र की कोई बाधा होती है और ना ही उस परिवेश में बंदिशें होती हैं, जिसमें आप पले-बढ़े है। देश के लिए समर्पित एक जज्बा ही काफी है अपना सब कुछ न्यौछावर करने के लिए।

डॉक्टर लक्ष्मी सहगल

डॉक्टर लक्ष्मी सहगल का जन्म 1914 में एक परंपरावादी तमिल परिवार में हुआ और उन्होंने मद्रास मेडिकल कॉलेज से मेडिकल की शिक्षा ली, फिर वे सिंगापुर चली गईं। दूसरे विश्व युद्ध के दौरान जब जापानी सेना ने सिंगापुर में ब्रिटिश सेना पर हमला किया तो लक्ष्मी सहगल सुभाष चंद्र बोस की आजाद हिंद फौज में शामिल हो गईं थीं।

वे बचपन से ही राष्ट्रवादी आंदोलन से प्रभावित हो गई थीं और जब महात्मा गाँधी ने विदेशी वस्तुओं के बहिष्कार का आंदोलन किया तो लक्ष्मी सहगल ने उसमें हिस्सा लिया। वे 1943 में अस्थायी आजाद हिंद सरकार की कैबिनेट में पहली महिला सदस्य बनीं। एक डॉक्टर की हैसियत से वे सिंगापुर गईं थीं लेकिन 98 (1914-2012=98) वर्ष की उम्र में वे अब भी कानपुर के अपने घर में बीमारों का इलाज करती हैं।

आजाद हिंद फौज की रानी झाँसी रेजिमेंट में लक्ष्मी सहगल बहुत सक्रिय रहीं। बाद में उन्हें कर्नल का ओहदा दिया गया लेकिन लोगों ने उन्हें कैप्टन लक्ष्मी के रूप में ही याद रखा।

आजाद हिंद फौज की हार के बाद ब्रिटिश सेनाओं ने स्वतंत्रता सैनिकों की धरपकड़ की और 4 मार्च 1946 को वे पकड़ी गईं पर बाद में उन्हें रिहा कर दिया गया। लक्ष्मी सहगल ने 1947 में कर्नल प्रेम कुमार सहगल से विवाह किया और कानपुर आकर बस गईं। लेकिन उनका संघर्ष खत्म नहीं हुआ और वे वंचितों की सेवा में लग गईं। वे भारत विभाजन को कभी स्वीकार नहीं कर

पाई और अमीरों और गरीबों के बीच बढ़ती खाई का हमेशा विरोध करती रही हैं।

यह एक विडंबना ही है कि जिन वामपंथी पार्टियों ने द्वितीय विश्वयुद्ध में जापान का साथ देने के लिए सुभाष चंद्र बोस की आलोचना की, उन्होंने ही लक्ष्मी सहगल को भारत के राष्ट्रपति का उम्मीदवार बनाया। लेकिन वामपंथी राजनीति की ओर लक्ष्मी सहगल का झुकाव 1971 के बाद से बढ़ने लगा था। वे अखिल भारतीय जनवादी महिला समिति की संस्थापक सदस्यों में से हैं।

भारत सरकार ने उन्हें 1998 में पद्मविभूषण से सम्मानित किया। डॉक्टर लक्ष्मी सहगल की बेटी सुभाषिनी अली 1989 में कानपुर से मार्क्सवादी कम्युनिस्ट पार्टी की साँसद भी रहीं।

आजाद हिंद फौज की महिला इकाई की पहली कैप्टन रहीं स्वतंत्रता संग्राम सेनानी लक्ष्मी सहगल का कानपुर के एक अस्पताल में 23 जुलाई 2012 को निधन हो गया। लक्ष्मी सहगल की हालत दिल का दौरा पड़ने के बाद से गम्भीर बनी हुई थी।

रानी गाइदिन्ल्यू

गाइदिन्ल्यू का जन्म 26 जनवरी 1919 के दिन नुड्काओ गाँव के कबुई परिवार में हुआ। इनके पिता का नाम लोत्तनोहोड़ था और माता का नाम कलोतनेनल्यु था। बचपन में गाइदिन्ल्यू के वीरतापूर्ण कार्यो को देखकर गाँव की स्त्रियों को आश्चर्य होता था। उसका बचपन गाँव में सामान्य लडकियों जैसे ही बीता। बारह वर्ष की होने पर गाइदिन्ल्यू को सपने में ज्डोनाद के पास जाने की देवी आज्ञा हुयी। उसको सपने में जदोनाद मन्दिर में पूजा करता हुआ दिखाई देता।

उस समय तक वह ज्डोनाद के सामजिक एवं धार्मिक कार्यो के विषय में बहुत कुछ सुन चुकी थी। जदोनाड यों तो चचेरा भाई था मगर काम्बीरोन में रहता था इसलिए कभी उसे देखा नहीं था। आखिर देवी प्रेरणा से वह काम्बीरोन गईं जदोनाड ने भी गाइन्दिल्यु को सपनों में देखा था। दोनों ने एक दूसरे को पहचान लिया। जदोनाड ने भी बारह वर्ष की गाइदिन्ल्यू की प्रतिभा को पहचान लिया। जब बारह वर्ष की बालिका जडोनाद के पास पहुंची तब वह 22 वर्ष का था। जदोनाड उस समय तक अंग्रेजो को देश से निकालने का एवं पूर्ण स्वतन्त्रता प्राप्त करने का निश्चय कर चुका था। उसने गाइदिन्ल्यू को सशस्त्र क्रान्ति के लिए कूबड़ महिलाओं के प्रशिक्षण का काम सौंपा।

रानी गाइदिन्ल्यू का जन्म नंग्कओं, ग्राम रांगमई, मणिपुर में हुआ था। वह बचपन से ही बड़े स्वतंत्र और स्वाभिमानी स्वभाव की थीं। 13 वर्ष की आयु में वह नागा नेता जादोनाग के सम्पर्क में आईं। जादोनाग मणिपुर से अंग्रेजों को निकाल बाहर करने के प्रयत्न में लगे हुए थे। वे अपने आन्दोलन को

क्रियात्मक रूप दे पाते, उससे पहले ही गिरफ्तार करके अंग्रेजों ने उन्हें 29 अगस्त, 1931 को फांसी पर लटका दिया।

अब स्वतंत्रता के लिए चल रहे आन्दोलन का नेतृत्व बालिका गाइदिन्ल्यू के हाथों में आ गया। उसने गाँधी जी के आन्दोलन के बारे में सुनकर सरकार को किसी प्रकार का कर न देने की घोषणा की। उसने नागाओं के कबीलों में एकता स्थापित करके अंग्रेजों के विरुद्ध संयुक्त मोर्चा बनाने के लिए कदम उठाये। उसके तेजस्वी व्यक्तित्व और निर्भयता को देखकर जनजातीय लोग उसे सर्वशक्तिशाली देवी मानने लगे थे।

नेता जादोनाग को फांसी देने से लोगों में असंतोष व्याप्त था, गाइदिन्ल्यू ने उसे सही दिशा की ओर की मोड़ा। सोलह वर्ष की इस बालिका के साथ केवल चार हजार सशस्त्र नागा सिपाही थे। इन्हीं को लेकर भूमिगत गाइदिन्ल्यू ने अंग्रेजों की सेना का सामना किया। वह छापामार युद्ध और शस्त्र संचालन में अत्यन्त निपुण थी। अंग्रेज उन्हें बड़ी खूंखार नेता मानते थे। दूसरी ओर जनता का हर वर्ग उसे अपना उद्धारक समझता था।

जब सन् 1946 में अंतरिम सरकार का गठन हुआ तब प्रधानमंत्री नेहरु के निर्देश पर रानी गाइदिन्ल्यू को तुरा जेल से रिहा कर दिया गया। अपनी रिहाई से पहले उन्होंने लगभग 14 साल विभिन्न जेलों में काटे थे। रिहाई के बाद वे अपने लोगों के उत्थान और विकास के लिए कार्य करती रहीं। सन 1972 में उन्हें 'ताम्रपत्र स्वतंत्रता सेनानी पुरस्कार', 1982 में पद्म भूषण और 1983 में 'विवेकानंद सेवा पुरस्कार' दिया गया। सन 1991 में वे अपने जन्म-स्थान लोंग्काओ लौट गयीं जहाँ 17 फरवरी 1993 को 78 साल की आयु में उनका निधन हो गया।

देश की आजादी और रानी गाइदिन्ल्यू की रिहाई:

जब सन 1946 में अंतरिम सरकार का गठन हुआ तब प्रधानमंत्री नेहरु के निर्देश पर रानी गाइदिन्ल्यू को तुरा जेल से रिहा कर दिया गया। अपनी रिहाई से पहले उन्होंने लगभग 14 साल विभिन्न जेलों में काटे थे। रिहाई के बाद वे अपने लोगों के उत्थान और विकास के लिए कार्य करती रहीं।

सन् 1953 में जब प्रधानमंत्री नेहरु इम्फाल गए तब वे उनसे मिलीं और रिहाई के लिए कृतज्ञता प्रकट किया। बाद में वे जेलिआन्ग्रोन्ग समुदाय के विकास और कल्याण से सम्बंधित बातचीत करने के लिए नेहरु से दिल्ली में भी मिलीं।

रानी गाइदिन्ल्यू नागा नेशनल कौंसिल (एन.एन.सी.) का विरोध करती थीं क्योंकि वे नागालैंड को भारत से अलग करने चाहते थे जबकि रानी जेलिआन्ग्रोन्ग समुदाय के लिए भारत के अन्दर ही एक अलग क्षेत्र चाहती थीं। एन.एन.सी. उनका इस बात के लिए भी विरोध कर रहे थे क्योंकि वे परंपरागत नागा धर्म और रीति-रिवाजों को पुनर्जीवित करने का प्रयास भी कर रही थीं। नागा कबीलों की आपसी स्पर्धा के कारण रानी को अपने सहयोगियों के साथ 1960 में भूमिगत हो जाना पड़ा और भारत सरकार के साथ एक समझौते के बाद वे 6 साल बाद 1966 में बाहर आयीं।

फरवरी 1966 में वे दिल्ली में तत्कालीन प्रधानमंत्री लालबहादुर शास्त्री से मिलीं और एक पृथक जेलिआन्ग्रोन्ग प्रशासनिक इकाई की मां की। इसके बाद उनके समर्थकों ने आत्म-समर्पण कर दिया जिनमें से कुछ को नागालैंड आर्ल्ड पुलिस में भर्ती कर लिया गया। सन 1972 में उन्हें 'ताम्रपत्र स्वतंत्रता सेनानी पुरस्कार', 1982 में पद्म भूषण और 1983 में 'विवेकानंद सेवा पुरस्कार' दिया गया।

क्रांतिकारी जीवनः

जादोनाग के बाद अब स्वतंत्रता के लिए चल रहे आन्दोलन का नेतृत्व बालिका गाइदिन्ल्यू के हाथों में आ गया। उन्होंने महात्मा गाँधी के आन्दोलन के बारे में सुनकर ब्रिटिश सरकार को किसी भी प्रकार का कर न देने की घोषणा की। नागाओं के कबीलों में एकता स्थापित करके उन्होंने अंग्रेजों के विरुद्ध संयुक्त मोर्चा बनाने के लिए कघ्दम उठाये। उनके तेजस्वी व्यक्तित्व और निर्भयता को देखकर जन-जातीय लोग उन्हें सर्वशक्तिशाली देवी मानने लगे थे।

नेता जादोनाग को फाँसी दे दिए जाने से भी लोगों में असंतोष व्याप्त था, गाइदिन्ल्यू ने उसे सही दिशा की ओर मोड़ा। सोलह वर्ष की इस बालिका के

साथ केवल चार हजार सशस्त्र नागा सिपाही थे। इन्हीं को लेकर भूमिगत गाइदिन्ल्यू ने अंग्रेजों की फौज का सामना किया। वह गुरिल्ला युद्ध और शस्त्र संचालन में अत्यन्त निपुण थीं। अंग्रेज उन्हें बड़ी खूंखार नेता मानते थे। दूसरी ओर जनता का हर वर्ग उन्हें अपना उद्धारक समझता था।

लोगों को एकजुट कर शुरू किया गुरिल्ला युद्ध

गाइदिन्ल्यू ने अपने समाज के लोगों को गाँधीवादी विचारधारा से अवगत करवाने का बीड़ा भी उठाया। गाइदिन्ल्यू के शब्दों में, "धर्म को खो देने अपनी संस्कृति को खो देना है, अपनी संस्कृति को खोना यानी अपनी पहचान को खोना।" उन्होंने ब्रिटिश सरकार द्वारा लगाए गए अमानवीय कर और नियमों के खिलाफ जेलियांग्रांग कबीले के लोग एकजुट होने लगे। लोगों ने किसी भी तरह का कर देने से मना कर दिया। इसके बाद 17 की उम्र में उन्होंने अंग्रेजों के खिलाफ गुरिल्ला युद्ध छेड़ दिया। 18 मार्च, 1932 को हान्ग्रुम गाँव से तकरीबन 50-60 लोग अंग्रेज सिपाहियों पर हमला बोल दिया। हालांकि बंदूक के सामने भाले और तीर-धनुष कमजोर पड़ गए। इस युद्ध के बाद गाइदिन्ल्यू अंडरग्राउंड हो गईं। अंग्रेजों ने इस हमले का बदला लेने के लिए रानी गाइदिन्ल्यू की खोज शुरु की। गाइदिन्ल्यू की लोकप्रियता से अंग्रेज सरकार पहले से ही परेशान थी और गोरिल्ला युद्ध उनके चेहरे पर तमाचा था।

गिरफ्तारी:

रानी द्वारा चलाये जा रहे आन्दोलन को दबाने के लिए अंग्रेजों ने वहाँ के कई गाँव जलाकर राख कर दिए। पर इससे लोगों का उत्साह कम नहीं हुआ। सशस्त्र नागाओं ने एक दिन खुलेआम 'असम राइफल्स' की सरकारी चौकी पर हमला कर दिया। स्थान बदलते, अंग्रेजों की सेना पर छापामार प्रहार करते हुए गाइदिन्ल्यू ने एक इतना बड़ा किला बनाने का निश्चय किया, जिसमें उनके चार हजार नागा साथी रह सकें। इस पर काम चल ही रहा था कि 17 अप्रैल, 1932 को अंग्रेजों की सेना ने अचानक आक्रमण कर दिया। गाइदिन्ल्यू गिरफ्तार कर ली गईं। उन पर मुकदमा चला और कारावास की सजा हुई उन्होंने चौदह वर्ष जेल में बिताए।

यहाँ पर उन्हें हत्या, हत्या की साजिश का आरोप लगाकर उम्रकैद की सजा सुना दी गईं वहीं उनके ज्यादातर साथियों को या तो मौत की सजा हुई या फिर उन्हें जेल में डाल दिया गया।

रानी गिडालू को रानी गाइदिन्ल्यू के नाम से भी जाना जाता है। वे भारत की नागा आध्यात्मिक एवं राजनीतिक नेत्री थीं। इन्होंने भारत में ब्रिटिश शासन के विरुद्ध विद्रोह का नेतृत्व किया। भारत की स्वतंत्रता के लिए रानी गाइदिन्ल्यू ने नागालैण्ड में क्रांतिकारी आन्दोलन चलाया था। झांसी की रानी लक्ष्मीबाई के समान ही वीरतापूर्ण कार्य करने के लिए इन्हें 'नागालैंड की रानी लक्ष्मीबाई' भी कहा जाता है।

सरोजिनी नायडू

सरोजिनी नायडू एक महान कवियत्री और स्वतंत्रता संग्राम सेनानी थी. सरोजिनी जी पहली महिला थी जो इंडियन नेशनल कांग्रेस की अध्यक्ष और किसी प्रदेश की गवर्नर बनी थी। सरोजिनी जी बच्चों के ऊपर विशेष रूप से कविता लिखा करती थी, उनकी हर कविता में एक चुलबुलापन होता था, ऐसा लगता था उनके अंदर का बच्चा अभी भी जीवित है। यही वजह है कि उन्हें 'भारत की कोकिला' कहा जाता था। भारत की महान सफल महिलाओं की लिस्ट में सरोजिनी नायडू का नाम सबसे ऊपर आता है। सरोजिनी जी ने बहुत अच्छे अच्छे कार्य किये इसलिए वे दुनिया के लिए एक बहुमूल्य हीरे से कम नहीं थी. सरोजनी जी हम सब भारतीयों के लिए एक सम्मान का प्रतीक है, भारतीय महिलाओं के लिए वे एक आदर्श है, उनके जन्म दिन को महिला दिवस के रूप में मनाया जाता है।

सरोजिनी नायडू जन्म, परिवार एवं पिता

सरोजिनी जी का जन्म एक बंगाली परिवार में हुआ था, उनके पिता वैज्ञानिक व डॉक्टर थे, जो हैदराबाद में रहने लगे थे, जहाँ वे हैदराबाद कॉलेज के एडमिन थे, साथ ही वे इंडियन नेशनल कांग्रेस हैदराबाद के पहले सदस्य भी बने। उन्होंने अपनी नौकरी को छोड़ दिया और आजादी की लड़ाई में कूद पड़े। सरोजिनी जी की माता वरद सुन्दरी देवी एक लेखिका थी, जो बंगाली में कविता लिखा करती थी. सरोजिनी जी 8 भाई-बहनों में सबसे बड़ी थी। उनके एक भाई वीरेन्द्रनाथ क्रान्तिकारी थे, जिन्होंने बर्लिन कमिटी बनाने में

मुख्य भूमिका निभाई थी। इन्हें 1937 में एक अंग्रेज ने मार डाला था व इनके एक और भाई हरिनाथ कवी व एक्टर थे।

सरोजिनी नायडू की शिक्षा एवं आरंभिक जीवन

सरोजिनी जी बचपन से ही बहुत अच्छी विद्यार्थी रही, उन्हें उर्दू, तेलगु, इंग्लिश, बंगाली सारी भाषाओं का बहुत अच्छे से ज्ञान था। 12 साल की उम्र में सरोजिनी जी ने मद्रास यूनिवर्सिटी में मैट्रिक की परीक्षा में टॉप किया था, जिससे उनकी बहुत वाहवाही और नाम हुआ। सरोजिनी जी के पिता चाहते थे, की वे वैज्ञानिक बने या गणित में आगे पढ़ाई करे, लेकिन उनकी रूचि कविता लिखने में थी, वे एक बार अपनी गणित की पुस्तक में 1300 लाइन की कविता लिख डालती, जिसे उनके पिता देख अचंभित हो जाते है और वे इसकी कॉपी बनवाकर सब जगह बंटवाते है। वे उसे हैदराबाद के नबाब को भी दिखाते है, जिसे देख वे बहुत खुश होते है और सरोजिनी जी को विदेश में पढ़ने के लिए स्कालरशिप देते है। इसके बाद वे आगे की पढ़ाई के लिए लन्दन के किंग कॉलेज चली गई, इसके बाद उन्होंने कैम्ब्रिज यूनिवर्सिटी के गिरतों कॉलेज से पढ़ाई की। कॉलेज में पढ़ाई के दौरान भी सरोजिनी जी की रूचि कविता पढ़ने व लिखने में थी, ये रूचि उन्हें उनकी माता से विरासत में मिली थी।

सरोजिनी नायडू की शादी, पति, एवं बच्चे

कॉलेज की पढ़ाई के दौरान सरोजिनी जी की मुलाकात डॉ गोविन्द राजुलू नायडू से हुई, कॉलेज के खत्म होने तक दोनों एक दूसरे के करीब आ चुके थे। 19 साल की उम्र में पढ़ाई खत्म करने के बाद सरोजिनी जी ने अपनी पसंद से 1897 में दूसरी कास्ट में शादी कर ली, उस समय अन्य जाति में शादी करना एक गुनाह से कम नहीं था, समाज की चिंता ना करते हुए उनके पिता ने अपनी बेटी की शादी को मान लिया। उनके 4 बच्चे हुए, जिसमें उनकी बेटी पद्मजा सरोजिनी जी की तरह कवित्री बनी और साथ ही राजनीति में उतरी और 1961 में पश्चिम बंगाल की गवर्नर बनी।

सरोजिनी नायडू की प्रसिद्ध कवितायें

सरोजिनी जी ने शादी के बाद भी अपना काम जारी रखा, वे बहुत सुंदर सुंदर कविता लिखा करती थी, जिसे लोग गाने के रूप में गाते थे। 1905 में उनकी कविता बुलबुले हिन्द प्रकाशित हुई, जिसके बाद उन्हें सब जानने पहचानने लगे। इसके बाद से लगातार उनकी कविता प्रकाशित होने लगी और बहुत से लोग उनके प्रशंसक बन गए, इस लिस्ट में जवाहरलाल नेहरु, रवीन्द्रनाथ टैगोर जैसे महान लोग भी थे। वे इंग्लिश में भी अपनी कविता लिखा करती थी, लेकिन उनकी कविताओं में भारतीयता झलकती थी।

सरोजिनी नायडू जी की प्रसिद्ध कविताओं में दमयन्ती टू नाला इन द आवर ऑफ एक्साइल, एक्स्टेसी, इंडियन डांसर, द इंडियन, इंडियन लव सॉन्ग, इंडियन वेवर्स, दि फारेस्ट, राममुराथम, नाइटफॉल सिटी इन हैदराबाद, पालक्विन बेयरर्स, सती, द सोल प्रेयर, स्ट्रीट क्राइज आदि शामिल है। जो कि उस समय बहुत अधिक लोकप्रिय रहा था।

सरोजिनी नायडू स्वतंत्रता संग्राम सेनानी

एक दिन सरोजिनी जी गोपाल कृष्ण गोखले से मिली, उन्होंने सरोजिनी जी को बोला, कि वे अपनी कविताओं में क्रांतिकारीपन लायें और सुंदर शब्दों से स्वतंत्रता की लड़ाई में साथ देने के लिए छोटे-छोटे गाँव के लोगों को प्रोत्साहित करें। 1916 में वे महात्मा गाँधी से मिली, जिसके बाद से उनकी सोच पूरी तरह से बदल गई, उन्होंने अपनी पूरी ताकत देश को आजाद कराने में लगा दी। इसके बाद वे पूरे देश में घूमी, मानों किसी सेना का सेनापति निरीक्षण में गया हो, जहाँ जहाँ वे गई वहाँ उन्होंने लोगों को देश की आजादी के लिए ललक जगाई। देश की आजादी उनके दिल व आत्मा में भर चुकी थी। उन्होंने देश में औरतों को मुख्य रूप से जगाया, उस समय औरतें बहुत पीछे हुआ करती थी, बहुत सी प्रथाओं में जकड़ी हुई थी, लेकिन सरोजिनी जी ने उन औरतों को उनके अधिकार के बारे में बताया, उन्हें रसोईघर से बाहर निकाला और देश की आजादी की लड़ाई में आगे आने को प्रोत्साहित किया। वे देश के अलग अलग प्रदेश, शहर, गाँव में जाती और औरतों को समझाती थी।

सरोजिनी नायडू राजनितिक जीवन

1925 में सरोजिनी जी कानपुर से इंडियन नेशनल कांग्रेस की अध्यक्ष बनने के लिए खड़ी हुई और जीत कर पहली महिला अध्यक्ष बन गई। 1928 में सरोजिनी जी USA से आई और गाँधीजी के अहिँसावादी बातों को माना और उसे लोगों तक पहुँचाया। 1930 में सरोजिनी जी ने गुजरात में गाँधीजी के नमक सत्याग्रह में मुख्य्य भूमिका निभाई थी। 1930 में जब गाँधीजी को गिरफ्तार कर लिया गया था, तब सरोजिनी जी ने ही गाँधीजी की जगह काम किया और कमान संभाली थी। 1942 में गाँधीजी के भारत छोड़ो आन्दोलन में उनकी मुख्य्य भूमिका थी, उन्हें गाँधीजी के साथ 21 महीनों तक जेल में भी डाला गया।

सरोजिनी नायडू को मिले पुरस्कार एवं उपलब्धियाँ

सरोजिनी नायडू पहली महिला थी जो कि इंडियन नेशनल कांग्रेस की अध्यक्ष और किसी राज्य की राज्यपाल बनी थी।

सन 1928 में सरोजिनी नायडू जी को हिन्द केसरी पदक से सम्मानित किया गया था।

सरोजिनी नायडू को मिले अवार्ड की सूची में द गोल्डन थ्रेसहोल्ड, द बर्ड ऑफ टाइम, द ब्रोकेन विंग्स, द स्पेक्ट्रड फ्लूटः सांग्स ऑफ इंडिया आदि नाम शामिल है।

यहाँ तक कि सरोजिनी जी ने मुहम्मद अली जिन्ना की जीवनी को हिंदू–मुस्लिम एकता के राजदूत का शीर्षक भी दिया।

सरोजिनी नायडू को 'भारत की कोकिला' क्यों कहा जाता था

सरोजिनी नायडू जी को भारत की कोकिला नाम भारत के लोगों ने ही दिया था। और यह नाम उन्हें उनकी सुरीली आवाज में अपनी कविताओं का पाठ पढ़ने के लिए दिया गया था। उनकी कविताओं में एक अलग तरह का भाव होता था जोकि लोगों को काफी प्रभावित करता था। और लोग इसे बेहद पसंद करते थे।

सरोजिनी नायडू की मृत्यु

1947 में देश की आजादी के बाद सरोजनी जी को उत्तर प्रदेश का गवर्नर बनाया गया, वे पहली महिला गवर्नर थी। 2 मार्च 1949 को ऑफिस में काम करते हुए उन्हें हार्टअटैक आया और वे चल बसी। सरोजनी जी भारत देश की सभी औरतों के लिए आदर्श का प्रतीक है, वे एक सशक्त महिला थी, जिनसे हमें प्रेरणा मिलती है।

सरोजिनी नायडू महिलाओं के बीच एक चेहरा रही है। जिसने महिलाओं की आवाज ऊँची की। सरोजिनी जी की कवितायें उस दौरान इतनी प्रसिद्ध हुई कि लोगों ने उनका नाम ही बदल दिया। सरोजिनी नायडू हमारे देश का एक बहुत ही चमका हुआ सितारा रही है। जिन्हें लोग आज भी सम्मान के साथ याद करते है।

सिंहावलोकन

संसार में परमात्मा ने नारी-शक्ति का मुकाबला करने वाली कोई दूसरी शक्ति उत्पन्न नहीं की। वास्तव में भारतीय इतिहास में गौरवपूर्ण अध्याय के निर्माण कार्य में जितना सहयोग नारी शक्ति ने दिया है उतना अभी तक किसी ने भी नहीं दिया। आदिकाल में भी जब-जब देवासुर-संग्राम छिड़ा राक्षसी शक्ति को नष्ट करने के लिए दैवी शक्ति का ही आश्रय लिया गया। भारत के हर काल के आक्रमणकारियों के विरुद्ध सदैव नारी शक्ति अग्रणी रही। क्रांति की शक्ति सिर्फ पुरुषों को ही आकृष्ट नहीं करती है, बल्कि नारियों को भी वैसे ही आकृष्ट करती आ रही है, इसीलिए हर युग के इतिहास में नारियों की शौर्य गाथाओं का प्रमुखता से वर्णन मिलता है। भारत में सदैव नारी को आदर और श्रद्धा की देवी माना गया है। अवसर आया तो इसी नारी ने चंडी का भी रूप धरा और अपनी अदम्य शक्ति का लोहा मनवाया, सरस्वती का रूप धरकर सर्वत्र ज्ञान का प्रकाश फैलाया, लक्ष्मी बनकर सुख वैभव के अक्षय भंडार भरे साथ ही ममता की मूरत बनकर सबको अपनी बाँहों में अलिंगनभर अमृत स्वरुप अमृत का पान कराया ऐसी रही है भारत की नारियों की महिमा जो तीनो ही लोकों में गायी गई है।

वैदिक काल, रामायण काल, महाभारत काल, संभ्रम काल, विजय अर्थात विस्तार काल, संघर्ष काल, और आत्मविस्मृत काल आदि सभी कालों में नारियों नें फिर चाहे अध्यात्मिक, धार्मिक, सामाजिक, राष्ट्रिय, वैश्विक, लौकिक, परलौकिक आदि सभी क्षेत्रों में अभूतपूर्व उन्नति की और यशस्विता के अनूठे कीर्तिमान स्वर्ण जड़ित सिंहासन पर नारीत्व को स्थापित किया,

भक्ति, शक्ति, युक्ति तीनों ही विधाओं में अभूतपूर्व सफलता हासिल कर अपनी क्षमता, योग्यता, सामर्थ्य का सटीक परिचय देकर नारीत्व की समाज में पुनर्प्रतिष्ठा की, भाग्य भरोसे न रहने वाली नारी ने मान, सम्मान, अभिमान की नई नई ऊचाईयां छूकर अपनी काबलियत की धाक जमाई, यह नारी की अपने पुरुषार्थ की सुदीर्घ कहानी जो हर काल में मानव सभ्यता को नारीत्व के चरणों में झुकने के लिए विवश करेगी ऐसी माता स्वरुपा अर्थात महादेवी स्वरूपा नारी को कोटिक नमन। यही गूढ़ रहस्य इस वीर भोग्या वसुंधरा–२ रूपी हार में मोती पिरोये हैं निश्चय ही यह नारीत्व कि प्रतिष्ठा बढ़ने वाला पुष्प सुधी, देशभक्त भगवत्प्रेमियों के अंतर्मन को प्रभावित प्रकाशित और सुवासित करती रहेगी इसी के साथ ही माता समान नारी के श्री चरण कमलों में विनम्र श्रद्धा सुमन की साभार भेंट।

/// जय श्री राम ///